国子监·孔庙

李永康·著

中国工人出版社

推荐序

北京是元、明、清三代封建王朝的都城，保存至今的古代建筑遗存极为丰富，是享誉世界的历史文化名城。北京的古代历史建筑遗存，除了古代帝王居住的紫禁城和皇家御苑之外，还有一处建筑规模宏大、等级至高的古建筑群，它就是坐落于北京内城东北角成贤街上的北京孔庙和北京国子监。

北京孔庙和北京国子监始建于元代初期，历经元、明、清三代的不断扩建修缮，至民国初年，才最终形成现在的规模形制。北京孔庙、国子监的整体建筑坐北朝南，分为两组，左边为庙、右边为学，完全遵循左庙右学的先朝规制。这两组建筑设计布局严整，规划功能守序，中心重点建筑使用皇家规制，庄重华丽、气势恢宏。这两组建筑的最大特点，在于其既能因所负功能的不同而各成一体，又能通过有形和无形的巧妙联系紧密融合而浑然一统，从而使尊儒敬贤、苦读向学的太学氛围彰显得更加浓烈。

北京孔庙和北京国子监是元、明、清三代的最高学府和最高教育管理机构，是封建帝王举行祭孔大典的专属场所。全国现存仅此一处，正是这种唯一性，凸显了它的独特价值。此外，由于其建筑功能所承载的历史文化信息丰富厚重、通古达今、影响深远、意义重大，因此，长期以来一直受到社会各界的广泛关注。文物学、历史学、教育学、哲学等多学科领域对其不断进行学术研究，更进一步提升了它的科学研究价值，使之成为北京地区极为重要的文物资产和宝贵的旅游资源。

中华人民共和国成立之后，国子监和孔庙先后被北京市人民政府辟为首都图书馆和首都博物馆，使之成为深受北京市民喜爱的著名文化场所。改革开放以后，中国进入经济高速发展的历史新阶段，在各项事业蓬勃发展的同时，文化事业也呈现出了大建设、大发展、大提升的新态势。此时，以北京孔庙和北京国子监为馆址的首都博物馆和首都图书馆早已因为馆址面积狭小和不能满足古建保护要求等原因，而陷入了无法跟上时代发展、无法扩大服务功能、无法满足读者观众不断提升的阅览参观需求、无法贯彻落实古建保护条例的艰难且无奈的困境。这种状况与北京文化事业建设正在日新月异发展的现实极不协调。21 世纪之初，北京市委、市政府做出重大规划，首都图书馆和首都博物馆另选馆址，再建新馆。2001 年至 2006 年，首都图书馆和首都博物馆新馆先后建成。此后，首都图书馆和首都博物馆相继从北京国子监和北京孔庙迁出。腾空后的北京孔庙和北京国子监，经北京市委、市政府研究决定，组建北京孔庙和北京国子监管理处，并划归北京市文物局领导管理。此后，经过五年多的大规模整治修缮，已有700多年历史的北京孔庙和北京国子监，辉煌再现，续写新篇。2008年6月，北京孔庙和北京国子监管理处更名为北京孔庙和北京国子监博物馆，成为北京地区除故宫以外最大的以古代建筑原状复原陈列为基本内容的博物馆。

北京孔庙和北京国子监博物馆自2008年6月全面对外开放以后，凭借其精美的建筑、珍贵的文物、优雅的环境、丰富的历史文化内涵，吸引了无数的中外参观者。博物馆为了方便游客参观，编辑了一些指引观众参观的导览图册，但受限于篇幅，内容大多较为简略，这对于想更加深入地了解孔庙和国子监历史文化知识的参观者，显然远远不能满足其需求。此外，博物馆为了学术研究的需要，编辑出版了一些纯专业学术内容的相关专著，但因其专业性太强，显然也不太适宜普通参观者的阅读。2019年年初，李永康先生应中国工人出版社之邀撰写了《国子监·孔庙》一书，为那些希望全面了解孔庙和国子监历史文化知识的观众提供了便利，并为博物馆的观众服务项目填补了一项空白。

李永康先生是北京孔庙和北京国子监博物馆的资深业务研究人员，在职期间曾全程参与博物馆的基本陈列内容设计以及多项专业学术论著的撰写工作。目前，他虽然已经退休，但仍经常参与博物馆的重要学术研究活动，继续热情地关心推动博物馆的发展建设。李永康先生的《国子监·孔庙》一书，以独特巧妙的视角、平实朴素的语言，将孔庙和国子监涉及的所有令观众关心和感兴趣的问题无一遗漏地给予了解述。在撰写书稿的过程中，李永康先生不厌其烦地认真推敲每一段文字，不辞辛劳地反复查阅古籍文献，准确核实每一条引文资料，以科学严谨的态度面对历史、面对读者观众。字里行间浸透着他对北京孔庙和北京国子监这座700多年历史建筑及其承载的历史文化的敬畏、尊重与珍惜守护的深刻情怀。

作为一名曾经在北京孔庙和北京国子监工作过的人，我对这里的每一项工作进展都会感到由衷的欣慰。今受李永康先生之托为其佳作写序，顺表致贺。

原孔庙国子监管理处主任

2020年4月1日

自 序

古老北京城的版图东北一隅，有一个不同寻常的大型古建群落。在中国悠久历史其中的550年这段时间里，元、明、清三个朝代中的21位皇帝，曾48次亲临于此并举行隆重的释奠大礼祭奠孔子，或集合成千上万的官员和学生进行讲学，这个史上辉煌的大院，就是我们本书要与读者分享的国子监。

国子监是我国元、明、清三代中央政府创办的最高学府，担负着教育和培养朝廷管理人才的重要功能，同时又是历朝历代皇帝管理教育、发布教育政令的教育管理机关。国子监和孔庙在中国近代史上，还是国家图书馆和北京大学图书馆、首都博物馆、首都图书馆建立和发展的重要源头；在中外文化交流的历史长河中，又是东南亚、东北亚“孔子文化圈”现象的重要源头之一。

国子监的发展历史，可以追溯到公元前124年汉武帝始立太学开始，距今已经有两千多年的历史了，如果要从先秦建“辟雍”之制、兴飨射礼乐之所溯源，发展的历史则更为久远。

太学起源于西周长安丰水之西的“辟雍”[1]，立身于西汉长安，辗转于河南的洛阳、江苏南京，兴盛于开封，最后又从南京迁定北京，历经近3000年的历史。今天我们所看到的国子监相对完整的历史遗存，承载了这个漫长的历史进程，见证着

[1] 《诗集传名物钞》卷七《大雅三》。

太学自诞生以来的风风雨雨。

国子监发展变化的历史，国学大师季羡林先生曾经有过一段非常精彩的总结：

在办教育方面，多数朝代都有中央、省、府、县——必须说明一句：这三级随着朝代的不同而名称各异——几个等级的学校。中国历代都有一个“全国最高学府”的概念，它既是教育人才的机构，又是管理教育行政的机构。这个“最高学府”的名称也不一样。统而言之，共有两个：太学和国子监。虽然说，东汉光武帝建武五年（公元 29 年）始设太学[1]。但是“太学”之名，先秦已有。我在这里不是专门研究太学的历史，详情就先不去讲它了。晋武帝咸宁二年（公元 276 年）始设国子学，北齐改为国子寺，隋又改名为国子学。唐代因之，一直到清末，其名未变。物换星移，沧海桑田，在过去将近两千年的历史上，改朝换代之事，多次发生。要说太学和国子监一直办下去，一天也没有间断过，那是根本不能够想象的。在兵荒马乱，皇帝和老百姓都处于涂炭之中的情况下，教育机构焉能不中断呢？但是，最令我们惊异的是，这种中断只是暂时的，新政权一旦

[1] 笔者注：应为汉武帝元朔五年（公元前 124 年），始立太学。

建立，他们立即想到太学或国子监。因此，我们可以实事求是地说，在将近两千年悠长的历史上，太学和国子监这个传统——我姑名之曰学统——可以说是基本上没有断过。不管最高统治者是汉人，还是非汉人，头脑里都有教育这个概念，都有太学或国子监这个全国最高学府的概念，连慈禧和光绪皇帝都不例外。中国的学统从太学起，中经国子监，一直到京师大学堂，最后转为北京大学，可以说是一脉相承，没有中断。这在世界教育史上是绝无仅有的，是我们中华民族的骄傲。[1]

这样一个崇尚文化的民族传统能得到几千年的持续传承并得以弘扬光大，孔子的学说和孔庙的建立在其中发挥了不可磨灭的历史作用，所谓“庙学之制”就是对这个作用的高度概括。可以毫不夸张地说，国子监和孔庙承载了这绵长的文化教育发展进程，见证了中国深厚的文化底蕴，向世人诉说着曾经有过的历史辉煌。

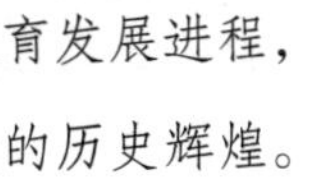

原孔庙国子监博物馆研究部研究人员

2020 年 4 月 15 日

[1] 节选自季羡林先生为郝平教授《北京大学创办史实考源》一书所写的序言。

目录

上篇　国子监

目录

目录

下篇　孔庙

上篇 国子监

1287年，元廷正式决定成立北京国子学和国子监，这已经是距现在（2020年）733年前的事情了……根据这个决定，忽必烈将原来设在王宣府宅的国子学改为“大都路学”，在城北设立国子学，与国子监合署共办。自此，元代国子监（国子学）正式成立。

第一章　元明清续建太学、育官僚监学合一

国子监街牌楼

一、窝阔台改庙初建国学、忽必烈立学合署定制

北京国子监是从元代开始建造的，但最初的元代统治者根本就没有建立国子监官学体制的计划。元太宗窝阔台六年（1234 年）灭金后，还是经过一个叫作冯志亨的道士劝说，由元代重臣王檝向太宗窝阔台建议将城南原金代枢密院旧址立为国子学才获得准许。这应是北京国子监建立的萌芽。因为太宗窝阔台此时还远在疆场忙于战争，顾不上更多的办学举措。《元史》中记载了元代的国子学“以冯志常[1]为国子学总教，命侍臣子弟十八人入学”。[2]目的是教授蒙古贵族子弟学习汉文，也学习弓箭。物质供应很是丰厚，每日供应口粮米、面各一斤，肉一斤，每晚还有“解渴酒”四瓶。

[1] 此处应为“亨”字的笔误。

[2] 《元史》卷八十一・志三十一・选举。

▲ 元太宗窝阔台画像

▲ 元世祖忽必烈画像

▲ 元成宗铁穆耳画像

▲ 元武宗海山画像

当时金代的枢密院旧址已经改为文庙。将这里立为国学，令把持文庙的道士冯志亨为国学总教习是元太宗在国学建设方面仅有的两项决策。冯志亨并不是个儒生，而是个全真教道士，但他却有儒生的背景，曾是金代太学生、进士，能文擅诗。另外的总教官还有道士李志常和儒士杨惟中，儒道合流办学。在金代枢密院旧址的这个国子学里，学生们还学习工艺、医药、酿酒、烹饪等方面的实用技术，反映了早期蒙古统治者教育观念注重实用的价值取向[1]。此后不久，入学的生员达到了120多人。随着儒家势力的逐渐壮大，冯道士把持庙学的局面开始松动，这种矛盾斗争持续了四五年。元宪宗四年（1254年），在忽必烈的严令下，冯志亨被迫将占据的庙产控制权交出。此后不到三个月冯志亨就去世了，享年75岁，是不是因此事抑郁而死，不得而知。

元太宗窝阔台汗在位时，还没有登上汗位的忽必烈在他的居所单独召见了被元军俘获的宋代名儒赵复。交谈之初，忽必烈欲令赵复为元军攻打宋军带路，被赵复严词拒绝。

“世祖在潜邸尝召见，问曰：‘我欲取宋，卿可导之乎？’对曰：‘宋，吾父母国也，未有引他人以伐吾父母者。’世祖悦，

---

[1]　《潜溪集》：“其一通谕受学子弟员，习汉人文书之外，兼谙匠艺事。及药材所用，彩色所出，地里州郡所纪，下至酒醴麴糵，水银之造，饮食烹饪之制，皆欲周览旁通。”

因不强之。”[1]

对赵复这个宋朝大儒，忽必烈有着他自己的考虑，之所以没有强求他，是因为元朝统治者此时急需大量人才，而追随赵复的学者有一百多人，发挥这一大批学者的作用，对于培养元代所需人才至关重要。[2] 当时受到窝阔台汗重用的中书令杨惟中闻听此事，知道赵复在程朱理学上有很深的造诣，便和忽必烈青睐的幕僚姚枢（姚被忽必烈指定为太子“真金”的儒学老师）商量，说服忽必烈在燕京修建宋朝名儒、理学鼻祖周敦颐祠堂，并以周敦颐的“太极”学说命名，建立起元朝的第一个书院——“太极书院”，请赵复来讲学，随后又送去书籍八千余卷供书院讲授之用。[3]《续资治通鉴》记载，“太极书院”建于1238年，这是在窝阔台立国子学五年之后的事。它从一个侧面反映了忽必烈没有延续太宗的办学举措，对兴学有着自己独到的考虑。此后，被忽必烈邀请的宋朝名儒赵复、王粹及其他儒士就在书院讲学，传播程朱理学，据史料记载，来学习的人有百余之多。

忽必烈的所作所为是有深层考虑的。早在元宪宗元年（1251年）受命总领漠南汉地的藩王时期，他就有“大有为于天下”[4]

[1] 《元史》卷一百八十九。

[2] 《元史》：太宗始定中原，即议建学设科取士。世祖始命置诸路学校官，凡诸生进修者，严加训诲，务使成才以备选用。

[3] 《元史》卷一百八十九。

[4] 《元史》卷四·世祖一。

的想法，并在他的夫人察必影响下，热衷于学习汉文化。在忽必烈的周围，除了之前提到的太子儒师姚枢之外，还曾先后延揽任用了僧海云（宋印简）、僧子聪（刘秉忠）、王鹗、元好问、张德辉、张文谦、窦默等著名儒士。忽必烈向他们问以儒学治道并付诸若干军政之治，其中包括令刘秉忠根据“风水”理论为建新都（上都开平）寻址这样的大事。希望被接受为汉家“天子”儒君形象的忽必烈凭着他对中国传统文化的认知，以及作为少数民族统治者的敏感性，他深刻认识到，若想有效地统治汉族人占绝大多数的中国，必须要赢得汉人儒士这个庞大群体的信任和支持。在打败了与其争夺帝位的政敌阿里不哥（忽必烈的弟弟），粉碎了地方诸侯的军事叛乱，初步确立了加强中央集权的王朝制度，这之后为把更多的注意力放在属地汉民身上，完成从草原游牧民族的统领转变为统治中国皇帝的宏伟政治目标，忽必烈采取了一个重大举措，那就是将国都迁移到元帝国境内一个人口众多、资源丰富、经济文化繁荣的地区。至元三年（1266 年），忽必烈命令开始兴建新都，建都地点就选在今北京地区。北京这个地方，曾被突厥人称作“汗八里”（“大汗之城”），在金朝被称作“中都”，1272 年入元后又被称作“大都”（“伟大的首都”之意）。至元四年（1267 年）开始修建“大都”城时，一个重要的举措则进一步体现了忽必烈为获得儒士精英支持所作出的努力，那就是规划了“庙学”所在地，即当今北京国子监和孔庙这个地址。至元八年（1271年），忽必烈公布《建国号诏》法令，取《易经》中“大哉乾元”之意，正式建国号为“元”，即位为皇帝。

规划好的大都“庙学”并没有立即动工修建，却在“上都”开平建了孔庙。当时由校长（古称“祭酒”）许衡领衔、至元八年成立的国子学校址仍在王宣府宅开办。相隔了16年后的至元二十四年（1287年）闰二月，62岁的忽必烈在上都近郊打猎，这期间他召集大臣麦术丁、铁木儿、杨居宽等与集贤大学士阿鲁浑撒里以及叶李、程文海、赵孟頫讨论钞法和中央行政体制的改革，并因袭汉族历朝旧制，议决“迁都北城，立国子学于国城之东”“设国子监，设置国学监官：祭酒一员（从三品），司业两员（正五品），监丞一员（正六品），学官博士两员，助教四员，生员百二十人，蒙古汉人各半，官给纸扎，饮食仍隶集贤院；设江南各道儒学提举司”。十一月“升集贤院秩正二品”。[1]次年（至元二十五年）十一月“修国子监以居胄子”；[2]至元二十七年（1290年）又“敕令臣下的子弟入国子学”。[3]

1287年，元廷正式决定成立北京国子学和国子监，这已经是距现在（2020年）733年前的事情了，《元史》卷八十一对此作了简洁的概括：“至元二十四年立国子学而定其制，设博士通

[1] 《元史》·本纪第十四。

[2] 《元史》·本纪第十五。

[3] 《元史纪事本末》卷二。

掌学事，分教三斋生员，讲授经旨。”[1]

根据这个决定，忽必烈将原来设在王宣府宅的国子学改为“大都路学”[2]，在城北设立国子学，与国子监合署共办。自此，元代国子监（国子学）正式成立。

这里需要指出的是，国子监成立之时并没有马上修建孔庙。究其原因是因为蒙古贵族崇信萨满教、藏传佛教，对孔子儒家学说的作用还远未达到深入的理解。忽必烈入主中原称帝后也只是奉行尊孔崇儒但不独尊儒术的基本国策。尽管没把孔子太当回事，但还是决定“合行创建一所[3]，先立学校后盖文庙”，留下了建庙的位置[4]但没有开工。孔庙的修建则是发生在元成宗铁穆耳朝的事了。

元成宗登基的元贞元年（1295 年），曾发布过修建京师“先圣庙”（孔庙）的诏令，但直到成宗大德三年（1299 年）都没有任何动静。他的干臣中书左丞相哈喇哈斯奏请铁穆耳说：京师很长时间缺少孔子庙，国子学又与国子监衙署合署办公，拥挤且诸多不便，因此向皇帝奏请建庙扩学，并选拔著名的儒士作为庙学

[1] 《元史》卷八十一。

[2] 大都路之“路”是元代的行政区划单位，不是道路的路。

[3] 这里的“所”不是数量词，而是作地理指向的“处”理解。意思是指国子监和孔庙建在一处。

[4] 《庙学典礼》卷二。

的学官，送朝廷官员子弟入学接受教育[1]。元成宗虽然答应了这个请求，但拖延数年，就是迟迟不开工。无奈之下，富于责任心的丞相哈喇哈斯亲自挂帅点将，于大德六年（1302年）六月，修建文宣王庙（孔庙）的工程终于在国子监旁正式动工。大德十年（1306年）八月，京师孔庙在忽必烈朝规划的位置上终于建成[2]。历经数年的反复，终于在成宗去世的前一年（1306年）建成了“巍然为天下之极”的先圣庙（孔庙）。为了表示对这个工程的重视和庆祝，元成宗铁穆耳皇帝决定要行“释奠”大礼：要用猪、牛、羊作为祭品；以乐器合奏、乐师登堂合唱的“登歌”形式颂扬孔子；还给参与祭祀的萨满法师新制了全身缝缀有几百件饰物的“法服”三套；令翰林院确定乐名、乐章二十七。由此看来，这个释奠祀礼在当时来讲已经是极为隆重了！根据吴澄作《草庐文集·贾侯修庙学序》中对新修建的宣圣庙所做的描述，使我们今天得以了解其宏伟壮观的概貌。

元代的统治者建孔庙和祭孔的行为是有着深层次的历史原因的。蒙古贵族入主中原以后，崇信萨满教、藏传佛教，和藏僧喇嘛共治国家，但这抵挡不住社会上与朝廷中的学者，以及元廷汉

[1] 《五礼通考》：京师久阙孔子庙，而国学寓他署，乃奏建庙学，选名儒为学官，采近臣子弟入学。

[2] 《钦定日下旧闻考》卷六十七：大德三年春，丞相臣哈喇哈斯达尔罕大惧，无以祇德意，乃身任之。饬五材、鸠众工，责成工部郎中臣贾驯。驯心计指授，晨夕匪懈，工师用劝，十年秋庙成，谋树国子学。

臣中浓厚的、无所不在的汉文化影响，使得忽必烈及以后的元统治者不得不承认孔子学说是统治中国不可或缺的主流文化。孔庙的建设就是元统治者基于这一认识的具体体现。铁穆耳立此国策并修建了北京孔庙，举行了祭孔的祀礼。他去世以后，他的继任者即元武宗海山又加封孔子为“大成至圣文宣王”谥号。

大德十一年（1307 年）正月，元成宗铁穆耳病逝，在皇位继承人缺位的情况下，由哈喇哈斯策划，海山的同母弟弟爱育黎拔力八达三月带兵入京，发动政变。五月间在上都召开了一次“忽里台”[1]，公推海山为可汗。七月，还没有改元的海山可汗即后来的元武宗下诏，为孔子加封谥号为“大成至圣文宣王”，并刻石立碑于曲阜孔庙。这是历代统治者对孔子的最高封号。而北京孔庙内的这块“加号诏书”石碑，原本立于元惠宗至元二年（1336 年），是上述曲阜孔庙谥号碑的复制碑。根据邢鹏博士的《北京国子监孔庙元代〈加号诏书〉碑考》一文揭示，这块碑曾数次遭遇到被推倒的厄运，最终立于大成门石陛下东侧面南。一些同人从石碑落款年号上认定这个加号碑是元成宗下诏敕建的，这其实是一个误解。因为此时的元成宗铁穆耳已经去世半年了，继任的元武宗还没有改元，故沿用旧的年号。“加号诏书”最初是给山东曲阜阙里孔庙的，为了表示对孔子的崇敬，元惠宗至元二年

[1] 蒙古帝国和元朝的诸王大会、大朝会。蒙古帝国没有固定的嫡长继承制，历朝大汗即位，都由忽里台推戴。

（1336 年）才在北京孔庙立此碑。至今这块珍贵的石碑还完好无缺，并被加上玻璃铁罩妥为保存。

在大成门石陛下西边朝南的位置上还立石一块《加封先圣父母及圣配夫人颜曾思孟四子碑》，这块碑是元文宗至顺三年（1332 年）撰写的，也是由于上述的缘由，于元惠宗至正十六年（1356 年）立碑孔庙的。

修建京师孔庙的同时，御史中丞何炜对成宗铁穆耳皇帝提议说：古老的唐、虞几代古部落和古国，国都所在地和民居的小巷里都有学习的场所，现在孔庙已经盖成，位于西侧的国子监与太学合署办学已经二十余载，简陋拥挤，不符“兴文崇教之实”，应该趁此扩建一新，使“首善之学亦伟然耸天下之望”，如此，才能和新建的巍然孔庙相对称。成宗铁穆耳皇帝批准了何炜的提议。大德十年（1306 年）正月，文宣王庙（即孔庙）竣工前七个月，扩建国子监的浩大工程也正式开工。[1]

国子学是元朝中央官学之首，其中就读的生员基本上可分为国子生、伴读和陪堂生三种。其中，国子生和伴读是享有官给廪饩的公助生，而陪堂生则是不享有官给廪饩的自费生。从历史资料记载的情况来看，刚开始的国子学规模不是很大，生员定制为一百人，还有伴读生二十人。

[1] 见《续资治通鉴》《钦定日下旧闻考》卷六十七。

元朝初期，蒙古族人口并不太多，只有几十万人。随着西征（欧洲）北伐（俄罗斯）、入主中原，版图的扩张逐渐使蒙古的可汗们懂得，每当战役结束后被占领地就需要分派官吏去实施管理。这些可以铁骑纵踏欧亚大陆的蒙古人，却在管理人才上极为匮乏。于是，在大力推进蒙古族官员子弟进入国子学接受教育，旨在解决管理人才缺乏的同时，还把原先西征欧洲途中早期降伏过来的“色目人”，也都派出到中国各地，充当统治的官吏。

从元朝开始，政府下达民间的公文，就有“各色人”等，或“色目人”等的文句。所谓“色目人”，就是指元朝时对蒙古族以外的西北各族、中亚、西亚以至欧洲各族的概称。其中包括钦察（游牧于伏尔加河和乌拉尔河流域一带的突厥分支）、回族（中亚和西亚信奉伊斯兰教诸国各族人的泛称）、哈喇鲁（臣属于西辽的西突厥一部）、阿速（古代奄蔡人的后裔，属伊朗人的一支）、畏兀儿（高昌回鹘）、斡罗思（俄罗斯）等诸多民族。这些被降伏的民族人口被编入元军的各式军中，拼搏疆场，为元大一统帝国的形成，建立了功勋。同时，大批的西域军士还在内地筹粮秣马，“军耕以食”。元朝统一后，他们又与其他东迁的西域人口一起致力于治理荒芜，为元朝军队兵饷粮运的解决、农业的生产和恢复及边疆地区的开发做出了积极的贡献，因而这些人的地位仅次于蒙古人，优于汉人（长江以北的汉人和契丹、女真、高丽等民族）和南人（南宋汉民）。“各色人等”，就是上述地区中各种族的人。

为了培养蒙古贵胄子弟、为官的色目人子弟，自然都需要进入国子学学习，接受教育，以培养后备人才。随着入学人数的增加，尤其是蒙古人、色目人选派子弟人数的增加，元世祖忽必烈所初建的国子学原有规模已经远远不能适应这一发展需要，亟须对旧的国子学的规模实行扩张，这就是成宗铁穆耳为什么听从御史中丞何炜提议而扩建国子监的背景原因。但扩建国子监的工程进度缓慢，临到成宗铁穆耳去世的时候也没有看见新的国子学建成了什么样。而刚登基的元武宗又好大喜功，刚当上皇帝就“殊恩泛赐”（意为滥封官，滥赐金），且文过饰非。

“中书省臣言：‘请依原降诏敕，勿超越授官，泛滥赐赉。’帝曰：‘卿等言是，朕累有旨止之，又复蒙蔽以请。自今纵有旨，卿等其覆奏，罪之’”[1]。

元武宗的一意孤行，导致了“帑藏空竭，豫卖盐引”[2]的窘境，哪里还顾得上扩建国子监的工程？以至御史台臣颇有微词“成宗朝建国子监学迄今未成”。至大元年（1308 年）五月，武宗的弟弟见到如此缓慢的工程进度也很着急，请皇帝发布谕旨批准他亲自督工以最后完成这个重要的工程。元武宗这才御准毛遂自荐的皇太子（其实应该叫作“皇太弟”，海山的弟弟）最后完成这个扩建工

[1] 《元史》卷二十二。
[2] 《元史》卷二十二。

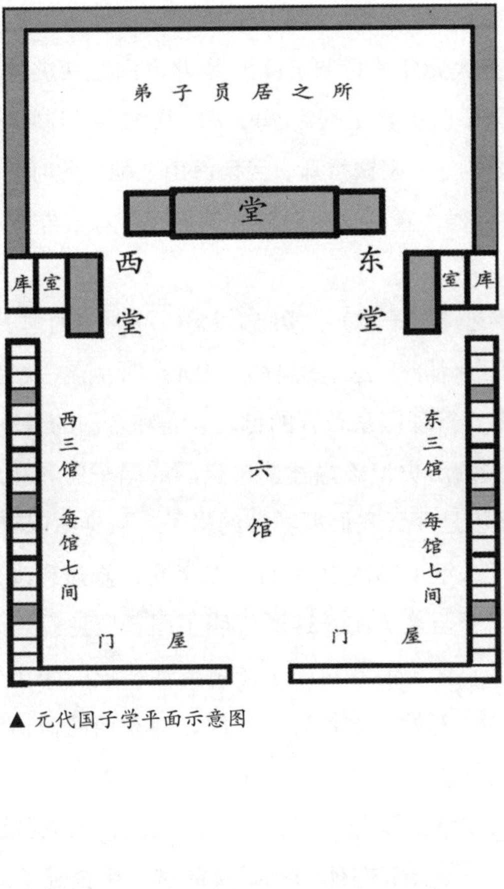

▲ 元代国子学平面示意图

程[1]。竣工之时，已是至大元年（1308 年）。

元武宗至大元年（1308 年），南北方向之两进院落、拥有数十间教室的国子监扩建工程终于竣工，从 1267 年制定规划开始，历经世祖忽必烈。成宗铁穆耳、武宗海山三朝，此时的国子监已经历了 41 年的历程，直到这个时候才算有了规模、布局合理、设施相对完备的太学。

这座集衙署（国子监）、学府（太学）为一身的国子监，与东面的孔庙毗邻而居，从此，这里就开始成为元、明、清三代封建王朝发布国家教育政令，管理国家教育的行政官署和全国的最高学府了。

根据相关的历史记载描述，扩建后的国子监和孔庙多有粗糙之处[2]，远远不是今天我们所看到的样子。从延祐四年（1317 年）开始，到天历二年（1329 年）的十二年间，修建和改建工程实施最多的是在国子监这个院。这既说明了国子监建设规划的先天不足，又反映了元代统治者对国子监重要性认识的深化过程。延祐四年（1317 年）开始，重修殿门堂庑，建东西两斋，增建环廊，扩建斋舍。尤其值得一提的是国子监院内“崇文阁”的修建，堪称是国子监的“锦上添花”工程。“崇文阁在大兴县即今国子监彝伦堂址也”。[3] 吴澄在他的《崇文阁碑》中描述了崇文阁的建

[1] 《钦定国子监志》：至大元年五月丁卯，御史台臣言，成宗朝建国子学迄今未成，皇太子请毕其功，制可。

[2] 马祖常《大兴府学孔子庙碑》：京师杂五方俗，尹治日不给庙之墙，屋弊（倾倒）坏将压以毁，讲习之堂粗完。

[3] 《畿辅通志》卷五十三。

▲ 庑殿式屋顶的绘图

筑形制、工程尺寸以及建成之后的具体功能：“于监学之北构架书阁，阁四阿，檐三重，度以工师之引，其崇四常有一尺，南北之深六寻有奇，东西之广倍差其深。延祐四年夏经始，六年冬绩成。材木瓦甓诸物之直，工役饮食之费，一皆出御史府。雄伟壮丽焕然，增监学之辉。名其阁曰‘崇文’。”“重屋”的本来意义是指有两层屋檐的殿堂，但元仁宗要的不是一般的重屋，他要建设一座“四阿三重檐”屋顶的崇文阁。“四阿”就是宫殿的屋顶要有四个斜坡屋面，四面落水。这样的屋面结构在中国传统建筑里就叫作“庑殿式”。现在故宫里面的太和殿就是这样的屋顶，这是一种最高规制等级的建筑。三重屋檐既能体现高等级的规格，又能显现“崇文阁”的高崇华丽。元代的皇帝们似乎对高耸的“阁”一类建筑有着特殊的偏好，元上都的都城里就有和崇文阁相似的建筑“上清阁”“大安阁”，它们的形制和元仁宗在国子监里修建要求的一样，都是“阁四阿，檐三重”。

楼阁建筑建成以后，工匠们丈量这个四阿建筑的尺度，测量的结果是：整个建筑高度为六十五尺（20.28 米），建筑进深四十八尺多（约 15.6 米），东西面阔九十六尺多（约 31.2 米）。元代的尺寸度量与现代的市尺不一样，相当于现在的 31.2 厘米，比现代市尺少 1.8 厘米。把史料记载的量度换算成现代尺寸，我们完全可以想象出这个工程的浩大和艰巨。虽然它的高度大概仅相当于现代六层楼的高度，但这是完全人力施工、手工制作建材、材质完全木料的大体量楼阁。从每层的建筑适用高度分析，从阁楼窗扇进光角度分析，这个两层阁楼式大殿，估计顶层为四阿重檐，底层为单檐，共为三檐。这样设想比较符合建筑立面的审美要求和室内取光的合理性。工程从延祐四年（1317年）夏开始建设，到了延祐六年（1319年）冬天竣工，用了将近两年半的工期[1]。体量巨大、高高耸立的“崇文阁”单体建筑，在周围一片低矮的建筑中，俨然“雄伟壮丽，烨然增监学之辉”。一些仕士文人登上崇文阁，居高临下，环顾四周，八面来风，心情激动，作诗颂之：

“巍巍乎高哉，崇文之阁兮，吾不知其几百尺？突兀直倚苍冥中，雕檐高飞近晓日，琼窗洞启来清风，前瞻兮帝阙，下顾兮辟雍。京畿郁兮千里，五云近兮九重，太行西来兮迤逦，居庸北拱兮巃嵸……”[2]

现在，我们将元代对国子监的修建过程系统地排列如下，以便对国子监的发展有一个清晰完整的脉络：

太宗六年（1234年），在原金代枢密院旧址设立“宣圣庙”办国子学。

世祖至元二十四年（1287年），议决“迁都北城，立国子学于国城之东”。设国子监，与国子学一体。

世祖至元二十五年（1288年），初建国子学与国子监合署。

[1] 《吴文正公全集·崇文阁碑记》：延祐四年夏经始，六年冬绩成。
[2] 陈琏《登崇文阁歌》，见《畿辅通志》卷一百十七。

成宗大德六年（1302年）六月，修建京师孔庙的工程正式动工。

大德十年正月（1306年），孔庙西侧扩建旧太学的工程正式开工。

大德十年八月（1306年），京师孔庙建成。

武宗至大元年（1308年），太学扩建工程竣工。

元仁宗延祐四年（1317年），开始重修殿门堂庑，建东西两斋，建“崇文阁”。

泰定三年（1326年），增建环廊。

文宗天历（1329年），扩建斋舍。

前后42年，经历了九次大的土木工程，而且后几次修建频率明显加快。这其中最主要的原因就是太学的招生人数日渐扩大，且有相当数量的伴读生、陪堂生参与进来，从元代泰定帝四年（1327年）开始，所有在国子监读书的生员又都在监内就餐，他们的给养由京畿漕运司和生员所在行政区供给。这些就读的生员学习与生活以及相应物资的贮备，国子监官员和教官的办公、讲学，都需要有相应的居室建筑予以保证，所以不断扩大国子监的建筑规模也自然成了题中应有之义。

经过历代修葺和重建，现在的北京国子监已经很难找到元代的建筑遗迹了，历经几百年的战乱和动荡，只有孔庙先师门（大门）檐下大而疏的斗拱结构，仍然保留着罕见的元代建筑风格，这是历史留下来的十分珍贵的遗存，我们应该倍加珍惜，精心呵护。

元代以少数民族入主中原，为了达到维持不同民族文化之间微妙的平衡，增进政治、文化上的认同感的目的，元朝皇帝从世祖忽必烈开始，多次颁布崇儒兴学的诏令，借以“汉法”治国，欲达到长治久安的目的。上面谈到的加封孔子、修建孔庙、兴办国子学等都是基于这一政策的体现；同时，元廷还吸纳许多汉族士大夫进入统治集团，尤其在教育领域，积极学习先进的汉族文化，在刘秉忠、许衡等人的早期推动下，建立国子监、国子学（太学），并确立了程朱理学在学校教育和科举中的主导地位。

忽必烈招募并供养了一批热心于新儒学的饱学之士，其目的无疑是争取这个越来越显要的知识群体。尽管他们中许多人拒绝为蒙古贵族服务（许多著名的儒士诏而不来或称病离去），但是仍然有一些新儒士把“教化”北方游牧民族作为自己的使命。许衡就是这种新儒家的代表人物，他被儒学大师姚枢和窦默举荐到忽必烈的身边，并以自己独到的见解和渊博的学识赢得了忽必烈的信任。元宪宗四年（1254 年），忽必烈出王秦中，任命许衡为京兆（今西安地区）提学。在教学中，他特别强调对学生进行道德教育，教育学生通晓礼义，懂得荣耻。被公认为当时最优秀的学者之一，这时的许衡年仅 45 岁。至元八年（1271 年）世祖忽必烈任命许衡为集贤馆大学士、国子祭酒，成为掌管国子学的领军人物。许衡以“乐育英才，面教胄子”为宗旨，门下不仅有汉族学生，还有蒙古族弟子。七品以上朝官子孙都可入学为国子生，民间俊秀子弟则可以入学伴读。在许衡的任期内，不仅培养了许多蒙古人和中亚人子弟，还培

▲ 刘秉忠画像

▲ 许衡画像

养了像王梓、刘季伟、韩思永、耶律有尚、吕端善、姚燧、高凝、白栋、苏郁、姚敦、孙安、刘安中这些著名的人物。他以国子学为教育平台，以一代新儒学——程朱理学之名师身份，教育他的弟子们个人要献身于国家和社会，并把这种思想灌输给他的弟子，使之成长为日后对元代发挥重要影响的中坚力量。

元朝一代，在教育制度设计上多有创新，为了维持少数民族和汉族在文化上的平衡，从元世祖开始，在元大都先后设立了三种国子学，其中央官学主要为两类：一是以汉文进行教学的儒学教育机构——国子监、国子学，由元廷集贤院管理；二是以少数民族文字进行教学的教育机构——蒙古国子学（始称“蒙古国字学”）、回族国子学。前者学习由尊为“国师”的藏僧八思巴在至元六年（1269 年）创建的新蒙古文字（“八思巴文字”）；后者学习突厥语系的波斯文，均由蒙古翰林院管理（后内设蒙古国子监、回族国子监分别管理）。上述三种学府招收的所有学生都不限民族成分。这是元世祖忽必烈在位时基本建立起来的元代官学体制最重要的组成部分。

二、洪武建南雍亲定规制　英宗采众议重修太学

明太祖朱元璋登基前三年，就有了重视教育的举措，他在元顺帝至正二十五年（1365 年）前就已在应天府（今南京）称“吴王”，次年即将元朝旧集庆路学改设国子学，并将这里作为延揽和培养人

才的主要机构，并提拔昔日元代祭酒许衡的儿子许存仁为博士，专门从事教学工作。[1] 应当指出的是，这个时候的国子学设置还比较简单，从各个方面都还未规制化。[2] 大明立国之初，朱元璋剖析元朝灭亡的原因时，着重分析了用人政策的失败：

“建国之初，辅弼之臣率皆贤达，所进用者又皆君子，是以政治翕然可观。及其后也，小人擅权，奸邪竞进，举用亲旧，结为朋党，中外百司，贪婪无耻。由是法度日弛，纪纲不振。至于土崩瓦解，卒不可救。今创业之初，若不严立法度以革奸弊，将恐百司因循故习，不能振举。故必选用贤能，以隆治化。”[3]

这段话是说，元代建立之初，朝廷多是贤达的辅佐大臣，选用的人才也都是君子。所以朝廷的管理秩序井然。但以后小人奸佞滥用权力，结党营私，朝廷内外百官贪得无厌，朝廷规制松懈，制度遭到破坏，以至于江山土崩瓦解，无法挽救。当下建立之初，如果不严立法度，各级官僚必然会因循守旧，振兴新王朝的目标就会落空，所以必须选用贤能，以有效加强对国家的治理。朱元璋在这里把“严立法度”作为创建新王朝的首选，而要完成这样的重大任务，必要

[1] 《立斋闲录》：乙巳岁立国子学，擢许存仁为博士，以专学事。四年，升学为四品，始设祭酒，即拜存仁为之。

[2] 《续文献通考》卷九三《职官考·国子监》。

[3] 《明实录·大明太祖高皇帝宝训卷之一》。

的前提条件就是“选用贤能”。江山可以马上得之，却不能马上治之，新政权迫切需要培养自己的官僚队伍以维持国家机器的运转。虽然明初仍沿用元朝的职官体系，但朱元璋首先把建立完备的明朝官僚体系和朝廷管理制度作为明确的工作目标。自恃“始受命之君，当时法已定，人已守，是以恩威加于海内”，且“备尝艰苦，阅人既多，历事亦熟”[1]的朱元璋较早就着手制定未来的政治制度了，他历时十年，“更改不计遍数”，先后七次眷写的《祖训录》终于在洪武六年（1373 年）完成。这篇《祖训录（一篇）》以“祖法”的名义从“箴戒”“持守”“严祭祀”“谨出入”“慎国政”“礼仪”“法律”“内令”“内官”“职制”“兵卫”“营缮”“供用”等十三个条目制定了朱氏后代子孙“一字不可改易”的基本政治制度。[2]制度的制定仅仅是第一步，关键的问题是还要有一大批能够效忠朱元璋的精英人才，这才是问题的全部核心所在。如何获得这样的辅佐贤才呢？朱元璋设想了四条途径，这就是：“学校”“科目”“荐举”“铨选”。

“学校以教育之，科目以登进之，荐举以旁招之，铨选以布列之，天下人才尽于是矣。”[3]

“学校”用来教育人才；“科目”用来选拔人才；“荐举”用来广揽人才；“铨选”则为量才用人。为此，洪武十四年（1381 年）改建了原亲自组建的旧国子学；洪武十五年（1382 年）五月，朱元

[1] 《明实录·大明太祖高皇帝宝训卷之二》。
[2] 《太祖高皇帝实录》卷八十二。
[3] 《明史》卷六十九·志第四十五。

璋在南京鸡鸣山下按照“东庙西学”的庙学规制建成偌大的新太学和孔庙，并把太学改名为“国子监”，即南京国子监，史称“南雍”。里边的建筑布局和形制基本上和现在的北京国子监相似：进入孔庙最前边是大成门，中间是大成殿，殿的两侧为两庑。大成门外东为牺牲厨，西为祭器库；太学里边的正堂是“彝伦堂”，祭酒、司业办公的公署和他们讲授经义的场所分列堂左右；堂西侧则是博士对监生进行考试的场所。教学区大门的匾额上书“太学”。所有在国子监里的监生分属在太学门内取名为“率性”“修道”“诚心”“正义”“崇志”“广业”的六个堂中学习。学习生活的设施也很齐全，学校四周有餐厅（会馔堂）、厨房、库房、浴所（湢）；还有专门为监生们准备的集体宿舍，当时叫作“号房”。如监生带家属在校外居住的，每月还发给白米以赡养家小之用。

修建鸡鸣山下的国子监时，朱元璋可没像元代修建京师国子监那样松松散散，一拖几年。他对这个工程极为重视，几次亲自到工地进行视察、督促和监工，直到新的国子监落成。为了彰显他的意志，除了遣派官员释奠孔庙祭祀孔子外，还令翰林院学士宋讷将南京国子监（南雍）修建始末过程镌刻于碑。得到朱元璋极大信任的宋讷，后来还被委任为南京国子监的“祭酒”（校长）。元代修建的那个北京国子监当然还要发挥它的作用，只不过朱元璋把它降低级别，变成了“北平府学”。南京国子监建成后，实行“监学合一”，统称“国子监”，国子监的学生也一律改称“监生”。[1] 从此，

[1] 注：此前称作“太学生”。

国子监成为明朝皇帝直辖的机构，强化了皇权对教育的直接管理。

朱元璋创立南京国子监，完全缘于对明朝政权制度建设非同一般的设想与实践。

“举大器者不可以独运，居大业者不能以独成。是故择贤任能，列布庶位，安危协心，盛衰同德。”“盖根疏者易拔，源浅者易涸。人君欲弘其德，唯当广览兼听，博达群情，则治益盛隆，道益光大矣。”[1]

建立、培养和壮大能与自己同心同德治理天下的官僚队伍，是明初政权建设一件极为迫切的任务。更具体地讲，明太祖朱元璋把他所说的“选用贤能”“盛衰同德”“道益光大”的诸多目标都寄托在创建南京国子监上。把它和朝廷新型官僚的养成规制紧密地联系在一起，以制度的形式规定了“科举必由学校，而学校起家可不由科举。学校有二，曰国学，曰府、州、县学。府、州、县学诸生入国学者乃可得官，不入者不能得也。”[2]

这个被后人称颂为“至精至备”[3]的基本制度，织就了一张驱使天下知识精英必须要为明朝政权服务的天网。南京国子监创建以后，洪武二十六年（1393年），朱元璋又解散了“中都国子监”（洪武八年设置的凤阳中都国子学），将其师生并入京师国子监。明初的历史实践表明，朱元璋以极大的精力给予南京国子监以异乎寻常的关注，先后五次亲自为国子监制定了详尽严苛的55条监规[4]，就

[1] 《明实录·大明太祖高皇帝宝训卷之一》。

[2] 《明史》卷六十九·志第四十五。

[3] 《青谿漫稿》卷十一。

[4] 洪武十五年制定、修订各一次；十六年、二十年、三十年各一次制定。

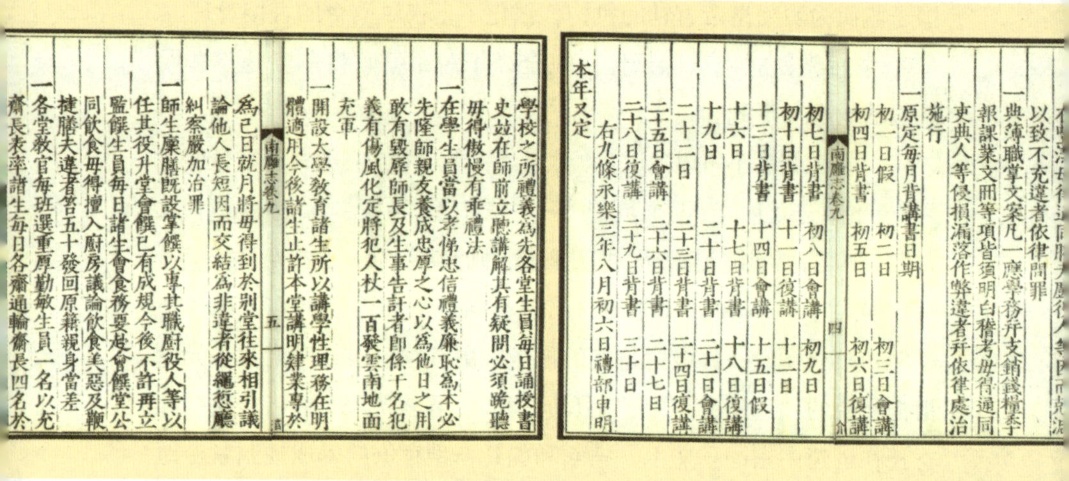

以致不充違者依律問罪
一典簿職掌文案凡一應學務并支銷錢糧季
報課業文冊等項皆須明白稽考毋得通同
吏典人等侵損漏落作弊違者并依律處治
施行
一原定每月背講書日期
初一日假　初二日　初三日會講
初四日背書　初五日　初六日復講
南廱志卷九　四
初七日背書　初八日會講　初九日
初十日背書　十一日復講　十二日
十三日背書　十四日會講　十五日假
十六日　十七日背書　十八日復講
十九日　二十日背書　二十一日會講
二十二日　二十三日背書　二十四日復講
二十五日會講　二十六日背書　二十七日
二十八日復講　二十九日背書　三十日
右九條永樂三年八月初六日禮部申明
本年又定

一學校之所禮義爲先各堂生員每日誦授書
史竝在師前立聽講解其有疑問必須跪聽
毋得傲慢有乖禮法
一在學生員當以孝悌忠信禮義廉恥爲本必
先隆師親友養成忠厚之心以爲他日之用
敢有毀辱師長及生事告訐者即係干名犯
義有傷風化定將犯人杖一百發雲南地面
充軍
一開設太學教育諸生所以講學性理務在明
體適用今後諸生止許本堂講明肄業專於
南廱志卷九　五
爲己日就月將毋得到於別堂往來相引議
論他人長短因而交結爲非違者從繩愆廳
糾察嚴加治罪
一師生廩膳既設掌饌以專其職廚役人等以
任其役升堂會饌已有成規今後不許再立
監饌生員每日諸生會食務要赴會饌堂公
同飲食毋得擅入廚房議論飲食美惡及鞭
撻膳夫違者笞五十發回原籍親身當差
一各堂教官每班選重厚勤敏生員一名以充
齋長表率諸生每日各齋通輪齋長四名於

▲ 朱元璋制定的监规局部展示

勅諭策問箴誨之屬凡出於
聖製爲一時一事而發者類爲下篇系之曰謨訓考

上篇

學規本末

國初立國子學洪武十五年三月改爲國子監
太祖高皇帝欽定學規九條頒行之是年五月二十
七日禮部尚書劉仲質等欽奉
勅旨條成學規一十二款合前九條梓行以
賜師生十六年正月十八日
欽除國子監祭酒宋訥設置五經博士又爲定擬學

規八條當日晩朝諫院翰林院等官於
東苑内奏
聞訖遂頒行焉三十年七月二十日署祭酒事太
常寺丞張顯宗署司業事翰林院修撰韓克忠
等與禮部增定學規以聞
上親爲裁定二十有七條通前爲五十六款遵行旣
久則謂之監規云

太祖高皇帝洪武十五年三月欽定

一本監正官每日侵晨升堂就坐各屬官以次
赴堂序立行揖禮正官坐受後各屬官分列
東西相向對揖禮畢就立俟各堂生員行列
恭揖禮畢方退晩亦如之

一本監屬官每遇赴堂衆議事務質問經史皆
須拱立聽受取次講說不得即便坐列其正
官亦不得要求虛譽輒自起身有紊禮制務
在綱紀秩然足爲矜式

一本監正官職專總理一應事務須要整飭威
儀嚴立規矩表率屬官模範後進不可尸位
素餐因而怠惰

一監丞之職所以叅領監事凡教官怠於師訓

生員有戾規矩并課業不精廩膳不潔並從
糾舉懲治務要夙夜盡公嚴行約束毋得徇
情以致廢弛

一博士助教學正學録等官職專教誨務在嚴
立課程用心講解以臻成效如或怠惰不能
自立以致生員有戾規矩者舉覺到官各有
責罰

一生員在學讀書務要明體適用以須仕進各
[illegible]

是实证。在具体的教育措施上，除了规定必读的“四书五经”“大诰”等必修课之外，还把监生必须多方参与社会实践（督修水利、军籍清理、丈量土地建立簿册[1]）作为监生训练养成的重要途径。这些极富创见的教育手段，极大地促进了明初加速培养人才的进程，在很大程度上解决了明朝统治者对人才的需要，我们在后边还要讲到这些内容。

明成祖朱棣夺取政权以后，一直想把他的起兵之地定为国都，永乐元年（1403 年）时改“北平府”为“北京”。史籍《明实录》记载了北平府改名为北京的简单过程：

礼部尚书李至刚等言：自昔帝王或起布衣平定天下，或由外藩入承大统，而于肇迹之地皆有陞崇。切见北平布政司实皇上承运兴王之地，宜尊太祖高皇帝中都之制，立为京都。制曰：可，其以北平为北京[2]。

永乐十八年（1420 年）明成祖朱棣发布御诏迁都北京，恢复了国子监的地位，变为北京国子监，遂将北京又改称为京师。明朝原来的国都南京就变成了“陪都”。“北京国子监”自然成为“京师国子监”，俨然为明代朝廷的最高学府所在地，南京鸡鸣山下的国子监则改称“南京国子监”，形成了南、北二监（也称南雍、北雍）并立的局面。从此，北京国子监重新恢复了封建朝廷的最高学

[1] 《续通考》《明太祖实录》卷一百八十、《明史卷》七十七、《明太祖实录》卷二百三十四。

[2] 《太宗永乐实录》卷十六。

府和中央管理教育机构的职能，并一直延续到清末。

明成祖迁都北京前后，将其主要精力和财力都放在了明皇宫建设上，加之朱棣屡屡领兵作战的频繁战事，根本顾不上业已残破的京师国子监即原来元代国子监的整治和建设。迁都后的第二年即永乐二十年（1422年）六月，“皇太子令工部修北京国子监。”[1]这是永乐年间第一次有明确记载对北京国子监进行维修，即由皇太子朱高炽亲自指挥工部，对破旧的京师国子监进行了简单的修缮。其实，对国子监破旧失修的现状，明成祖心里不是不清楚。他对手下的礼部官员曾感慨道：“北京学校曩因兵废俟。”[2]这算是一个清醒、公正的实话。

其实在永乐初年，明成祖朱棣曾有过重修国子监和孔庙的打算[3]。这在当时是他决心迁都北京所释放的政治信号。但这个设想却因他屡屡亲率军队外出作战而一直没有顾及，加之从永乐四年（1406年）闰七月准奏兴建北京皇宫开始，大批朝廷官员多被遣赴四川、湖广、江西、浙江、山西、山东、河南、陕西等地采木、制作砖瓦、选配工匠、民丁，还有筹措为此支付的巨额银两和粮食，前后十几年大兴土木，选配民工（每半年更换）[4]，哪里还有修建国子监的兴致？

永乐二十年（1422年），皇太子朱高炽督工部对国子监进行

[1] 《明实录·大明太宗文皇帝实录》卷二百五十。
[2] 《明实录·大明太宗孝文皇帝实录》卷九十三。
[3] 《五礼通考》卷一百二十。
[4] 《太宗永乐实录》卷四十四。

了一次简单修葺，两年后，在外征战的永乐皇帝就病逝于榆木川。继承皇位的明仁宗朱高炽于洪熙元年（1425 年）三月做出了将京师迁回南京的决定，北京各官署复称“行在”，国子监也不例外，又变成了“行部国子监”。“行在”也叫作“行在所”，它的意思是说，这是皇帝曾经专门来过的地方。明仁宗执政一年后病逝，宣宗朱瞻基登基，北京原京师各部门又恢复了原来的称呼，取消了“行在”的冠名。虽然宣宗朝“天下承平”，宣宗又“颇事游猎玩好”[1]，但对国子监却表现出少有的冷漠。执政十年时间里虽然也处理过国子监的个别事务，却一次都没来过这个最高学府，更别提什么“视学”了。以致《钦定续文献通考》的作者都愤愤不平：

“明制幸学，历代皆一行，而惠帝（指明建文帝）两年中乃再举之。其后世宗及庄烈帝亦两幸学，其未行臣者，仁、宣两朝耳，仁宗在位未久，自不及行，宣宗十年之内竟未一举，岂史阙载耶。”[2]

宣宗朱瞻基登基第二年就以“朝廷小有造作，用力不多”的理由遣散了原来修建北京宫殿的 970 多名工匠[3]。综合古典文献的史载，纵观当时的历史环境，我们完全可以得出一个结论：

北京国子监在永乐、洪熙、宣德三朝年间根本就没有进行过较

[1] 《明史·列传第五十六》卷一百六十二。
[2] 《钦定续文献通考》卷四十九。
[3] 《明宣宗章皇帝实录卷》之二十八。

为彻底的维修或新建工程，这已为史籍记载所证实。还有一个非常重要但又易为我们所忽视的原因，那就是明代建设程序规制的严格也使得明代的大型工程开工不易。朱元璋生前制定的《明会典》规定：

“凡在京文武衙门公廨，如遇起盖及修理者，所用竹木、砖瓦、灰石、人匠等项，或官为出办，或移咨刑部、都察院差拨囚徒，着令自办物料，人工修造，果有系干动众奏闻施行。”

其中的会典“事例”则做出更具体的补充规定：

“永乐二年奏准，今后大小衙门小有损坏，许令隶兵人等随即修葺。果房屋倒塌，用工浩大，务要委官相料计用，夫工物料数目，官吏人等保勘，申部定夺修理。”[1]

明永乐朝以后虽将国子监升格为“京师”太学，但由于连年战争兵乱，或是新登基皇帝的短命，抑或是避免连年大兴土木，本应获得朝廷支持并给予相当的人力、物力、财力的国子监却遭到了无法避免的冷落。此时“南北两京国子监斋舍庖库皆敝”，“先圣庙及两庑、厨库，太学六堂及诸生斋舍皆年深损坏，失今不修，恐工费愈大”[2]；“乞会官考察及庙庑堂房风雨损坏，乞拨人修

[1] 《明会典》卷一百四十七 · 工部一。

[2] 《大明宣宗章皇帝实录》卷之四十、卷六十五。

理”[1]；“本监（注：指北京国子监）旧有祭器、乐器、祭服、进士冠服，既无库藏收贮兼无库役看守”[2]。

明宣德皇帝在位十年后病殁，8岁的长子朱祁镇即位做了皇帝，年号“正统”。小英宗童年纯守，当年冬天就遇到了来自朝廷内部的劝谏压力。皆因北京国子监自元代大德十年（1306年）扩建后逾130年没有大修，敝败漏陋的现状更是燃眉之急。诸多心存振兴太学之志的重臣先后上奏，提议新建或改建国子监。首先劝谏的是“行在吏部”主事李贤。他向英宗皇帝奏请道：太学从元代建成直到现在，已经是年久失修，破烂不堪了。明成祖在北京建立国都以后，北京的佛教寺院经常反复修建，太学却日渐废弛，如此，如何向天下显示我们的道德模范和典章制度？

“当举若重修太学，虽极壮丽亦不过佛寺一所之费，况佛寺不下百余，无益于朝廷，太学虽止一处，有益于国家，伏愿皇上兴废举坠，乞敕该部计料兴工一新，太学作养秀才，重选师儒，厚加眷注，果能此道，将见数年之后贤才济济，文风大振，生民于是乎安，而天下于是乎治，我太祖养贤及民之效复见于今日，太平之盛不期自至，而国家社稷永享无穷之福矣。”

英宗显然是被说服了，高兴地接受了李贤的奏议[3]。此后，刑

[1] 《大明英宗睿皇帝实录》卷之十七。

[2] 《大明英宗睿皇帝实录》卷之九十。

[3] 《大明英宗睿皇帝实录》卷之二十三。

科给事中刘孚、国子监助教李继、国子监祭酒李时勉又多次向英宗进言，请求对国子监进行修建。李时勉还为此遭受到当朝阉佞王振的迫害。群臣奏议六年之后，英宗终下大修国子监的决心。当月下诏“以修国子监，命师生暂讲肄于故都察院。”[1]“正统八年八月以营建国子监，遣工部尚书王卺祭告先师孔子”[2]。至此，大规模的北京国子监修建工程正式开始进行。

“乃诏有司率属从事。于是冬官胥勤工师，骏奔相度”。得到了皇帝旨意的工部马上挑选和组织工匠，迅速地制订工程计划和现场勘查测量，进行国子监修建工程的准备工作。《青谿漫稿》的“拟重修太学记”以简洁的文字概括地记载了这次施工过程：

“既同修志靡间，抉泐剔腐，剜刓污秽，攲者以安，黯者以明，悉置于新，弗加其旧。”

这段文字的大意是说：扶正倾斜的柱间，换掉破裂的石材，剔除朽烂的材质，剜除肮脏的污秽，安装好倾倒的梁柱，让黑暗的地方明亮起来。匠作之处一律使用新材，不用旧材。大规模的施工管理严格，安排合理。“凡作[3]若干日工以完告，不亟（急躁）不遗（缓慢），百用具兴。”从文献中的字里行间可以看出，这个大规模的工程并不是对原有旧建筑物的完全推倒重建，而是对旧有建筑实行彻底的大修。整个工程竣工后展现的全貌十分气派：

[1] 《大明英宗睿皇帝实录》卷之一百六。

[2] 《大明英宗睿皇帝实录》卷之一百九。

[3] 指传统建筑施工的类项。如石、木、瓦、琉璃、画等技术工种。

▲彝伦堂

▲明英宗重修太学碑亭

“旧庙之中为大成之殿，其前为大成灵星之门，东庑西庑，东序西序，神厨，神库，井亭，牲亭，为乐器祭器之库，持敬之门，致斋之所，皆丽于庙者也。学之中为‘彝伦堂’，其左右为六堂、绳愆，博士二厅、为会馔之堂、退省之房，高明载道，藏用之所，广储、广居、集贤之门号、庾湢、厕之室皆丽于学者也”“高广靓深，炳炜崇严，而庙学之制益大以成矣！”[1]

这次大修最显著的建筑就是改“崇文阁”之旧[2]、建“正堂”之新、仿南京国子监冠名的“彝伦堂”，这才是北京国子监“彝伦堂”建成的真实本原，简言之，就是改建了旧“崇文阁”为新“彝伦堂”。诚如《钦定国子监志》（四库本）所载：“正堂七间曰‘彝伦堂’，元之‘崇文阁也’”。还原历史的真相，其实仿南雍冠名的“彝伦堂”，就是利用旧“崇文阁”的旧建筑主体改建成悬山单檐的“正堂”而已。故而它的历史如同堂外灵台上的“日晷”一样，可以追溯得更为久远[3]，显现出横跨元、明、清三代王朝的古代建筑历史遗迹，彝伦堂的建筑地基和建筑单体在古老国子监中的所有建筑中堪称“祖师爷”，这是我们应该予以特别重视和保护的地上、地下文物。

[1] 《青谿漫稿》卷十六。

[2] 从上文“无库藏收贮”叙述中可推断，丧失了库藏的作用的崇文阁已经失修不可用。

[3] 《钦定国子监志》卷六十一：“彝伦堂站台东南立日晷一座，考明代《文庙国子监创建记》已载有此。”

经过一年左右的时间，国子监大修工程于正统九年（1444 年）春二月竣工。

“春三月丁巳，皇上躬释奠于先师，退御正堂，命祭酒臣恂司业臣，业进讲如仪。于是卿相大夫与百执事以至游学之彦，侍卫之良，四夷朝贡之使，环拱观听者动以万计。”[1]

自此，历经洪、永、仁、宣四朝却“斋舍庖库皆敝”的北京国子监，终在正统九年（1443 年）为之一新。发生了如此大事，才有了旨在彰显英宗功德的正统九年“敕谕”，并镌刻“新建太学”碑文，立碑于北京国子监孔庙东庑（1768 年乾隆重修孔庙时，把这块石碑移到了大成门外东南角新建的碑亭里）。

综上所述，我们可以得出一个结论：明代立国，北京国子监和孔庙第一次大规模建葺成新是在英宗朝，最好的证明就是明英宗的立石——《重建太学碑》。

修建后的明代国子监俨然一座“大学城”，建筑布局与现存大致相同，但国子监东北的会馔堂（会餐场所）、典籍厅（图书馆）、典簿厅（类似行政办公室）、掌馔厅（厨房）和在监西的十八个监生居住的学舍建筑群现已不存。

相隔了 47 年之后的明孝宗弘治十四年（1501 年），于此再相

[1] 《青谿漫稿》卷十六。

隔43年的明世宗嘉靖皇帝十一年（1532年），又分别对国子监进行了一定规模的修建。当然，嘉靖七年（1528年）十月新建国子监“敬一亭”的工程竣工更是记录在明史之中。

下面，我们也将明代各朝修建国子监的工程简列于后：

明成祖永乐二十年（1422年）六月，由皇太子督工部对京师国子监进行简单的维修。

明英宗正统八年（1443年），对北京国子监进行了大规模修建，改建了彝伦堂。

明孝宗弘治十四年（1501年），对国子监实施维修。

明世宗嘉靖七年（1528年）十月，新建国子监敬一亭竣工。

明世宗嘉靖皇帝十一年（1532年），对国子监实施维修。

明思宗崇祯十四年（1641年）八月，重建国子监竣工。

从元到明，花费在国子监上的白银不计其数，国子监的每一寸土地上几乎都铺满了白银，但真正大手笔的花钱还远远没有结束，到了清朝年间，更是推向了一个高峰！

三、清代诸皇帝官学臻备　乾隆建辟雍自有主张

进入国子监大门里，我们就能深深感受到浓厚的历史氛围。现在所能看到的国子监全部，基本上是明、清两代的历史遗存。

▲ 清绘国子监全图

清王朝入关，顺治元年（1644 年）定都燕京，即始就对国子监进行扩建。“命饬新国子监，扩元明之旧，左庙右署，规制大备”[1]。意思是说，顺治皇帝下旨命令将国子监整修一新，将元明两朝的旧国子监进行扩建，按照左庙右官署的规制，按照规制把国子监孔庙建设得最为完备。

为了改变清入关以后八旗管理人才奇缺的局面，除了进行修建国子监土木工程之外，还有一个令人瞩目的重大措施，那就是建立和大力发展八旗官学和其他满族官学，形成庞大的八旗教育体系，并把这样的一个独特体系的主要部分归属于国子监管理，借以加强中央皇权对教育的统一布局和管理，以适应清王朝一统天下之后对大批具有文化知识和管理人才的迫切需要。因此，清代的历任皇帝对国子监的整饬和建设倾入了大量的人力、物力和财力，其中尤以乾隆朝为甚。

这些投入主要包括：

从顺治元年（1644 年）开始，对旧国子监整修扩建。

从顺治元年年末开始，建立八旗官学。

康熙二十二年（1683 年），维修国子监内的殿堂和房屋。

康熙四十一年（1702 年），由和硕理亲王负责，对孔庙和国子监进行大修。

[1] 《钦定国子监志》卷二十七。

雍正元年（1723 年），礼部会同工部奉旨修葺国子监讲堂和监生号房。

从雍正五年（1727 年）开始，扩建八旗官学。

雍正六年（1728 年），始设俄罗斯馆于同文馆。

从雍正九年（1731 年）开始，设立国子监对面的“南学”，作为助教和监生内班生宿舍及读书场所。

乾隆二十四年（1759 年）开始，斥银近三万两修葺国子监外东北角的御书楼（因火毁现不存）。

从乾隆四十八年（1783 年）开始，斥巨资三万余两白银仿周古制新建琉璃牌坊和“辟雍”，以及与之配套的东、西碑亭，钟亭，鼓亭。

至此，国子监的建筑高大辉煌，色彩鲜明，学制完备（隆规炳烁，学制大备），规模宏大，俨然一座“大学城”。这与清乾隆朝高宗皇帝以极大的政治热情关注着国子监的建设是分不开的。这位颇有才气的皇帝亲自谋划国子监建设的全局规划与局部细节，甚至辟雍环水的水深都要亲自做出谕旨。今天我们所看到的国子监建筑格局现状只是原有规模的主体部分。原来国子监之南的南学、西边的箭场、国子监东北的会馔堂以及堂周围的掌馔厅、典籍厅、典簿厅、御书楼、仓库、土地祠，还有东边几十座学官的住宅院落、西边的退省房、监生的几百间宿舍建筑群以及其他配套建筑早已荡然无存，地址改作他用。现在，当我们打开“Google 地球”找到国子监地域影像时，和前文那张清末的国子监手绘全图加以对比观察，从那些房屋建筑群中依稀可辨的边界还可以看出国子监西边的箭场、南边的南学、东边的御书楼院，以及国子监和孔庙周边原来诸多馆舍隐隐的方位印记和道路痕迹。

经北京市政府批准，从 2003 年开始了对国子监和孔庙内部进行了大规模的维修复原工程。国子监和孔庙管理处[1]由马法柱主任直接指挥、郭钊副主任为助理实施了这场自中华人民共和国成立以来规模最大、投入最多的整修复原工程。经过数年的艰苦劳作，于 2007 年底全部竣工。这个复原工程无论从建筑格局、建筑形制、建筑彩画以及内部装饰都更逼真地显现了历史上国子监院内的原生态。

现在的国子监遗存现状，除了孔庙大门的元制斗拱风格、数座元代碑石，以及少数明代建筑遗存外，主要是完整的清代修葺原貌遗存。具有 730 多年历史的北京国子监能够避开战火兵乱的涂炭，完整地保存到现在，并传承保留了大量的历史信息，这实在是一件了不起的奇迹！

[1] 国子监博物馆成立之前的管理机构。

中国的统治者在房屋、车服、礼器、建筑、交往等诸多方面都要按照礼制的要求有相应的制度性规定，这就是我们常说的“规制”，那是必须遵守的。古代传统建筑的修建自然也要遵守相应的规制，这里的“规制”就是制度，就是等级。

第二章　展古韵、为学伴行

▲ 集贤门

一、“集贤”门制等级严

来到国子监，映入眼帘的是大门的上方高悬一块竖匾，上书“集贤门”三个大字，是说这个大门的名称叫作“集贤门”，有“贤才”聚集此地的含义。这里需要解释的是，中国古代皇家大式建筑的院门都有一个明显的特征，那就是每座院门都有一个命名，这个内容后边会讲到，在此不再赘述。集贤门的建筑形式呈现为一个单体的悬山顶建筑，是一个像屋一样的“门”。屋子的前后檐下完全敞开通透，不安装任何窗扇和槛墙。大门门樘安装在正中央的位置，与屋顶最高的那根檩子——脊檩上下对齐。这种形式的门就叫作“屋宇式”大门。在传统建筑里，屋宇式大门一般只能用于重要建筑的南面正门。这一类形式的门中，多开间、规模较大的往往是皇帝、衙署、高品级王府专用之门，一般呈现出宫殿形式。国子监不仅是太学，而且是封建朝廷掌管国家教育政令、管理国家教育的最高行政衙署，因此大门

▲ 北京国子监大门

▲ 国子监大门旧照

两侧还专门建有向外伸出的八字墙，以示“向明而治”，老百姓则形象地称这种带有八字墙的屋宇式大门为“八字衙门”；等级较低的屋宇式大门则是单开间的门屋。我们翻阅《大清会典》就可以看到，开间的多少、建筑的高低、用什么样的装饰、用什么颜色和彩画都是根据官员等级来规制的。屋宇式大门和其他古建筑一样，面宽尺度以“间”来计算。这里所说的“间”，指的是以四根立柱围合，施梁、桁于柱之上的木架构。为了便于读者观察，可以这样通俗地说，从外观上看，传统建筑檐下两根柱水平方向之间的距离就是一间。国子监的大门开间为三间，因此至少要看到四根柱子。“开间”就是表述中国传统建筑正面宽度单位的专用词汇。国子监的大门面阔三间，悬山顶，屋宇式的大门，完全合乎清朝政府对官府、寺院、庙祠等公共建筑南向大门的规定[1]。国子监的最高管理官员是祭酒，位高四品或从四品，所以柱子和大门只能漆成黑色，两旁的八字墙涂成白色，因为明确规定了“门柱饰黝垩”。如果门、柱都漆成红色，那就是僭越规制，要有被杀头的危险了。由于门的建筑形制、开间数量、色彩绘画关系到尊卑等级地位，所以古代建门必须要按礼制的规定来设置，门也就自然成了地位尊卑贵贱的第一重要表征了。成语“门当户对”的含义就再明白不过地表达了从门户上认知等级地位的意思了。

[1] 《钦定大清会典》卷七十二：凡第宅公侯以下至三品官，基高二尺，四品以下基高一尺，门柱饰黝垩。中梁饰金旁绘五彩杂花。

二、“太学”门匾话渊源

步入国子监的大门，就等于进入了国子监的专管区域了。这个区域南北走向，前后分为三进院，第一部分是前院，宽阔的场地主要是为了停放官员所乘之轿和部分监生来监栓所骑之马用的，有点像我们今天所说的“停车场”，主要用于停放交通工具的。前院的东边有一“持敬门”与孔庙相通；东边北面有个小一点的门为“储才门”，那是祭酒和典籍、典簿等行政后勤人员去办公室上班的出入之门，也是去孔庙崇圣祠、土地祠的通道，还是昔日国子监监生们去会馔堂集体就餐的通道。现在已经改为通往“乾隆石经”的门户了。

西边与“持敬门”相对的是“退省门”，是去“退省房”的门户；西边的北面也有一个稍小的门，那是祭酒的副职司业去办公室（西厢）的地方，也是监生们下课以后回到国子监西边宿舍的必经之门，叫作“广居门”。清代国子监对监生宿舍的管理沿袭了明朝对监生学舍的管理手段。明朝国子监的号舍（即监生宿舍）是按学舍的方位定以名称，如内号、大东号、新南号、小北号，等等。后来改变了这种编号原则，它不同于我们现在的东区、西区，也不是A座、B座的编号，而是以儒家的礼制信条文字编排的，即天、地、人，智、仁、勇，文、行、忠、信，规、矩、准、绳，纪、纲、法、度，一共十八号（也称十八“段”），共有六列面东的排房，每列

▲ 持敬门

▲ 原储才门

▲ 现改建的“乾隆石经”正门

▲ 广居门

▲ 退省门

▲ 太学门

三段，共 18 段。每段（号）有监生号房 37 间。这六七百间监生的号房群浩大一片，也是颇为壮观！难怪进门通道要取“广居”之意。清沿明制，依然继承了这样的编号方法，就像科举的考场编号一样，时刻告诫监生们即使回到号舍，也不要松懈斗志，不断反省自我，以求进取。可以说，这种“标语”式的编号也具有灌输儒家理念的教育意义。

国子监第一进院正中、面对着集贤门方向的就是“太学门”了。这个大门上边挂着一块大匾，上书“太学”两个字，这座门就叫作“太学门”。什么是“太学”呢？太学的本义就是大学。“大学”最早出现在甲骨文记载中。“太”就是大的意思，在早期的儒家经典中两字相通。例如太庙就是大庙，太山（泰山）就是大山，太师就是大师，“大”作专有名词时写作“太”。在我国的历史上，距今已有 2800 多年的西周时就已有大学和小学的区分了，但都是贵族子弟学校[1]。汉代及以后的儒学家将周代的大学系统认定为：周时大学称为“辟雍”[2]，诸侯国的大学称作“泮宫”，以示等级之分。天子所设的大学，规模较大，有“五学”之分，即辟雍、成均、上庠、东序、瞽宗。其中辟雍是中心，四面环水。诸侯所设的大学，规模比较简单，仅有一学，半圈临水，故称“泮宫”。汉代戴德编撰的《大戴礼记·保傅》这本书转引当时的《学礼》说，宫廷之学有东学、南学、西学、北学，中央之学则称为太学：“帝入太学，承师

[1] 《礼记·王制》：小学在公宫南之左，大学在郊。
[2] 《礼记·王制》：天子曰辟雍，诸侯曰泮宫。

问道”，这就是后世将最高学府称为“太学”的渊源。

旧时国子监的“太学门”平时是关闭的，只有皇帝视学临雍才开此门迎接皇帝出入。平时一般的监生和低品级的官员只能从太学门台基下两旁的掖门进入，现在两旁的掖门已经被封堵成墙。从太学门进去就进入了国子监的第二进院，这是国子监的教学区。

三、琉璃牌坊话掌故

进入太学门，第一眼就看到那座非常著名的国子监琉璃牌坊了。琉璃牌坊的正面和背面分别镶嵌着乾隆皇帝的御笔碑额，正面御书“圜桥教泽”，背面御书“学海节观”。整个牌坊的形制为三门（间）四柱七檐楼。凡应属于宫殿建筑木构架的外露部分，在这里均装饰为花色琉璃贴面，七个楼顶上都覆黄色琉璃瓦，架以绿色琉璃斗拱。下边三个石券门洞是为三间，坐落于四个“缠枝祥云仰覆莲”石质须弥座之上。整个石雕华丽精美，所雕行龙、缠枝、花朵、火珠都栩栩如生。建筑通体精致、大气、华美。

这个琉璃牌坊很是有些名气。爱好集邮的人们都知道，“中华民国邮政”于 1913 年 5 月 5 日正式发行一套普通邮票，全套 19 枚。面值半分至 1 角的图案为一帆船，背景是铁桥上飞驶的火车，寓水陆交通发达之意，通称“帆船票”；面值 1 角 5 分至 5 角的图案为一收获的农民，背景为天坛，寓发展农业之意，通称“农获票”；面值在元以上的邮票图案为北京国子监牌楼，寓弘扬文化，通称为

▲ 琉璃牌坊新照

▲ 琉璃牌坊旧照

“宫门票”。

这套邮票发行了3次。1913年发行的邮票是在英国伦敦印刷的，称“伦敦版”。第二年因第一次世界大战爆发，改由北京财政部印刷局印制，于1914年发行第二版“帆船邮票”。邮票图与伦敦版相似，初期亦为19种面值。1919年又增加发行1分半、1角3分和20元3种面值。这就是说，1914—1919年全套总共为22枚，称“北京老版”。1923年在北京财政部印刷局印制的第三版，称“北京新版”。在北京老版的“宫门票”中，有1元、2元、5元、10元和20元等五种元单位票。其中面值2元的，在印刷中出现了严重的错印。主图牌楼为黑色，边框为蓝色，此票采用双色套印的方法，即先用一个版印出边框，再用另一个版套印中心图案。由于印刷工人忙中出错，将其中一个版放倒了，所以印出来的邮票中心图案牌楼是倒印的，俗称“宫门倒印”票。据考证，这种“宫门倒印”错版票仅流出48枚，十分罕见，被列为“民国四珍”之一，为中国邮票中的珍罕之品。1996年4月苏富比公司在香港举办的“远东珍邮”拍卖，1枚“宫门倒印”以20.7万元（港币）成交；1996年5月20日北京邮品拍卖会，1枚北京老版2元“宫门倒印”，带版铭，有蓝色鉴定号“2115080”，底价人民币25万元，以人民币38万元成交。

这枚珍罕邮票所错印的宫门图像，就是这座国子监琉璃牌坊。

细细观察这座著名的琉璃牌坊就会发现，这座琉璃牌坊与国子监大门外的几座牌楼很相似但又很不同，我们不妨回过头来简要地介绍一下“牌坊”的来历与发展。

牌坊的古名叫作“绰楔”，它具有标示和划分空间的作用，这是它产生的最基础原因。有的学者认为，牌坊是为上边所挂匾额而修建的，这个说法是不符合史实的。由于牌坊本身并不安装门扇，不具有防卫和阻断空间的作用，所以只是一种象征性、礼仪性的大门。牌楼和牌坊都源于我国古代城邑中对居民聚居单位的划分，这样划分的单位在北魏以前称作“里”，北魏以后改为“坊”。如明代国子监和附近的一些胡同就有“崇教坊”（一说“崇敬坊”）[1]的居住区划。以前的“里”也好，“坊”也好，四周都是用墙封闭的，居民出入的必经之地只有坊门。为了宣扬教化，官府便借助这个坊门对坊内的居民的良行美德加以表彰，那就是将表彰的词句标在坊门之上，这种做法就叫作“旌表”。宋代以后里坊制度瓦解，坊门失去了防范的作用，墙去门留，坊门就成了一种象征性的、单独的大门了，并逐渐演化为通行无碍，仅起标示或旌表作用的牌坊了。牌坊与牌楼的区分仅在于梁枋之上是否有“檐楼”，通俗地说就是看有没有屋顶。从严格意义上讲，国子监外和国子监内的牌坊都应该叫作“牌楼”。它们是同一类建筑，只不过做法与结构及其建筑材料不同罢了。国子监街上的牌楼是“单间两柱带跨楼柱出头”牌楼，其较为深色的柱头装饰说明这是由古代“乌头绰楔”的形式

[1] 见《京师五城坊巷胡同集》：“崇教坊·十四铺：绒家务角头、头条二条三条胡同、方家胡同、净居寺胡同、国子监文庙、交阯号胡同、安定门街、极乐寺胡同、火烧寺胡同、武德卫营、鬼门关、崇兴庵、粮食店、大都角头东北。”

演化而来的，原来是木制的（民国三十六年修缮国子监时依原样改为钢筋水泥质地）；国子监内的牌楼是“三间四柱七楼”，是一座琉璃牌楼，它是国子监内教学区的标示，也是身后“辟雍”的象征性大门。乾隆皇帝的御笔“圜桥教泽”就是一种“旌表”行为。这座琉璃牌坊的建设过程我们将在下章讲解。

四、建筑牌匾点龙睛

说到匾额，古代传统建筑中尤其是官方的大式建筑，都离不开在建筑正面高高地悬挂起一块镌刻有文字的匾额，有的还带钤印，没有牌匾就好像建筑物上缺少了什么。为什么要在建筑上挂匾额呢？这个话题涉及传统文化的很多方面内容。首先我们从建筑本身来分析一下相关的渊源。国子监里众多的传统建筑中，厅、亭、堂、殿、门，形制完整，用途各异，等级不同。但稍加观察和比较，就可以看出，这些建筑的基本形式几乎都由同一原型发展而来，都有一定的规制，并且几乎都是由官方修建的典型的“正规建筑”。它们的基本样式都差不多：

首先，有一个大屋顶，这个屋顶保护着整个木材框架结构；其次，屋身结构尽量通透，保持空气流通，方便更换构件；最后，台基承托着整栋房屋，防止水浸，隔离潮气，增强立柱的稳固性。

宋代民间的著名建筑师俞皓据此把建筑的这三部分作了分类：屋顶是“上分”，屋身是“中分”，台基为“下分”。

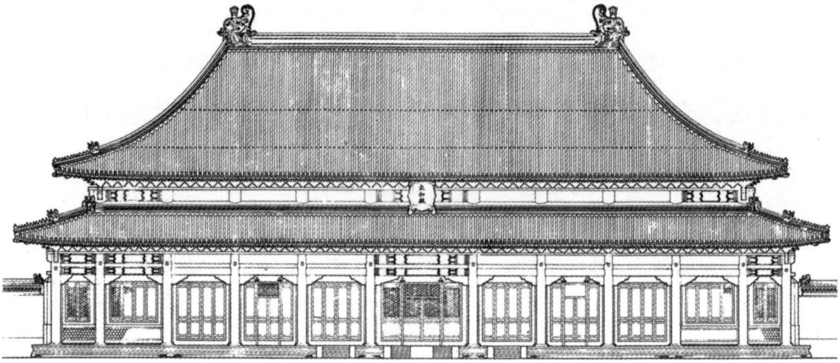

▲ 古代建筑线图

“凡屋有三分（读去声），自梁以上为上分，地以上为中分，阶为下分”。[1]

这就是中国近代研究古代建筑著名的“三分法”。“三分”这种高度概括的分类，是从“天下三分”——“天、地、人”的文化理念发展而来。《易经·系辞传》讲道：远古伏羲氏治理天下的时候，人们抬头仰望天上的种种征兆，低头观察大地的变化万象，看周围鸟兽和多彩的生存环境，与大地是那样地和谐为一整体。将周围的各种生命、远方的各种事物加以观察和思索，始创“八卦”学说，借以知晓神明功德之所在，悟出万事万物的不同本性。[2] 由于早期人类活动的客观条件所限，最初的文化内容只能是直观的天、地、人，并赋予这些直观对象以主观构想和推测。古人构造的这种相互关联的文化体系，是一个象征内容极为丰富的整体，传统建筑的文化象征更是脱离不开这种文化关联，它融天、地、人的文化内容于一身，以因应维持一种文化的价值或理想而保存。虽然有了这样丰富神秘的文化概念，但有一个特点很为世人所不解：中国古典的建筑设计从来不存在以建筑用途来分类的概念，也就是说，房屋中只有大小和等级之分，没有因建筑用途不同而表现出不同的房屋类型。这在传统建筑上反映得相当充分。传统的儒家思想尊重宗法

[1] 沈括《梦溪笔谈·卷十八·技艺》四库本。

[2] 《易经·系辞传》：古者，包羲氏之王天下也。仰则观象于天，俯则观法于地。观鸟兽之文，与地之宜，近取诸身，远取诸物。于是始作八卦，以通神明之德，以类万物之情。

和提倡“中庸之道”，反映到建筑上，就带有传统主义和稳定抗变的倾向，这种指导思想就是：房屋就是房屋，无论用于什么用途，尽管等级不同，都要合乎使用的需要，那就是首先能“住”。这就是传统的中国古代建筑构建原则——通用原则。这个原则的目的就在于尽量适应任何使用方式。中国的古代建筑之所以被称为“传统建筑”，一个很大的原因就是对房屋的概念已经定型化（以“三分法”定义的建筑），有了这样的局限性思维，所有的房屋设计和构建就应该具有“三分法”的要素。如此定性的房屋，意味着在任何时候，任何情况下，都能够适应任何的使用要求。这样的设计思想可真是一个奇迹！举例来说吧，离国子监不远的雍和宫，现在是作为寺院存在的，但同样是寺院的这些宫殿建筑，其前身却是清雍正皇帝未登基之前的潜邸，即皇帝即位之前的生活住宅，只是后来才改作喇嘛庙的用途。这就是一个很好的例证，也是一个很有意思的结论。这与西方建筑的设计要求不同，西方建筑的修建前提是首先要确定该建筑的使用功能，然后才能进行设计。也就是说，西方的教堂决不能改为生活居住房屋，反之亦是如此。那么，中国传统建筑在基本样式和建筑布局都相差无几的情况下，怎样才能区分这些古代建筑各自不同的功能用途和文化底蕴呢？

首先，传统建筑上的彩画纹饰和装修规制可以区分建筑的等级规制或使用功能，国子监的堂、殿、门、亭、厅、所就是如此，这些都是根据所在。其次，还有一个更为重要的、能对建筑本身直接加以阐述说明的标志，那就是牌匾，它所起到的作用首先就是为建筑的特定用途画龙点睛。牌匾上的文字能直接或间接地展示一个建筑的功能内容，而且还设定了相关的人文意境，给人以浮想联翩的想象空间。换句话说，一块牌匾就可以决定一座建筑的用途。这真是中国古人聪明绝顶的创造！尤其是明、清两代以后，建筑更趋于结构上的精致和装饰上的华丽，牌匾的作用越发地不可缺少。举例来说，下一章我们将要讲到国子监中著名古代建筑“辟雍”的诸多历史内容，假如没有了建筑上“辟雍”匾额（严格讲应该称作“华带牌”），这一万多字的内容都将成为冗余。正是因为这块匾额，这座建筑才蕴含了丰富的历史底蕴，确切无疑告诉人们：这是一座从周天子的古代公园演化而来的特殊形制的建筑，又是皇帝专用的讲学宫殿。概言之，匾额的标志说明与文化隐含作用对传统建筑来说绝对是不可或缺的元素。

我国古为文字之国，历史悠久，文化更是源远流长，牌匾上饰以文字向公众宣示某种理念或教典或政令的做法在先秦时期就有了具体操作的礼制规范。《周礼·地官司徒第二》中有这样一段记载：

“正月之吉，始和布教于邦国、都鄙。乃悬教像之法于象魏，使万民观教象，挟日而敛之。乃施教法于邦国、都鄙，使之各以教其所治民。”

这段话的意思是说，每年的（周历）正月初一，由大司徒负责向天下的臣民宣布教典，其方法是把写有教典政令的木板悬挂在王宫大门的双阙上面，让万民观看，十天之后再把它收藏起来，然后就在全天下推行教典政令，让诸侯公卿大夫和百官根据教典来教导其领导下的人民。

历史记载再清楚不过地告诉我们，远在两千多年前就有了关于教典或政令必须写在木板上予以公示的规范，并由乡官据此引导和规范治下的臣民，使他们得到教育、学到知识、学到技术。后来历朝历代独有的、形制独特的牌匾形式不能不说与此有着不可分割的文化传承关系。可见，匾额生而为治，生而为教。在其孕育形成的过程之中就融入了管理意志，逐步具有了行使治国效能的内涵。匾额从先秦战国甚至更早时间开始，历尽数千年形成，是古人治国理念与借鉴具体形式融合的结晶。如是，一块精致的匾额就蕴含着两千多年的文明，真是令人叹为观止！

概言之，牌匾是我国古代王朝制礼的产物，礼法的实现手段。它是彰显礼义人文内容且具有严格规定性的特制牌板。匾额的礼法特质，对古今社会的意志统一和文化认同起到了不可低估的作用。牌匾通过文字内容实现表彰、推举、纪念、互勉、标识、励志、交流、训诫等功能，强烈的道德指向是牌匾礼法性质最突出的特点。匾额通常悬挂于建筑的显要位置，是建筑特定的人文宣示标志，它根据建筑结构或文字书写布局的具体需要悬挂，横为“匾”，竖名“额”（亦称“华带牌”）。

用文字作为牌匾的装饰内容是极为普遍的。匾额讲究的是内容的意境及文采，更要集中表现人们的价值观和审美观。因此牌匾上为数不多的文字内容很多是引经据典，还要请一些社会名流、达官贵人或当地的书法家来撰写，并请最好的工匠来篆刻，制作十分精美和考究。这样做的目的其实就是用文字来装点建筑，用以表达主人的心境和向往。随着这种文化活动的普及，牌匾逐步演变为赋予建筑物以文化品位的特殊标志。几千年来的教典政令、经纶义理、三纲五常、经学传流、史学文字在建筑上的表现，使人感到文化底蕴的厚重；运用匾额这一块宝贵之地，以画龙点睛之笔，借之发挥艺术才气，给人以精神上的享受；或是振奋人们精神、大展宏图；或是褒扬圣名文化，教育后代；或是旌表善举，褒扬贤达；或是寄寓明志、缀饰美化。除此之外，还有制匾专门用来交流，怡享民间的风俗与礼节。放眼阅尽国子监和孔庙的牌匾内容，真是给人以无以言表的精神享受！

中国的统治者在房屋、车服、礼器、建筑、交往等诸多方面都要按照礼制的要求有相应的制度性规定，这就是我们常说的“规制”，那是必须遵守的。古代传统建筑的修建自然也要遵守相应的规制，这里的“规制”就是制度，就是等级。尤其是皇家建筑上必备的要件就是要悬挂匾额，不如此不能划分各个等级不同的宫殿所具有的功能；不如此不能显示出不同建筑的等级划分。我们所熟知的故宫博物院太和殿、中和殿、保和殿、乾清门、乾清宫等，功能各不相同，等级也有精细的划分。区分这些标识除了地理位置，建筑装饰外，最为重要的还是各个宫殿上悬挂的匾额。匾额本身的制作类型和匾额文字书写者（以钤印或落款姓名来显示）的权力、社

▲ 辟雍旧华带牌

▲ 大成门华带牌

▲ 集贤门华带牌

▲ 恢复了色彩辟雍华带牌

▲ 万世师表全匾

▲ 万世师表匾钤印

会地位则给予匾额以等级身份。国子监里的大式建筑辟雍、彝伦堂、大成门、大成殿上的匾额就是这样显示出各自不同的等级和功能。

书写文字的匾额一般有两种，一种是文字竖向书写的“华带牌”，[1]一种是文字横向书写的“匾”。“华带牌”形制在这里被归为“小木作”，其形状就是我们所熟悉的如东西六堂堂牌、集贤门、太学门、辟雍殿上所立悬的那种。“华带牌”一般悬挂在殿、堂、阁、门、亭上，上面竖写文字，用以表达对主人、对事业、对环境、对建筑本身的赞扬；也可以视为装饰的手法，用语言的艺术画龙点睛地对建筑进行装饰或说明，往往可以达到意境深远、义理深邃的目的；同时也言简意赅地注明了建筑的功用，成为中国传统建筑的独特的、不可或缺的一种人文景观。

细细观之“华带牌”，它是由独特的周边花纹边框所构成。华带牌四边的这种花纹，是为起伏的云卷式边框。上部边框为云板两组，中间的两组云卷两端伸出圆头，最似如意式样；下部云板的两端深入左右立版之中，与牌面交成一定角度。四面的边框都成多角式，周边有规律的起伏跌宕的曲线，又增强了整个牌面的动感，十分大气且又不失雅致之韵。规制不太高的华带牌一般是金字、红底、金边，与檐影之下的青绿主色调彩绘相辉映，显得格外鲜亮和精神！高等级规制的华带牌就是将四边的云卷如意式的边框上绘以彩画或作“和玺彩画”，孔庙大成门上的就是这样规制的华带牌。四周绘

[1] 宋李诫所著《营造法式》卷三十二。

有盘龙和行龙的和玺纹饰。应该强调的是，虽然匾上绘为龙的式样，但并不是最高的规制等级。清顺治年间规定，“朱漆贴金彩画五爪龙……止用绘漆，不准雕刻”。[1] 这是给血统最近的和硕亲王们规定的，“止用”，到此为止也，至于雕刻制匾那是绝对不允许的。

以雕刻的图案作为华带牌装饰的，即规制最高等级的华带牌在国子监里有几块，首推“辟雍”殿上悬挂的那块雕有九条龙的“辟雍”华带牌。细细观之，这块华带牌的四周是用圆雕的手法雕刻的花纹，上边为三条龙的图案，中为团龙，左右各一条飞龙形成拱卫之势，下边为两条飞龙昂首相对；牌的两边各为一升一降两条龙上下呼应。九条龙雕刻得栩栩如生，呼之欲出！飘逸的祥云缭绕在金龙的周围，既威严又祥和，整个华带牌呈青绿碾玉色调，伴之以鲜明的金黄色，非常鲜明地衬托出乾隆御笔“辟雍”两个大字（民国维修辟雍时将原有的满文和钤印铲掉），表达了这位皇帝以儒家学说教化天下的雄心伟志。

另一块匾额我们可以从悬挂在孔庙大成殿外边看到，那就是康熙皇帝手书的“万世师表”匾。说起这块匾还有着详细的记载，在清《圣祖仁皇帝圣训·卷十二》中记载，公元1684年农历十一月，康熙皇帝告诉他的大学士们：“阙里系圣人之地，秉礼之乡。朕幸鲁地致祭先师。”是日，康熙皇帝在奎文阁前下轿，步行至“大成殿”内，在中国历史上第一次由皇帝对孔子行三跪九叩之大礼，乃

[1] 《钦定八旗通志》卷一〇二。

“首礼”也！其间自然是一番乐舞间作之场面。隆重的祭礼完成以后，进入“诗礼堂”，由监生孔尚任（例监生）和孔尚鉝分别讲解《大学》首节和《易经系词》首节。讲完之后，康熙皇帝对衍圣公孔毓圻等人发表他的感想说：

“至圣之德，与天地日月同；其高明远大，无可指称。朕向来研求经义，体思之道，欲加赞颂，莫能名言，特书‘万世师表’四字，悬额殿中，非云阐扬圣教，亦以垂示将来。”

随即命身旁的侍卫捧出书写有“万世师表”的卷轴展开，衍圣公跪接。[1] 自此以后，“万世师表”的榜文颁发各地，均制匾悬额于各地孔庙之中。这就是“万世师表”匾的由来。北京孔庙的这一块匾于康熙二十四年（1685 年）悬挂在大成殿内，后移出悬挂在外。匾额为康熙御书，且有“康熙之宝”满汉文钤印。落款时间为康熙甲子年，是为康熙二十三年（1684 年）孟冬，也就是冬季的第一个月，即农历十月。这是书写的时间。根据史载，康熙皇帝是在甲子年的十一月去阙里孔府祭奠孔子的。想必是事先书写了这个榜文带到孔府去的。

这块巨大的匾额外形酷似“华带牌”，但却是横向书写的文字、横向置放，是为匾而非华带牌了。“万世师表”匾额的形状就是华带牌的横向拉伸，显然是清统治者对汉族文化的一种效法和继承。

[1] 上述援引皆为《皇朝文献通考》卷七十三。

▲ 博士厅华带牌

▲ 绳愆厅华带牌

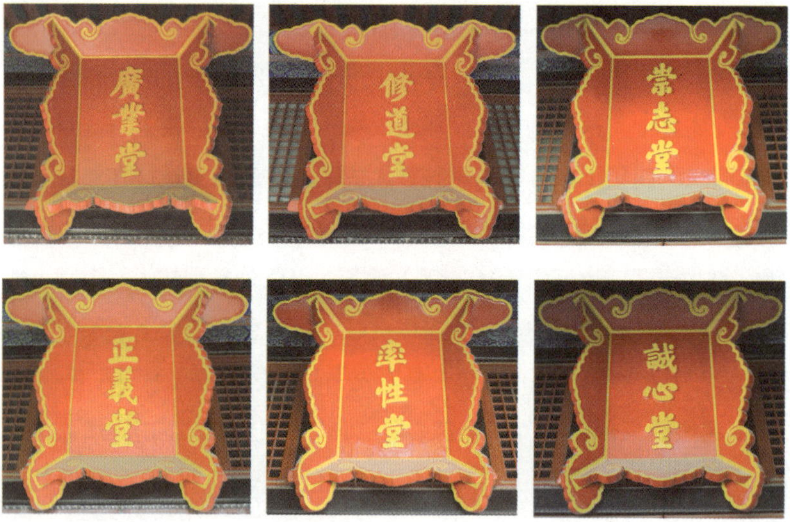

▲ 六堂华带牌

这块匾的四周边框和辟雍华带牌一样以雕刻就成，这同样是清代最高规制等级的匾额。与此相同等级的牌匾，还有悬挂在“大成殿”内清历朝皇帝给孔子庙的题匾，这里不再一一赘述。

雕刻这种龙形匾框十分复杂费力，雕刻成形以后，还要用鱼鳔熬制的胶水满刷五次，每次彻底干燥以后，刷以白铅粉，也是各五遍，每次都要干燥彻底。最后用特制的鱼鳔胶水边涂边贴金箔。贴完之后，要用绵丝把每一个细部按实、候干。最后以玛瑙或玉石碾压追光，令其金光熠熠。还有一种不贴金箔的，那就是刷金漆。金漆是以桐油为基料，按照复杂、精致的顺序和工艺分别加入松脂、研细后的黄粉、黄丹色，合为金漆备用。

“万世师表”匾的雕刻工艺十分精致，虽是高雕之作，很多细部几为透雕之工。可惜年代久远，一些龙首残缺，甚是憾事。整个雕刻的匾额纹饰上下对称，左右对称。上下每边共雕刻有六条飞龙。三三相对的五爪飞龙嬉戏火珠，龙身舞动之处，皆见祥云环绕，中下部为“重台地霞”吉祥图组。左右两边各是对称的戏珠升降对龙两条。整个看去，举目皆为祥和之韵，共计十条动感极强的飞龙环绕，可谓巧夺天工！把康熙皇帝对孔子的极致崇敬之心表现得淋漓尽致！匾额按其本来规制，应该是贴金画作，但历史久远，多次涂绘，全然缺少了金色的本来精神。实在是一件无可奈何的事情！

历史上遗存下来的匾额以及匾额上所书写的文字，对历史的研究颇具价值。概括来讲，国子监和孔庙的建筑用匾有这样几种功能，依其所悬挂的建筑物的不同而各异：

一是代表建筑本身的名称，是对建筑功能的一种说明。就像我们所说的“建筑名片”，这是比较常见的一种。如国子监的“博士厅”“绳愆厅”两厅上悬挂的华带牌，就直截了当地表明了建筑的功能。

二是对圣人、名人，对事业本身的赞扬。譬如说大成殿上悬挂的“万世师表”匾，就是对孔子学说以及精神的褒扬。画龙点睛地表达大成殿这所建筑对孔子的极致崇敬和教育世人的功用。

三是用文字艺术来表现建筑，用语言文字对建筑进行装潢，意境深远，义理深邃；同时又是一种装饰，二者密不可分；国子监里的六堂华带牌都属于这一种情况，上面分别书写的“率性”“修道”“诚心”“崇志”“广业”“正义”都是对在各堂监生学习的一种鞭策、鼓励。

四是对建筑历史意义的一种彰显，很多建筑在历史久远的长河中已经失传，利用当代的技术和智力水平修建仿制这样的建筑，是对历史意义的一种彰显，“辟雍”就是这样的一种礼制建筑。为了表现周代辟雍特有的传承意义，由乾隆皇帝御书的“辟雍”华带牌就有了更深层次的彰显作用。

五是借助于一定形制的建筑物旌表一种精神，以期达到宣传教化的作用，琉璃牌坊就是这样的建筑，坊心的地方就是两块大匾：“圜桥教泽”和背面的“学海节观”。这就是用文字宣传儒家学说的教化恩泽，并将这种学说推崇为崇高峻极境界的教育匾额。

六是以匾额显示不同建筑的等级规制和使用功能。国子监里的几个核心建筑显然离不开匾额的等级标识和提升作用。

▲ 圜桥教泽匾

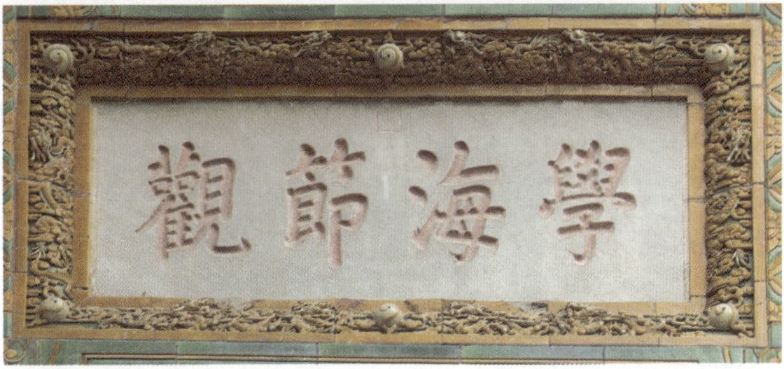

▲ 学海节观匾

“辟雍”原本是指周代修建的、圜水之中筑土台用于君王畋猎游观和礼制活动的人工环境。说白了就是周代君王的公园。这座冠名以“辟雍”的宫殿就是仿古代周制“辟雍”之义设计修建的清代皇家专用建筑。

第三章　辟雍盛典、耆筵盛会

▲ 辟雍外景新照

走进国子监的太学门，透过金碧辉煌的琉璃牌坊洞门，正面看去，一座形制独特的大殿巍然坐落在国子监的中轴线和中心点上，这就是闻名遐迩的“辟雍”大殿。

一、为什么称之为“辟雍”

“辟雍”原本是指周代修建的、圜水之中筑土台用于君王畋猎游观和礼制活动的人工环境。说白了就是周代君王的公园。这座冠名以“辟雍”的宫殿就是仿古代周制“辟雍”之义设计修建的清代皇家专用建筑。

“辟雍”的形制为重檐四角攒尖式木构架建筑。整体建筑高 22.44 米，坐落在高 0.96 米的台明基座上（即清营造尺三尺，这是最高等级的台基之一种。清营造尺 1 尺 =32 厘米）。宫殿建筑本身为四方形，面阔 16.96 米。金黄色屋顶的最高端坐立着 3.2 米高、金光熠熠的铜胎镏金宝顶，连接四条向下弯曲逐渐挑起的屋脊，宛如四条飘带，犹如一座远征大营中的帷幄帅帐。乾隆皇帝御书“辟雍”的金字高雕华带牌高悬在殿堂正前额枋之上，分外醒目。屋檐之下丹柱之上的斗拱群青绿点金，彩绘花纹，辉映于檐影之中。辟雍殿堂四周环水相绕，微波粼粼，红锦小鲤悠然戏水，蓝天白云倒映其中，真乃“美哉轮焉，美哉奂焉”[1]！水池上架设的四座石桥连接辟雍殿堂和东、西、南、北四个方向。前院的东、西两个井亭和六堂身后的两个水井（现不存）注水于内，构成“辟雍环水”古传胜境，加上周径 62.72 米长的环水汉白玉百合望柱石栏，使得高大粗笨的辟雍木构架，装饰为一座尺度和谐，雍容华贵的仿周形制的礼制建筑。

“辟雍”的文字记载最早见之于距今至少有 2800 多年的西周青铜器“周邢侯尊”（麦尊）铭文[2]。悠久的历史使得“辟雍”这一特定名称所蕴含的文化内容极其丰厚，直到现在仍有许多存疑的问题未得到确切的解答。

独特的水中筑台建成的“辟雍”，就其构筑整体来讲，遍览国内再没有与之相同的第二座。环形水池恰如古玉璧，“雍”则为水中高台，辟雍自古因形而名，故为“辟雍”。探究辟雍的文化渊源，就会发现它所涉及的文化内涵很丰富，发生的故事很多，建筑功能的解释很繁复，与帝王的关系很密切。

从构筑形制之精美独特、历史底蕴之丰厚悠久等诸多方面评说，“辟雍”的文物价值都堪称独步天下！

[1] 《礼记·檀弓》。
[2] 《西清古鉴》卷八。

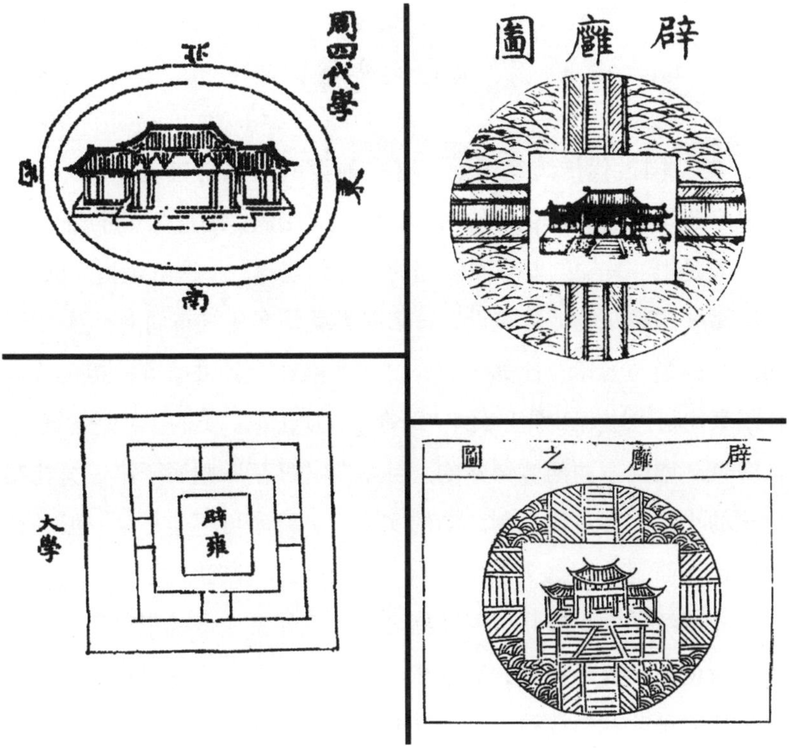

▲ 古代辟雍的描述绘图

二、乾隆首倡建辟雍

在中国古代传统建筑中，有三种类型的礼制建筑。第一类是将整个建筑本身看作礼制的内容，比如天坛的“圜丘”“祈年殿”；第二类是由“礼”的要求而修建的“礼制建筑”，这就是指《仪礼》上所需要的建筑物或建筑设置；第三类就是在建筑布局上，因“礼”而产生的建筑元素，比如华表、钟楼、鼓楼、钟鼓亭等。担负着宣传儒家礼制，教化四方任务的“辟雍”就属于第一类的“礼制建筑”。在辟雍之南的东西两侧修建的“钟亭”“鼓亭”则属于第三类礼制建筑的小品。在古代礼制活动的实践中，辟雍可不是一个一般的礼制建筑，而是处于整个王朝礼制活动顶峰的礼制建筑之一，是王朝全部礼制活动的少数几个象征物之一，正如晋成帝咸康年间的侍中冯怀所说：“天子修礼，莫盛于辟雍。”[1]天子演绎周礼最盛大的就是在辟雍的礼制活动了。辟雍的建筑形制在儒家经典中有丰富具体的描述，但历代则很少有能够付诸实现的。在北京国子监修建“辟雍”的主意，是清代乾隆皇帝首倡的。《清实录》记载，乾隆二年（1737年）九月间，清高宗下旨命国子监孔庙换用黄瓦，其中有这样一句话：“思国子监为首善观瞻之地，辟雍规制宜加崇饰。”[2]意思很明白：国子监既然如此重要，就应该有“辟雍”这样的礼制

[1] 《册府元龟·卷五百七十五》，四库本。
[2] 《清实录·高宗纯皇帝实录》卷五十。

建筑，以彰显太学教化的榜样作用。三个月之后，乾隆皇帝又借回顾顺、康、雍三帝“临雍”场面的描述，第一次明确表达了心中理想的临雍典礼的场面：“儒臣进讲经书，诸生圜桥观听，雍雍济济，典至盛也。”[1]其实，在顺治、康熙、雍正三帝到北京国子监“临雍”之时，还只是在明代建筑“彝伦堂”中进讲和宣谕。“雍雍济济”不假，“圜桥观听”只是虚幻的想象而已。这里，清高宗明确地表露了在国子监应该修建“辟雍”的想法，此时清廷中还没有任何人有过这样的设想，也没人会注意和留心年轻的乾隆皇帝会有如此这般的设计萌动。

乾隆三十二年（1767年），高宗发帑银二十万对北京孔庙进行大规模的修葺，御史大臣曹学闵乘此机会上奏，建议“宜考古制，建辟雍于国子监”。[2]在乾隆皇帝数次光顾的国子监中修建“辟雍”这个具有古老渊源的建筑，可是个不同一般的建议。因为在辟雍形制形成的历史过程中，历朝历代能够把传说中的辟雍付诸实现的极少，西汉末年辟雍、东汉洛阳辟雍、北宋辟雍，都是历史上极为罕见的范例。恰逢清代乾隆盛世[3]，曹学闵这个修建辟雍于太学之中的建言，虽然与乾隆帝的夙愿一拍即合，唤起他的共鸣，但下场却是遭到礼部的否决而告吹。对此有些读者会不解：乾隆皇帝直接批

---

[1] 《清实录·高宗纯皇帝实录》卷五十：“我皇祖、圣祖仁皇帝、皇考世宗宪皇帝亲诣辟雍，登堂释奠，儒臣进讲经书。诸生圜桥观听，雍雍济济，典至盛也。”

[2] 《清史稿》。

[3] 《清实录·高宗纯皇帝实录》卷一千五百载：“当承平日久，生齿日繁。有政、有民，天位、天禄、天职所与共治。初年帑数三百亿，后且增至七百亿有畸；藏富之本也。初年丁口不二万万，后多至三万万；有畸广生之徵也。初年宫中度支岁七万，后且仅以二万计；节俭之原也。”

准这个曹氏奏本不就行了吗？为什么还由礼部讨论呢？这就得说一下清中央政府六部的行政和议事规则了。

从康熙朝开始，针对中央各部门的职责、办事规程而制定了基本的行政规则，这就是《则例》。其目的就是规范各部、院政务活动，保障其正常运转。清朝中央主要行政机关都编有《则例》，如《刑部现行则例》《钦定吏部则例》《钦定户部则例》《钦定礼部则例》《理藩院则例》《钦定台规》等。还有一种特别则例，如《钦定八旗则例》《兵部督捕则例》等。《则例》作为重要法律形式之一，是清朝的创造，它不仅对现实的国家行政管理起着至关重要的作用，同时也对我国以后的国家行政管理有着深刻的影响。

六部之一的礼部是掌管礼仪、学校、科举的中央国家机关，执行的行政规则就是《钦定礼部则例》。御史曹文闵的奏本内容事关学校和礼仪，自然需要礼部先行议决，再呈皇帝御准。正是按照这样的程序规定把属臣的奏本交由礼部议决，而不是由皇帝直接批准。当然，这与皇帝直接交办事项下旨给六部的办事程序是不一样的两种程序。

礼部讨论的反对意见由当时翰林院的掌院学士观保（注：观保此时官居从一品左都御使，兼翰林院掌院学士、礼部侍郎）汇报给乾隆皇帝。观保是修建辟雍的反对者，他呈给皇帝的奏议大体内容如下：

古时帝王立学规制各不相同，表述相异。唯有崇尚礼典、立教建学的兴贤之道是多少代圣人所共同主张的。因此，凡是统治天下的王者应审时度势，继承历史上共同的教化之道，不必强求立学之制与过去是否相同。学宫形制古今不同，现在学宫的建造形制与古时有所不同也无关紧要，关键是要看是否影响到教化的大事。御史曹学闵所陈奏的夏、商、周三代都以辟雍为学的规制这个说法来自《诗》《礼》。我等下臣仔细研究了"辟雍"之名，它最早出现在《灵台》之诗中；把辟雍指为"天子之学"，则始见于《王制》，先儒们一致以为是从周文王开始建造辟雍的，并不是夏、商、周三代共有的专用建筑。根据经学大儒们的有关论述，"水旋邱如璧"中的"邱"是自然形成的土堆；"引水环注"则是引来自然水流，人们在其周围筑起圆形河堤以约束之，形成河道，这是考虑到行礼之时观者拥挤才这样设置障碍的，与"明伦设教"的意思毫不相关。连孔颖达《五经正义》中都说："辟雍内有馆舍外无墙，所以用圜桥作门以挡住数万的观听者。"现在的太学和圣庙建立在都城之内，监生在六堂肄业，堂阔宇深，比起引水来限制行人往来更为周密，何必拘泥于古制，开凿无用之沟渠呢？皇上重道崇儒，依王者之规制装饰圣庙殿堂、阶陛以至屋瓦。这足以使四方观瞻者如愿，使众多的士子们为之景仰了。"引水旋邱"是周代一朝之制，并不是千古不可废止的经典。沿袭古代帝王建学自有教养的实际效果，但拘泥复古学宫形制有什么裨益呢？御史所奏的建太学辟雍一事不用再议了。我们不敢随便做主，请皇上发布谕旨决定。[1]

[1] 见《钦定国子监志》卷五十四，四库本。

到底是老谋深算的饱学之士，面对如此滴水不漏的辩解，乾隆皇帝还能说什么呢？只好暂时作罢。

三、乾隆亲领建辟雍

乾隆四十八年（1783 年年）二月，已经 72 岁的乾隆决心实现修建辟雍的愿望，索性直接谕旨下令修建辟雍于太学之中。此时，距曹学闵提出奏本但遭到部臣反对而未能实行，已经相去 16 年之久了。乾隆坚持认为，古时周天子有了辟雍，以此兴礼乐，宣道德，教化四方，典礼规模做得非常大。既然国学是人文荟萃之地，规制等级就应该做得很高。现在才修建辟雍，说明了元、明以来的典章礼制不够完善，自然应该增建，才能达到至善至美。[1] 随即组建了修建辟雍的初班人马：礼部尚书德保，工部尚书监管国子监事务刘墉和侍郎德成，以后又增加了户部左侍郎金简、礼部郎中巴彦宝、南苑郎中董楷、工部员外郎富森阿、主事恭安和林、委署主事福兴。令他们前往踏勘工地，查勘现场，聚集民工，确定吉日动工修建。催促他们尽快拿出图纸，“将辟雍图式呈进，自应仿照礼经旧制，度地营建”。并告诉这几位大臣，“落成之日，朕将举行临雍典礼，以昭久道化成之盛”。[2]

---

[1] 《钦定国子监志》卷二：稽古国学之制，天子曰辟雍。所以行礼乐，宣德化，昭文明而流教泽，典至钜也。朕此次释奠礼成，念国学为人文荟萃之地，规制宜隆。而辟雍之立，自元明以来典尚阙如，自应增建，以臻美备。

[2] 《钦定国子监志》卷五十四，四库本。

▲ 辟雍外景旧照

▲ 辟雍内景旧照

圣旨之下，众臣岂敢怠慢。为了建成这个辟雍大殿，几位大臣先后联系了工部制造库、办造木仓，以准备颜料、地上铺的金砖；贤良祠官厂查看木料库存；热河副都统负责采伐树木大料；户部做资金先期准备；钦天监选择开工吉日。经过一番紧张的设计、计算，最后由礼部尚书德宝向乾隆皇帝汇报了规划设计意见的初稿，提出了辟雍设计的蓝图。我们根据他们的奏本抄录并略加说明如下：

拟建的辟雍为重檐大殿，下檐见方，面阔六丈五尺（按清营造尺换算为 20.8 米）；

辟雍主体建筑柱高一丈五尺（4.8 米）；

方台基每边长十一丈二尺，（35.84 米）高一丈五尺（4.8 米）；

圆河一座，内口径至少大于十九丈二尺（> 61.44 米），深一丈（3.2 米）；

平桥四座，各长四丈，（12.8 米），宽二丈二尺（7.04 米）；

丹陛（注：辟雍前后的台阶）两道，凑长二十一丈九尺（70.08 米），宽二丈二尺（7.04 米）；

殿前金砖海墁两处（注：台基之上的面积），凑长十丈（32 米），宽四丈八尺五寸（15.52 米）；

彝伦堂月台前金砖海墁两处（彝伦堂——辟雍中线上的月台上下甬道），凑长十六丈（51.2 米），宽四丈八尺五寸（15.52 米）；

太学门外东西凿井各一座；合并六堂后檐原有的水井东、西各一座；

砌造连接圆河的进水暗沟四条（注：连接四个水井的沟道），凑长九十七丈（310.4 米）；

自圆河到集贤门外排水暗沟两道，凑长九十四丈（300.8 米）；

从集贤门外至东大街官沟（注：现在的雍和宫大街当时旧有的公用下水道）泄水（排水）大沟八十一丈（259.2 米）。

集贤门添安石质斜坡道，海墁散水，拆弃彝伦堂前的月台（注：以海墁金砖甬道）；

海墁所用二尺金砖 2587 块；

红铜檐蒙铜（注：辟雍殿原设计为铜瓦）、镀金看叶（注：也叫作“面叶”，辟雍槅扇门上的装饰条）、瓦帽根据实际情况做大小并镀银、开槽等工料估算，合银 113498 两 7 钱 9 分 7 厘，扣除现有的材料折算，净需 97975 两 3 钱 7 分 1 厘白银。[1]

对这样一个庞大的工程预算，乾隆皇帝自然非常谨慎，他将这份设计和预算方案交给内阁，让时任户部尚书和珅审定辟雍做法，并令其再次核对工程钱粮预算。经过和珅现场踏勘，在给乾隆的奏本里，和珅提出了将原设计方案中辟雍内的四根“钻金柱”（直达顶部桁架的立柱）撤去，改用抹角架梁的方法，这样修改后较前一方案可以节省白银 4400 多两。[2]

[1] 《钦定国子监志》卷五十四，四库本。

[2] 《钦定国子监志》卷二十二，光绪本。

▲ 辟雍内景新照

▲ 辟雍内抹角架梁仰视照片

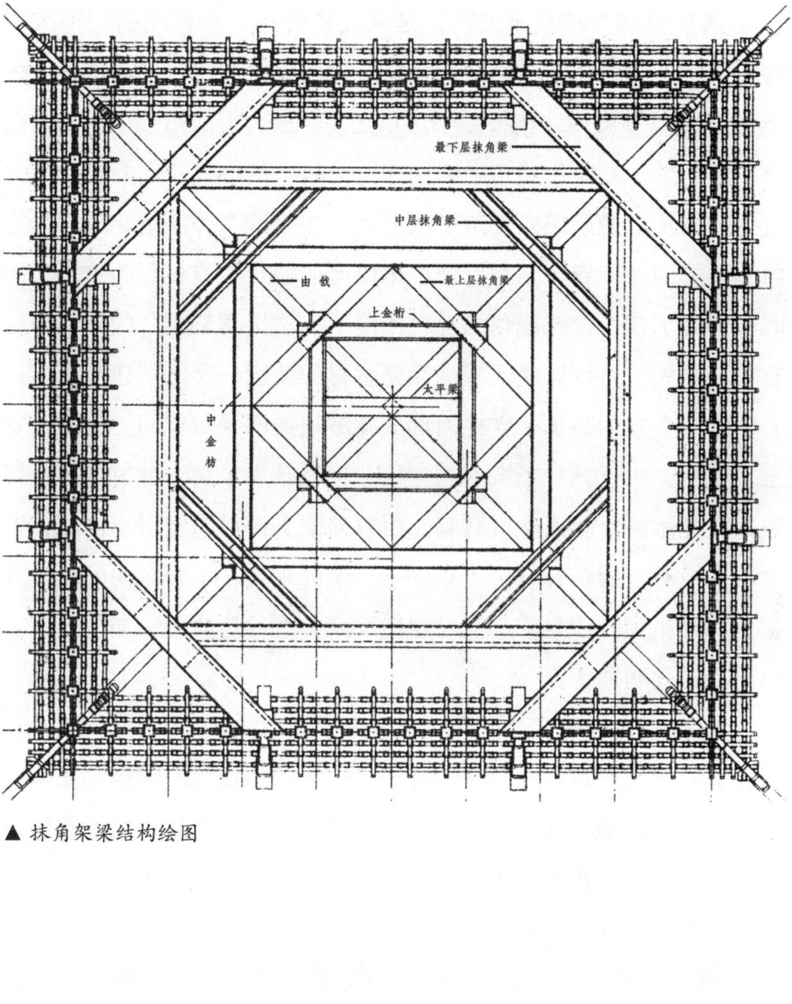

▲ 抹角架梁结构绘图

这里说的“抹角架梁”，是从元代开始大量使用的一种大式宫殿木构架的构建方法。这就是将按比例缩短的四根“转角梁”按45度角斜搭在殿内木桁架四个边角之上，围合形成第二层桁架；在第二层桁架上的四个边角继续构建抹角梁，形成第三层桁架，直到设定的高度；最后用四根角梁从上到下连接这个叠加桁架的四个边角，形成四条屋脊。它对保证角梁后尾的稳定性有显著的效果，同时也加强了四个建筑屋角的建筑刚度。用“抹角架梁”的办法好处有三：首先，可以取代或减少大型木材的使用，降低了建造成本；其次，由于殿内减少了立柱而形成宽敞通透的视野空间，也比较安全；最后，由于减少了殿内的立柱，也就减少了声音散射传播的损失，在宽敞的空间内形成共鸣，所以向众人讲话时变得不再那么费力。在没有电器扩音的历史条件下，这的确是一个很聪明的设计方案。和珅虽为奸佞之臣，但在建造辟雍方案的修改中，却显现出了他出众的聪明才智。

根据现在的辟雍实际尺寸，和设计原稿的辟雍比较，原设计的要大；圜水原设计比现在的要小；辟雍的屋檐没有用铜瓦银帽而是改用了黄色琉璃瓦；彝伦堂的月台没有拆掉；辟雍中线的前后甬道金砖海墁的工程没有施工。看来实际施工中改动了不少项目，具体的原因和过程未见史载。

以后刘墉又呈奏了“诏建辟雍添造牌楼钟鼓亭”预算，增加了新的工程。这是管理钱财的户部左侍郎金简（相当于财政部副部长）于设计辟雍的乾隆四十八年（1783年）五月间给乾隆皇帝出的主意，那就是在辟雍殿前再添造四柱三楼木牌楼一座，两旁各添建碑亭一座；旧有钟、鼓亭不合辟雍礼制，拟于碑亭之南新建钟、鼓亭两座。并由刘墉呈览这些建筑的画样和国子监全图各一张。乾隆皇帝看了很高兴，但觉得四柱三楼木牌楼不够气派，要求按照海宁海神庙石牌楼的式样建造石牌楼。这下金简可慌了，他赶紧面见乾隆皇帝，劝说他改变这个主张，因为建石牌楼所用石料甚多且费工费时，怕明年春天赶造不及，耽误乾隆皇帝登基五十年的临雍大典。乾隆皇帝改了主意，谕旨按照（现在的北海公园）小西天琉璃牌楼式样建造一座辟雍琉璃牌楼。琉璃牌楼比起石牌楼无论在构造还是在施工上都比石牌楼容易多了。它是采用砖或用木构架夯土做胎，表面粘贴琉璃花板贴面而成，省工省时而且华丽夺目。日后很快将“一牌楼四亭”的“烫样”（建筑模型）做好送皇帝审查，这才算是批准了这些配套工程。[1]

上述工程的部分项目日后又经过修改，变动比较大的建设项目有：

增建面阔五丈五尺（17.6 米），高三丈五尺五寸（11.36 米）的琉璃牌楼一座。

增建方二丈（6.4 米），柱高一丈四尺五寸（4.64 米）的碑亭两座，内各有石碑一通，各高一丈六尺五（5.28 米）。

[1] 《钦定国子监志》卷五十四，四库本。

碑亭之南，再建钟、鼓亭两座，各方一丈四尺（4.48 米），柱高一丈（3.2 米）。

对于辟雍，乾隆还曾提出修改外立面，将“在辟雍殿座四面添安擎檐，庶足以壮观瞻”。[1] 根据乾隆皇帝的旨意，辟雍殿外立面又做了修改，“辟雍殿连擎檐廊通，面阔七丈五尺，高三丈四尺五寸”。[2] 现在国子监所存的辟雍就可以很清楚地看到这一点。最外一层擎檐柱的断面为梅花方形，明显比檐柱及金柱的柱径显小。这样的修改，使辟雍整体的比例和尺度更加和谐，建筑整体显得壮观、华丽。

辟雍的修建工程始终处于乾隆皇帝的直接监督管理之下，对于工程进行中所发生的问题，都是由乾隆皇帝亲自予以解决或纠正。在辟雍新建工程中间，主持施工的刘墉和德保曾给乾隆皇帝上奏说，现在修建辟雍刨出来的土，多为沙性土壤，不能夯填作为地基使用。除了将能用的非沙性土壤回填作为基础夯填外，还需要购买新黄土五百零八方。加上将刨出来的沙土九百五十五方运抵安定门北城根平垫，需要支付银两三千九百六十五两。乾隆皇帝看了奏折以后，非常生气，“所奏甚属非是”，殿脚筑基固应坚筑，但安定门护城河旁已经有原来刨出之土，为什么不能用来回填夯打呢？你们把沙土运出去，还要购买新黄土，再加上来回的运费，白白地浪费许多

[1] 《清实录·高宗纯皇帝实录》卷一千二百三十。

[2] 《钦定国子监志》卷五十四，四库本。

银两。再说，回填之土将来打入土地，也不能再刨开检查，最容易滋生作弊。“况京城各处工程俱筑地基，从未见有添买土方之事”。因德成奉差在外，你们就借口出运、添买，用这些银两给自己开销，这种弊端总不能根绝。

乾隆还斥责刘墉：你不等到德成回京一起商酌办理，就自行具折上奏，对于工程你至今不熟悉，朕暂不以责备。至于那个德保，“原属无用之人”，他对于工程更是无知、糊涂。在失望之余，为了加强对修建辟雍的管理，特传谕金简，授权他升任为辟雍工程管理人员，将上述的运送购买的土方切实查勘。“如该监督等果有籍词开销情弊，即行据实参奏”。[1] 至此，乾隆皇帝将这个颇具意义的建筑工程管理权，交给了户部左侍郎金简，侍郎德成。刘墉此后不久（同年七月），即调任吏部尚书。

在乾隆四十九年（1784 年）闰三月，乾隆皇帝还修正了金简将辟雍“池中四尺蓄水”的主张，“朕意止须三尺，尽足适观，且易于添换新水，可无停蓄垢污之虞”。嘱托“务率同该监督等，将灰土砖石如法成做，筑打坚实，不使稍有渗漏，方为妥善”。[2]

在辟雍基本上完工扫尾的几个月时间内（乾隆四十九年八月至十一月），乾隆先后两次传谕朝廷各衙门，令他们把孔庙释奠礼成、太学临雍大典的应行典礼细节一一具奏上来；又准备在第二年开春临雍之前，即乾隆皇帝五十年元旦那天，恩诏天下，诏内具体条款，

[1] 《清实录·高宗纯皇帝实录》卷一千二百。

[2] 《清实录·高宗纯皇帝实录》卷一千二百三十。

也要求大学士和军机大臣“详悉开列具奏”。在将以极其隆重礼仪庆祝辟雍建成的同时，乾隆没有忘记表彰最早提出修建辟雍建议的干臣，这就是曹学闵。“内阁侍读学士曹学闵，前与御史任内条奏建立辟雍，经部臣议驳。国学为人文荟萃之地，规制宜隆，业经朕特降谕旨，增建辟雍。现已落成，明春举行临雍典礼。曹学闵从前能参考古制，独抒所见，其建白亦不可没。曹学闵著遇有应升缺出即行请旨升用，以示嘉奖。”[1]意思是说，曹学闵以前提出的修建辟雍之建议有独到见解，遇有升官位置缺失，应当给曹以升任。不久，曹即升任宗人府（管理皇室宗族事务的机构）府丞。对于负责辟雍工程的“所有承办之刘墉、金简、德成及在工监督等，俱著交部议叙”，按规定的等级次第予以奖励。德保则因“籍词开销情弊”被审查。

辟雍工程历时二年终建成。整个建筑模仿西周天子之学的形制而建，造型独特，建筑形式至今全国独一无二。外圆内方的建筑平面不仅如形圆孔方的古玉璧，更体现了天子教化流传四方之构思。

四、乾隆临雍举盛典

建成的辟雍高度居于国子监所有建筑之上，不仅如此，我们现在还可以惊奇地看到这样一个事实：忽略由于历史原因所形成

[1] 《清实录·高宗纯皇帝实录》卷一千二百十九。

的南北距离变化，以现代2000 ：1的勘测图上，假如做两条对角线，连接国子监院落的东南角、西北角、西南角、东北角，则交叉点恰好处于辟雍的中心点。这就是说，辟雍位置与南北中轴线全长之比恰为50 ：100，这恰恰符合了《周易·系辞上》所述“大衍之数五十”的论述。对此，唐孔颖达解释道：“五十者，谓十日、十二辰、二十八宿也。”[1]因此“五十”数字在古人眼里有蕴含宇宙的意思，称其为“大衍”，即五十数字可推演宇宙间一切变化，许多象征数字均与此有关。比如神秘的“洛书”中有九个数字，纵横各三。横、竖、斜相加之和均为“15”。而9、5、1这三个数字始终贯穿数字的南北方向，“5”又贯通其他各数的中枢，始终贵而居中。有解释说，“5”为天地之和，象征天地未分时的宇宙，它是生发一切事物的本原，所以居中不动。辟雍居于“大衍五十”之数，可以看出，在设计之初“度地营建”时的处心积虑，亦可感受到新建辟雍在乾隆皇帝眼中的分量和地位。

为了视学典礼的隆重，乾隆四十九年（1784年），皇帝还下旨工部，在修建辟雍的同时还要将彝伦堂和其他的厅堂整修油饬一新，并把除了辟雍、彝伦堂以外所有外悬的建筑横匾全部更新为竖额（华带牌），以便牌上加进竖写的满文文字。这样大规模地整修更新，就是要使在临雍大典的那一天环境优美、格调统一，尽显盛

[1] 宋代刘牧《易数勾隐图》卷上，四库本。

世崇教之隆仪。

乾隆皇帝之所以建造这个辟雍，就是为了“临雍”。临雍始于汉代，那就是汉光武帝莅临辟雍视学。汉光武帝刘秀年轻时曾在太学读过书。他建立东汉，迁都洛阳，马上重建太学。建成后还亲自视察，又召集太学的十四位博士讲学辩论，看到博士桓荣等身着儒衣、温恭有礼、饱读经义之书、从容辩理胜人，光武帝大加赞赏，除了颁赐赏物以外，又诏诸生“雅吹击磬（注：雅、均为古乐器）”，欢度了一天。开创了封建皇帝到太学讲学的先河。从此以后，凡是各朝各代皇帝到太学视学、讲学，都被称作是“临雍”。

明、清各朝皇帝在即位之初，绝大部分都要到文庙祭祀先圣，并御国子监视学，以示敦崇礼教、感化百姓。每次皇帝有视学之举，势必先通知国子监。接到通知后，整个国子监和孔庙以及门前的“集贤街”都要彻底洒扫一番，孔庙大成门东要设置坐北向南的御幄，供迎接天子之用。国子监彝伦堂中间要设御案、御座，供天子听讲、训谕之用。乾隆二年（1737 年）也是他 26 岁这一年来国子监讲学后，就认为在彝伦堂讲学“名不副实”。一直到乾隆四十八年（1783 年）才得以下诏修建辟雍。乾隆五十年（1785 年）春天，就在新建的辟雍举办了盛大的“临雍讲学”典礼。此时，乾隆皇帝已是 74 岁的高龄了。

临雍大典前夕，即乾隆四十九年（1784 年）的初冬，高宗谕旨：

“明年正月初六日。绳祖武之丕休，举耆筵之盛典；又以辟

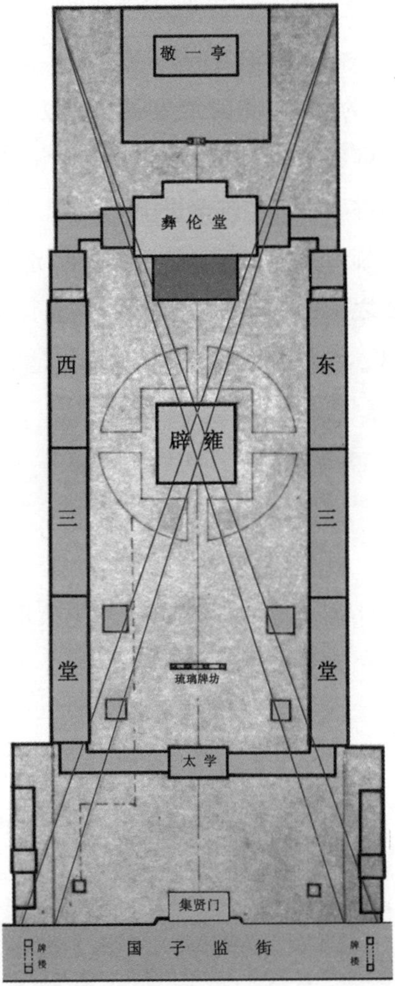

辟雍在国子监中的位置　　1：2000

▲ 国子监测绘图做对角线图示辟雍所在位置

雍肇建，于上丁释奠礼成后，亲临讲学。所以引年敷教者，既隆且备。”[1]

这段话是说，为了承继祖上的善德，要为老叟们举行盛大的宴会。又因新建“辟雍”，上丁日（乾隆五十年二月）孔庙释奠之后，还要在国子监辟雍举行“临雍讲学”大典。这两个隆重的庆典缺一不可，皆因辟雍古礼的内容就是尊养老而贤者和广施教化。如此看来，“绳祖武之丕休”不过是虚拟的口号，“举耆筵之盛典”原来是“辟雍肇建”引发的礼制行为，这应该是史上著名的“千叟宴”真实缘由。

乾隆五十年（1785年）正月初六，史载：

“上御乾清宫，赐千叟宴。亲王、郡王、大臣、官员、蒙古贝勒、贝子、公、台吉、额驸、回部、番部、朝鲜国使臣，暨士、商、兵、民等，年六十以上者三千人皆入宴。”[2]

如此盛大的“千叟宴”，在高宗的眼中，不过是辟雍内御座后扆（五峰屏）上的一首小诗，[3] 充其量不过是隆重奢华的临雍大典

[1] 《清实录·高宗纯皇帝实录》卷一千二百十八。

[2] 《清实录·高宗纯皇帝实录》卷一千二百二十二。

[3] 同上卷：“御制《千叟宴恭依皇祖元韵》诗曰：抽秘无须更骋妍，唯将实事纪耆筵，追思侍陛髫垂日，讶至当轩手赐年。君酢臣酬九重会。天恩国庆万春延。祖孙两举千叟宴。史荣饶他莫并肩。”这首诗被制成铜牌，悬挂于辟雍内乾隆宝座之后的屏风后面。后因文物复制品制作时略掉此项，甚憾。铜质诗牌原件镀金铜字、蓝底（残件），现存于国家博物馆。

一个小小前奏曲。乾隆五十年，在国子监建造辟雍的夙愿终获实现，高宗自然是喜出望外。围绕辟雍建成的庆祝活动也即将达到最高潮。

从乾隆四十九年（1784 年）冬天开始，以“临雍大典”为目标的大规模准备活动就此展开。这些准备工作大到下旨令衍圣公和其他圣贤后裔进京观礼并确定名额；报送临雍大典侍班[1]的内阁大学士、六部尚书和其他部院官员的职衔和名单；小到典礼所用的经书、进讲和御览讲章的起草准备、典礼之后的茶饮、圣贤后裔和庙户参加典礼时的服装制作；必不可少的国子监外周的防护兵丁和甬道中央铺设的毛毡；以及典礼之后的恩赐筵宴；等等，都必须依规通盘进行详尽的安排和准备。[2]涉及的官署有内阁翰林院、京师有关衙门（包括打扫沿途卫生的步军统领衙门）、山东巡抚、顺天府、工部、户部、兵部、礼部、吏部等。具体承办业务的有太常寺、光禄寺、鸿胪寺、内务府、武备院，国子监更是忙得不亦乐乎。

乾隆五十年（1785 年）二月临雍大典当天，国子监祭酒率全体师生员工清晨即在成贤街西口恭迎圣驾。皇帝来了之后先到孔庙祭奠先圣，随后从“绳愆厅”后门（现已封堵，痕迹尚存）移驾至国子监彝伦堂的暖阁小憩更换衮服，而后进入辟雍升座。其间，国子监内钟鼓齐鸣，皇帝在中和韶乐《盛平之章》的伴奏声中步入辟雍，登上宝座。国子监全体师生二跪六叩头，并按次序站立在殿堂外甬道东西两侧。随后，进讲官满汉大学士、满汉祭

[1] 临雍大典时，进入辟雍陪侍皇帝讲学的朝廷重要命官和世袭王公。

[2] 详细内容见《钦定礼部则例》卷二十六·仪制清吏司·临雍。

酒四人从南桥上台阶，三品以上的皇帝随从官员从东、西桥上台阶，均从辟雍殿东西门进入，东西序立。新建的“辟雍”殿内，乾隆皇帝位座中央，临雍进讲的翰林满、汉大学士，国子监满、汉祭酒陛前东西设坐；更有诸多身着蟒袍、补服的王公大臣立列左右，俨然皇帝上朝议政的朝班一般。当鸿胪官宣布“进讲开始”，四位进讲官一叩头之后就坐于陛前的几榻上开始讲学。翰林满、汉大学士伍弥泰、蔡新大学士坐东边，面向西，讲《大学》“为人君者止于仁，为人臣者止于敬，为人子止于孝，为人父止于慈，于国人交止于信”。接下来，国子监满、汉祭酒觉罗吉善、邹奕孝坐西边，面向东，讲《易经》中“天行健，君子以自强不息”。这是教人们要效法天地，永远要自立自强，不要偷懒止息。满汉大学士和祭酒所讲的内容要谨遵圣谕，不得僭越。国子监的各班学生站立听讲。每次进讲后，皇帝开始分别阐发书义或经义，这称作“宣谕”。此时，在辟雍南门外、石阶下和太学门两侧安排的四名负责“传声”的鸿胪寺官员负责传声，皇帝讲一句，他们传一句，以达到扩音和传送的目的。当乾隆皇帝坐在新建的辟雍内兴致勃勃宣谕的时候，他所面对的正是48年前心中所向往的“儒臣进讲经书，诸生圜桥观听，雍雍济济，典至盛也”。[1] 此番情景使得乾隆皇帝的心情很是兴奋，大典之后，凡是参加临雍大典的人员都得到了一两银子的奖赏[2]，仅此一项就耗费了几千两白银，

[1] 《清实录·高宗纯皇帝实录》卷五十。

[2] 《钦定礼部则例》卷二十六·仪制清吏司·临雍：“五十年，随班听讲之肄业生及进士举人、贡监生、荫生、八旗官学教习、官学生，共三千九十三名，俱赏银一两。”

这还不算按圣贤后裔、官员等级赏赐的貂冠、朝服、纻丝袍、缎袍、匣墨、八丝缎、貂皮等珍贵物品。（见下页示意图）

临雍大典进讲之时，所有参加临雍大典的圣贤后裔、满汉官员，以及进士、贡生、监生都排列于辟雍环桥之南，分为东、西两班肃立。翰林院的五经博士及圣贤各氏后裔位于东班；身着补服的祭酒率国子监各官、各学教习（如算学、八旗官学、世职官学、觉罗学等诸学教习）、朝鲜来使位于西班。进士和身着补服的举人；身着青缘蓝衫、披领，头戴金雀高顶的国子监肄业之监生、贡生与身着青缘蓝衫、披领，头戴银雀高顶的生员、童生；着所袭品级补服的荫监生，按所袭顶戴世职品级穿蟒袍、补服的八旗官学生以及朝鲜来使共3093名[1]各随东、西班之末。每次进讲完毕之后，听讲的全体人员除了大学士和衍圣公之外一律跪下，聆听乾隆皇帝就进讲的“书”和“经”而阐发的宣谕。讲完之后进讲官员退就桥南，奏中和韶乐之《丹陛大乐》，全体皆行三跪九叩礼。礼毕，所有在国子监的教官和监生到成贤街上列队敬候皇帝回宫之时。辟雍殿内，皇帝还要在《仰君师》的丹陛清乐中和王公大臣一道饮茶。茶毕，各王公大臣俱出辟雍东西序立，奏中和韶乐之《道平之章》，皇帝乘舆轿出太学门回宫，国子监全体师生官员成贤街跪送。第二天皇帝还要在礼部赐宴国子监各官员和办事吏员，并赐给各参与临雍大典的王公大臣、圣贤后裔、国子监官员及诸生貂冠、官服、丝缎、徽墨、

[1] 参与乾隆五十年临雍大典的人数参见《钦定礼部则例》卷二十六·仪制清吏司·临雍。

临雍大典站位示意图

（根据《钦定大清会典图·卷二十七·礼二十七·朝会二》绘制）

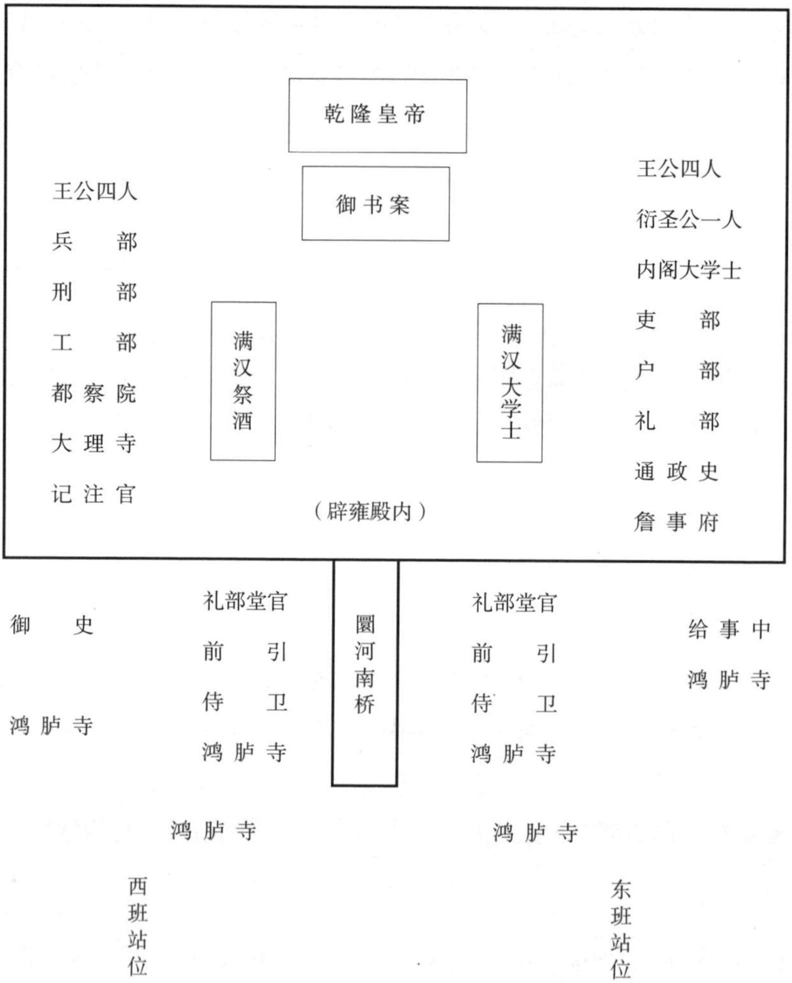

银两不等。次日，国子监祭酒自然要按规矩率全体师官、贡监生到午门前上表谢恩。至此，临雍大典的所有程序才告基本结束。当然，这还没有把在木板上镌刻此次皇帝“宣谕”并悬挂于彝伦堂之上的各项繁杂礼节和事项计算之内。

《四库全书总目》卷八十二记载：乾隆五十四年（1789年），大学士阿桂领衔纂修清高宗在位时的“丰功伟绩”以歌功颂德。其中总结了乾隆皇帝的五类“盛功”、五个“大典”、六种“恩赉”、八种“圣德”、十一件“盛事”。详细内容这里不再赘述，但其中有一件却惹人关注，那就是把修建国子监“辟雍”列为乾隆皇帝在位五十多年来的十一件“盛事”之一。足见以“辟雍”为名的这座宫殿建筑在乾隆皇帝心中的分量。说得明白一些，没有乾隆皇帝，就没有北京国子监这座以“辟雍”为名的宫殿。

国子监石刻文献的史料价值很高。很多纪事刻石可证经补史；为取得石刻的复本而发明的“捶拓”技术更是古老印刷术的先驱；儒家经典刻石又是图书版本的源头，在很多领域内石刻文献都是不可或缺的资料。

第四章　晨钟暮鼓作见证、碑石林立岁峥嵘

▲ 西碑亭

一、国子监的西钟东鼓

“钟鼓必于辟雍”[1]，辟雍作为礼制建筑一定要配有钟、鼓，这样才能“太元乐首，钟鼓喈喈”[2]，显示出行礼乐的欢乐气氛来。因而在辟雍之前，必须要有两个装饰华丽、高等级规制的钟鼓亭。现在辟雍之南所看到的这两个钟鼓亭，西边的是钟亭，东边的是鼓亭。这两个古老的方亭形制均为单檐卷棚歇山顶，一斗三升交麻叶单昂斗拱，尽管它的开间很小，但仍属面阔三间的建筑。原来的钟、鼓分设在西边博士厅南侧（钟房）、东边绳愆厅南侧（鼓房）的各一间屋内。修建辟雍殿及其他建筑的时候，将钟鼓搬到了新建的钟亭、鼓亭内。站在辟雍之前的院内静思遐想，仿佛晨钟暮鼓的亘古声音还回荡在古老的国子监里，每天辰时鸣钟，酉时鸣鼓，辰集酉散。古老的钟鼓亭，见证了历史上监生们攻读的辛苦，

[1] 《诗经·大雅》。
[2] 《尚书·大传》。

见证了刻板森严的升监拜堂，更见证了皇帝临雍的威风八面。传说当时的刘墉、德宝等人，包括乾隆皇帝在内都认为，早晨太阳东升，傍晚太阳西落，晨钟暮鼓自然是东钟西鼓。但在建造辟雍时，却遵循了“东置鼓，西悬钟”的格式。聪明的工匠们告诉他们，早晨第一缕阳光照到钟上方才敲钟，当然要把钟房摆在西边的位置；傍晚的阳光照到鼓上时，才要敲鼓，理应把鼓房放在东边。自此扭转了历朝历代“东钟西鼓”的布局，成就了为何从明朝起西钟东鼓的道理。

二、国子监的石碑

就在钟鼓亭的北面，还有两座里边伫立着高大石碑的亭子，那就是御碑亭。东边石碑面南（碑阳）镌刻着乾隆皇帝为建成辟雍而御制的《御制国学新建辟雍环水工成碑》碑文，西边一块面北（碑阴）是乾隆皇帝关于“三老五更”的御笔碑文《御制三老五更说》。这两块石碑碑阳和碑阴镌刻的内容是相同的，分别用满、汉文字镌刻。这就是说，两块御碑的两种文字朝向各为相反。立石刻碑的起因自然是修建辟雍的理由，《御制国学新建辟雍环水工成碑》的碑文中对此进行了一番议论。乾隆皇帝认为，兴学之本最重要的是兴办国学，国学乃天子之学，天子之学才能称作“辟雍”。北京的国学从元至明一直到现在，已经有五百多年了，却有国学而无辟雍，实在是名不副实。以前虽有修建辟雍的建议，却被以无水之由所阻拦。所以癸卯年（1783 年）谕旨修建辟雍，乙巳年（1785 年）春举“释奠临雍”大典。因为“北京为天下都会，教化所先也，大典缺如，非所以崇儒重道，古与稽而今与居也”[1]。没有水可以通过打井来解决，用绠绳把水汲上来倒入暗道注入白石砌就的圜池里，于是池中潋滟波光，澄明如镜，凡事都在人为。

在国子监修建辟雍殿，也是效法古代帝王行“三老五更”之礼的需要。乾隆皇帝命书法家、大臣董诰在东边那座四面碑上西面书写张廷玉的《三老五更议》，并在东面御笔《题张廷玉“三老五更议”》。乾隆认为，“三老五更”这个提法，《左传》《左传孔疏》《汉书·礼仪志》《白虎通义》众说纷纭，其中解释最为独断、荒谬的是蔡邕，“腐儒执虚文而谬大义，真不值一噱耳”。他认为，三老不过是“天、地、人”而已，能以敬诚、恺悌的极致修养来待人处事，才能达到天下谐调适度、各守其分，天下达道。腐儒那些牵强的议论，不值一提。乾隆皇帝为什么在辟雍落成之后御制这个碑文呢？首要的原因就是乾隆皇帝知道，辟雍古代礼制的重要内容之一是尊养贤老，另一个内容则是广施教化。乾隆皇帝在登基五十年举行“千叟宴”大典和“临雍大典”两个大典来庆祝辟雍的建成，就是重现这个历史古制的要求。辟雍前的这两块御制石碑也完整地映衬了这些礼制内容。还有不为人知的一个小插曲，则是勾起了乾隆皇帝久久不能忘的一件心事，那就是乾隆三年（1738 年）他来国子监视学发生的事情。

[1] 《清代御制文集·二集》，国学新建辟雍圜水工成碑记。

▲ 东鼓亭

▲ 西钟亭

事情的缘由是这样的：乾隆三年（1738年），年方二十八岁的乾隆皇帝想在国子监视学之时欲行“三老五更”之礼。临行之前就这个“礼”的具体内容咨询大学士鄂尔泰、张廷玉，才得知这个“三老五更”古礼中，皇帝向三老（古代乡官）五更（致仕老者）示敬时，不仅要跪拜，还要亲自割牲、执酱、执爵奉酒。张廷玉认为乾隆视学时断不可这样行礼，勉强行之必“资后人之议者矣”。[1]其实，“三老五更”的原定制之意，不过是历史早期的君尊臣卑，预防专擅之渐而已。而孟子对于三老是“老而无妻、老而无夫、老而无子”的阐释，乾隆皇帝直到四十年后方明白：“夫予三老五更之说，成于戊戌。”又过了六年，才悟到“耆艾而长于乡者即可称三老，而非定三人也”；[2]“三老五更之说予以为括于养老休俗之仪，而非天子临雍所必应并行而不遗者。”[3]乾隆皇帝以自己四十年对“三老五更”之说的认识经历告诉诸臣：

“戊戌去戊午，历四十年，其事早已忘之。盖戊午朕方廿八岁，而戊戌则六十有八，此亦足验四十年间学问识见之效，而年少时犹未免有好名泥古之意，至今则洒然矣。

他六十八岁的洒然心态，面对建辟雍的议论，感慨道：

“夫是举岂非复古兴学之懿，有何惧！而予惧之者，恐后之

---

[1] 《清实录·高宗纯皇帝实录》卷一千二百二十四：《御制题张廷玉三老五更议》。

[2] 同上卷：《御制三老记》。

[3] 同上卷：《御制国学新建辟雍环水工成碑记》。

人执予复古之说，于一切衣冠典礼，皆欲效汉人之制，则予为得罪祖宗之人……徒慕复古之虚名，而致有忘祖宗之实失，非下愚而何？予不为也。予敬以是告子孙。以保我皇清万年之基也”。[1]

品读辟雍旁的两座御碑碑文，所论皆为议古论今，古为今用，都是在为修建辟雍做辩护，可见乾隆皇帝当初的这个政绩工程还是有不小阻力的。其中最大的阻力在于一些大臣认为修建辟雍是“皆欲效汉人之制”，这些虽不见史籍所载，但通过碑文我们可以清晰地察觉到乾隆皇帝的心迹。

为了长久保存乾隆皇帝的御制碑文，流传后世，所以才修建了两座高等级的重檐歇山式黄琉璃瓦顶的亭子，以保护这两座石碑。起着保护御制石碑作用的亭子就叫作“御碑亭”。国子监和孔庙内其他的御碑亭一般都是四周通透，以便于人们观看，只有“敬一亭”例外，那是一种殿堂式的碑亭。

说到石碑，历史上国子监里石碑非常多，三进院门堂几乎处处立石曾是国子监独到的风景。除了孔庙院内的进士题名碑和其他石碑以外，还有如下石碑曾经在国子监的相关位置伫立过：

（明）洪武学制碑，立石于太学门左，面向西，洪武二年（1369年）立石于北平府学。

[1] 《清实录·高宗纯皇帝实录》卷一千二百二十四：《御制国学新建辟雍环水工成碑记》。

（明）申明学制碑，立石于太学门左，洪武十五年（1382年）立石。

（明）洪武十六年并三十年钦定庙学图碑，立石于太学门左，正统十二年十一月（1447年）。

（明）申明学规碑，立石于太学门左，永乐三年（1405年）。

（明）五朝上谕碑，立石于太学门左，面向南，成化三年（1467年）。

（明）世宗御制敬一箴碑，立石于敬一亭正中，嘉靖五年（1526年）六月。

（明）世宗御制心箴碑，视箴、听箴、言箴、动箴四箴碑各一，颁发五箴圣谕碑（注：后重刻石），嘉靖七年（1528年）集中立石置放于修建完工的国子监敬一亭正中。（"箴"为规劝、告诫的一种古文体。）

（清）顺治皇帝"晓示生员"满汉文卧碑各一，在国子监太学门门左，面向南。顺治元年（1644年）二月。

（清）康熙皇帝御制"训饬士子文"碑，立石在敬一亭正中，面向南。康熙四十一年（1702年）正月。

（清）康熙御书"万幾馀暇"碑，立石在彝伦堂正中两柱之间，面向南。康熙三十三年（1694年）。

（清）康熙三十三年仲夏御书"大学"圣经碑，立石于彝伦堂正中。

（清）康熙牓书四碑："崇高峻极""灵渎安澜""功存河洛""昌明仁义"，立石于敬一亭中一间的两旁，面向南。

（清）乾隆御书"训饬士子文"，立石于南学"率性堂"正中柱间，乾隆五年（1740年）十一月。

（清）敕修御书楼碑，立石于御书楼下，面向东，乾隆二十四年（1759年）四月。

（清）御制古槐诗石刻（有图），立石于西讲堂，乾隆二十四年（1759年）十一月。

（清）诏修国子监碑，立石于太学门右，乾隆二十五年（1760年）八月。

（清）《乾隆御定石经之碑》189通，乾隆五十九年（1794年）刻成，曾立石于国子监东西六堂檐廊之中，除每侧檐廊两头设堵头碑之外。所有经碑列成两排，前后排错开一个碑的位置，成“品”字形摆放，以便于观看。

此外，在彝伦堂的后穿堂（后抱厦）内，还存立有如下石刻：

（明）王同祖《兰亭记·乐毅论》；

（清）谢履忠《丁香花诗》；

（清）祭酒司业题名碑四通；

（清）老彭观井石刻（画）；

（清）古文《孝经》碑两通；

（清）《崇实振雅二轩记》祭酒李周望撰，康熙五十七（1718年）年立。

还有一些碑刻，这里就不一一赘述了。

上面提到的许多石碑，或因时间久远而蚀残不能读，或因保管不善而毁坏遗失，如乾隆二十四年（1759 年）所镌刻的《敕修御书楼碑》（下部文字残）就是由《北京青年报》记者首先发现，由孔庙和国子监博物馆的高彦先生和其他工作人员从远离国子监的将台路的拆迁瓦砾中运送回来的（发现时是被当作自建房屋的门槛石使用的，长年累月的蹭踏，磨去了碑上一半多的文字，实在是可惜至极）。还应该一提的是，在 2003 年大规模整修复原孔庙和国子监工程中，工人在清理国子监东厢的地基时，又发掘出了一块崇祯三年（1630 年）的《太学奉旨积分碑》。立石的缘由很可能是因明代崇祯二年（1629 年），国子监的司业倪嘉善向崇祯皇帝建言重新恢复实行“积分法”得到皇帝的批准一事。[1] 为歌功颂德，也为了传史纪事，故立此碑。石碑的质料为砂岩，极易风化，碑体做工粗糙，从一个侧面反映出明代末年国子监的衰落。碑上诸多文字已模糊不清，唯碑额、落款尚可辨认。这是一个难得的国子监发展历史物证。

这里还要说说康熙皇帝榜书“崇高峻极”“灵渎安澜”“功存河洛”“昌明仁义”的四块卧碑来历。其实，这四块卧碑最初的内容并不是康熙皇帝自己撰写的，而是应河南巡抚阎兴邦中丞所请，由九卿、翰林院、詹事府等衙署的堂上官为嵩山“中岳庙”“淮渎神祠”“孟子游梁祠”“二程子祠”匾额而书写出来的，经过康熙

---

[1] 见《明史·选举志》。

的恩准后，这几幅文字内容就变成了皇帝的“御书”。于是，康熙皇帝于三十三年（1694 年）、三十七年（1698 年）将这几幅“御书”颁至河南，刻石于学宫。“功存河洛”匾悬于开封禹王台，“灵渎安澜”匾悬于桐柏淮渎庙，“嵩高峻极”匾悬于登封中岳庙等。可能是康熙皇帝很喜欢这几幅榜书的缘故，特在康熙四十一年为国子监制《训饬士子文》刻碑于彝伦堂的同时，他又亲笔“正书”这四幅榜书，并刻石卧碑与此碑同立。[1] 王士祯的《居易录》记载了这四个榜书的经过：

“康熙三十年辛未元旦，二十七日。内阁传谕九卿及翰、詹、卿、寺各衙门堂上官，书：嵩山中岳庙、济渎神祠、孟子游梁祠、二程子祠匾额各四字进呈，曰‘嵩高峻极’，曰‘灵渎安澜’，曰‘昌明仁义’，曰‘功存河洛’。先是，河南巡抚阎中丞兴邦恭请御书也。”

镌刻一通石碑，从下料、整形、雕刻到最后立石，要经过不同于一般的劳作和智慧才能完成，尤其是那些巨大的石碑，更是如此。石碑受到历史上这样的重视，并不是偶然的。最具价值的是，它可以真实地、长久地记载历史，比起竹简、龟甲、纸张来，古人认为是最为经久和保险的。国子监里至今完好保留的那些石碑，真实地记载了从元代到清代北京国子监发展的轨迹和重大史实。从国

[1] 见《钦定日下旧文考》。

子监的修葺和扩建，学规学制的确立，到对太学监生不断强化的儒家思想教育，都可以从这些石碑上找到坚实的历史依据，为我们研究国子监的发展历史提供了重要而又珍贵的补充与印证。

2012年6月24日，国子监“孔庙十三经碑林保护棚修缮工程”正式启动。

为了保护这些珍贵的石刻文物，提升博物馆的展示水平，经过有关文物专家科学论证和领导决策，由时任馆长的吴志友先生直接指挥和监督下，拆除了原十三经碑林简陋的石棉瓦大棚顶，仿照传统建筑的形式重新予以翻建。对三块进士题名碑适当调整了位置；清洗了进士题名碑的污染；为全部进士题名碑重新加盖棚顶遮阳防雨；将康熙手书《大学》碑搬进新的保护大棚；对239通十三经石碑和198通进士题名碑一一进行了加固。高规格、高品位、高质量地完成了这些具有历史意义的文保工程。

三、珍贵完整的“乾隆石经”

国子监石刻文献的史料价值很高。很多纪事刻石可证经补史；为取得石刻的复本而发明的“捶拓”技术更是古老印刷术的先驱；儒家经典刻石又是图书版本的源头，在很多领域内石刻文献都是不可或缺的资料。最负盛名的《乾隆御定石经之碑》即“十三经碑刻”的儒家石经，是我国历史上从东汉末季开始的、第七次大规模地镌刻的儒家石经。

▲ 改建前简陋的碑林保护大棚

▲ 翻建后的碑林新保护大棚

第一次是《熹平石经》。东汉末年，作为学校教材的儒家经典多有谬误，这是因为当时纸张还没有得到广泛的应用，用作记载经义的书籍大都仍用竹简编摘而成的，既沉重又烦琐，而且一般人不容易买到，难以普及；还由于学者们在传授知识时，都是口耳相传，难免以讹传讹，时间长了，这些经书上的错误就会错上加错，最终改变了原有的内容。为了统一教材，便于学习，当时通古今学的大儒、博士卢植向汉灵帝建议重新订正各种经书的内容和文字。这个请求得到了汉灵帝的支持。汉灵帝熹平四年至光和六年立（175—183 年），内容包括《易》《书》《诗》《仪礼》《春秋》《公羊》和《论语》等七经刻于 46 块石碑上，总字数 20 多万字。汉代大儒蔡邕用当时通行的隶书字体书写上石，故又称《一字石经》《一体石经》。由于它立于洛阳太学门前，目的在于要正定经典文字，公布标准文本，并且供人们阅读、传抄和校正，故引起极大反响，石经碑刚立起的时候，乘坐车子前来观摩和摹写的人每天有一千多辆，把大小街道都堵满了。[1] 这样大规模地整理和校订典籍，在校勘学、版本学上极具深远意义。《熹平石经》刻成后不久，在董卓之乱中就开始散佚，现存残石上不足 1 万字。

第二次是《正始石经》。三国魏正始年间（240—249 年）刻成《尚书》《春秋》二经，经文每字用古文、篆、隶三体，又称《三体石经》或《三字石经》。今有残石留存，并有残石拓本流传。

---

[1] 《后汉书》卷九十下：及碑始立，其观视及摹写者，车乘日千余辆，填塞街陌。

第三次是《开成石经》。唐大和七年至开成二年（833—837 年）立，又称《唐石经》。有《易》《书》《诗》《周礼》《仪礼》《礼记》《春秋左传》《公羊传》《穀梁传》《论语》《孝经》《尔雅》等十二经。此次刻石目的也是订正经籍，校勘精审。五代时雕版印刷的第一部监本《九经》即以该石经为底本，今存于西安碑林。

第四次是《广政石经》。五代后蜀广政七年（944 年）于成都开始镌刻，先刻《易》《书》《诗》《三礼》《春秋左传》《论语》《孝经》《尔雅》等十经，宋代又补刻《公羊》《穀梁》二传、《孟子》及《古文尚书》。该石经与前后所刻各石经的不同之点是经文下镌有注文，小字双行。故全经共有千余石，历时百余年方才完成。因开始于五代后蜀，又称《蜀石经》。南宋时因《开成石经》在金朝统治区内，《广政石经》就成为当时的标准文本，原石约毁于南宋末年，宋拓残本尚有流传。

第五次是《嘉祐石经》，宋庆历元年至嘉祐六年（1041—1061 年）用篆、楷二体刻成《易》《书》《诗》《周礼》《礼记》《春秋》《论语》《孝经》《孟子》等九经。又称《二体石经》《汴学石经》。今仅存残石数枚，有宋、元、明、清各朝的拓片残本。

第六次是《绍兴石经》，又称《南宋石经》。宋绍兴十三年（1143 年）在临安开始镌刻，成《易》《书》《诗》《春秋左传》《论语》《孟子》《礼记》（仅 5 篇）等七经。除《论语》《孟子》为行书外，其余均为楷书。因是宋高宗御书，又称《绍兴御书石经》。今杭州尚存 44 枚残石。有残拓本流传。

第七次就是《乾隆御定石经之碑》。清代雍正年间，江苏金坛贡生蒋衡，字湘帆，自号“拙老人”，游历西安时见唐代“开成石经”因由多人书写，风格极不统一，故引以为憾，发愤抄写经书。自雍正五年（1727 年）至乾隆三年（1738 年），历时 11 年，完成了《周易》《尚书》《诗经》《周礼》《仪礼》《礼记》《春秋左传》《春秋公羊传》《春秋谷梁传》《论语》《孝经》《孟子》《尔雅》13 部经书、共 63 万余字的楷书缮写工作。后由江南河道总督高斌于乾隆四年（1739 年）特疏进呈御览，入藏紫禁城懋勤殿。蒋衡因此授国子监学正衔，自然甚是得意，为人作书每自称曰“江南写《十三经》拙老人蒋衡”。后更名“振生”，乾隆八年（1743 年）去世，享年 72 岁，死后 50 年石经刊成，清史有传。

武英殿本《十三经注疏》广布世间后，乾隆皇帝为“成斯大功”，决心仿史而刻石《十三经》。《清实录》记载了乾隆五十六年（1791 年）十一月壬辰上谕，曰：

“十三经虽有武英殿刊本，未经勒石。因思从前蒋衡所进手书十三经，曾命内廷翰林详核舛讹。藏弆（jǔ，意为收藏，保藏）懋勤殿有年，允宜刊之石版，列于太学，用垂永久。”

“着派和珅、王杰为总裁，董诰、刘墉、金简、彭元瑞为副总裁，并派金士松、沈初、阮元、瑚图礼、那彦成随同校勘。但卷帙繁多，恐尚不敷办理。着总裁等再行遴派三人，以足八员之数为校勘。”

谕旨下达之后，清政府成立石经馆，由翰林院负责开始筹备《石经》的校勘与刊刻。需要说明的是，这其中的大学士任总裁、学士任副总裁只是列名而已，并不都参与实际的校勘，主事者也不一定以正副之名而定。和珅、王杰等人所管事务繁多，只能综览概要，酌加参阅。彭元瑞领衔独任校订厘正石经考文。校订蒋衡的十三经缮书可不是一件容易的事情。蒋衡工于书法，但疏于字体，错字讹误很多，连乾隆皇帝也认为"其间不无舛误，爰命内翰详核，以柬之懋勤殿"。刚开始的时候，彭元瑞负责校勘订误，金简负责刊刻工料。乾隆五十九年（1794年），高宗启跸避暑山庄后，命彭文瑞每天清晨携笔砚到乾清宫遍览内府所存宋刻各本据为校勘，而金简则为彭元瑞和他自己准备饭食。彭因此得以看到人间罕见之珍本，得以充足的史料准备考其同异，终著成一书，名曰《乾隆御定石经考文提要》，纠正了蒋衡楷书中不合于古代原本的讹误。乾隆皇帝因此优赉彭元瑞加太子太保衔，并赏大缎两匹。这引起了和珅的嫉妒，清代姚远之、王晫所著《竹叶亭杂记·卷四》详细记载了和珅的恶行：

"独文勤（彭元瑞）得邀宫衔，并命仿《五经文字》《九经字样》例，每经勒《考文提要》于后。和相国（注：和珅）嫉焉，大毁《提要》不善，并言'非天子不考文'，议文勤重罪。高庙（注：高宗）谕云'彭元瑞本以"乾隆御定石经"加其上，何得目为私书？'和计不行，乃令人作《考文提要举正》，分训诂、偏旁、谐声三门，以为己作也以进。又訾《提要》多不合坊本，不便士子，请饬禁销毁，并命彭某不得私藏。高庙叹曰：‘留为后人聚讼之端，亦无不可。’其事乃寝。和乃密令人将碑字从古者一夜尽挖改之，而文勤之《考文提要》亦不果刊。”

嗣后，和珅等人于乾隆六十年（1795 年）又撰写了一部《钦定石经改正字样》，内容多抄袭《考文提要》之文字。如此恶行，绝不会降低彭元瑞原《乾隆御定石经考文提要》在史上不可替代的重大校勘意义，这已为后来的读、校“十三经”的史学实践所证明。

乾隆五十九年（1794 年）基本遵从《考文提要》的石经终于刻成，并立于太学东西六堂檐廊之中。根据《清实录》记载，嘉庆八年（1803 年）六月戊子，谕内阁：

“彭元瑞奏太学石经现在所刊碑文与圣祖仁皇帝《御纂四经》《康熙字典》及高宗纯皇帝《钦定三礼》《校定武英殿十三经》闲有异同，请详加查核等语。石经为同文盛举，刊布黉宫，垂世行远。今碑内文字既尚须检校，著派董诰、朱圭、纪昀、戴衢亨、那彦成将石经碑文与御纂钦定各书悉心查对有无异同。黏签呈览。”

嘉庆八年的这次磨改只是将碑上草率之字、漏画之字略加修补而已。至光绪十一年（1885 年），国子监学录蔡赓年校修《乾隆石经》，发现嘉庆八年的磨改，不但没有提升《石经》的校勘质量，反而造成了新的错误。

《乾隆石经》经文为楷书，碑首篆书《乾隆御定石经之碑》。这是目前我国仅有的、最完整的一部十三经刻石，共计189通。这十三经中的《周易》（6通石碑）是占卜之书，蕴含着深刻的哲理；《尚书》（8通）是上古文献的汇编；《诗经》（13通）是西周初至春秋中期的诗歌汇集；《周礼》（15通）主要记载周代官制；《仪礼》（17通）主要记载春秋战国时代的礼制；《礼记》（28通）主要是战国秦汉之际的儒家学者的礼学著作汇编；《春秋》“三传”即左丘明作的《左传》（60通）、公羊寿和胡毋子所作《公羊传》（12通）、榖梁子所作《榖梁传》（11通），是解释、评论《春秋》的著作；《论语》（5通）主要记载的是孔子的思想言论；《孝经》（1通）是阐述孝道的著作；《孟子》（10通）主要记载的是孟子的思想言论；《尔雅》（3通）是汉代增补润色、杂采多家的训诂资料编辑而成的关于训诂的著作，多用以解释上述经典著作。碑制均为圆首方座，高3.05米、宽1.06米、厚0.315厘米。与这些碑刻相关的还有：乾隆《刊石经谕旨碑》1座，形制同经文碑；乾隆《石刻蒋衡书十三经碑序》碑2通（满、汉文各1通）；乾隆帝《说经文碑》13通，高4.05米、宽1.36米、厚0.45米，方首方座，额篆书：“乾隆御制说经之文”；石刻《蒋衡写经图》，高110厘米、宽41厘米，线刻人物画，标题为冯敏昌隶书《蒋湘帆先生写经图》，图后有蒋衡行书七绝2首，署名“拙老人”。

这十三部儒学文献从诸子百家的一家之说提升到“经”的地位，是随着儒家学说在历史上的地位不断得到强化而升级的。从上

▲ 搬迁到碑林新保护大棚中的康熙《大学》刻碑

▲《大学》为四书之一，出自《礼记》。传为曾子所作，是儒家政治哲学的经典论著。讲述了从“修身”“齐家”开始，以达到“治国平天下”的道理。此碑为清朝皇帝康熙手书，笔力深厚，气势磅礴，可称是历代帝王书法中的珍品。该碑原立于国子监彝伦堂中央，是为整顿学校、告诫学生而立的。后移于碑林入口外的北墙下。碑文由康熙皇帝御笔亲书。康熙擅长董（其昌）书，功力深厚，章法严谨，自成一家。

述七次大规模石经镌刻内容不断升级扩大的过程，我们可以很容易地看到这一点。儒家经典与宗教圣经讲述神功异迹、清规戒律不一样，都是关于先民实事的记录，是为人之道和处世之方的教科书。《史记·滑稽列传第六十六》引孔子的话说：

“六艺于治一也：《礼》以节人，《乐》以发和，《书》以道事，《诗》以达意，《易》以神化，《春秋》以道义。”

概言之，《诗》是用以表情达意，抒发内心情感；《书》是叙述先王政事，具有历史经验；《礼》记载行为规范，节制人的言谈举止；《乐》渲染和乐之情，激发人类好善之心；《易》则阐发阴阳运行，以明变化之理；《春秋》反映等级名分，实为礼义之大防。六经从不同方面、不同角度，共同完成了对儒家理想人格的培养和塑造，缺一不可，故孔子曰“六艺于治一也”。这也是告诉大家为什么儒教（儒学）不是宗教的理由。

1956 年修缮国子监时，政府将石经移至孔庙与国子监之间的夹道内（注：即古代国子监祭酒去东厢的过道）专存。1981 年在夹道加盖钢梁石棉瓦屋顶成为“碑林大棚”，遮挡风雨，妥为保护。2011 年北京市政府又出资重新修建了外观仿古、内设现代灯光装备的大型展厅。改善了过去那种光线暗淡、潮湿漏雨的简陋环境，使得这些珍贵的石碑得以妥善的保管，并以崭新的面貌展示给五湖四海的宾客。

现在，国子监里相继搬离了原来立石位置的众多石碑，和十三经刻石一起存放于翻建的国子监碑林崭新的展览大厅之中。这些珍贵的石碑记载了历史最真实的信息，因而体现了它们的价值所在。

四、石碑的造型和规制

国子监的石碑式样和大小并不一致，难道其中也有规制依据？原来，石碑从最初的简单石块石板到后来的各种各样的形制，有一个不断完善的过程。宋朝李诫所著的《营造法式·卷三》中有“赑屃鳌坐碑”“笏头碣”两节专门阐述了石碑形制的各部分比例关系，著名的古建大师梁思成先生又对《营造法式》进行了注释。下面我们把有关的内容做一个简略的介绍，并借此了解石碑的艺术价值。

一般的石碑分为三个部分：碑首、碑身、碑座。宋代以来这三个部分都形成了特定的形式。碑首也叫作碑头，根据《营造法式》的规定，“其首为赑屃盘龙”，意思是说碑首由名为“赑屃”的盘龙组成。盘龙有6条，头部均在碑的侧面，龙头向下，龙身向上拱起。但这不是硬性规定，根据碑身的薄厚，也有少于6条龙或者是多于6条龙的，也有龙头向上的。碑首的正面是由左右两条龙身和龙爪交叉组成的图案，拱卫着正中的那一块“篆额天宫”。篆额天宫是专门用作书刻碑名的地方，比如《乾隆御定石经》这几个字就是书刻在篆额天宫的地方。正面碑首的下部还有一层云盘与碑身相接。碑首的龙身、龙爪、云盘一般都是采用高雕的手法雕刻而成，

▲ 碑身

▲ 篆额天宫

▲ 鳌座

栩栩如生，呼之欲动。

碑身之下是碑座，我们经常看到的那个背负碑身、昂头向上的大乌龟就是“鳌座”，也就是碑座。《营造法式》中讲：“下施鳌坐（座），于土衬之外，自坐（鳌座）至首（碑首），共高一丈八尺。”

土衬是鳌座之下的板状厚石，之上是鳌座，同时也规定了石碑的总高度。宋、元时期的尺寸与现在相差不多，一丈等于十尺，一尺约合 31.2 厘米。这个碑身总高度是法式规定。“其名件广厚，皆以碑身每尺之长积而为法。”意思是说，石碑各部分大小都以碑身的尺寸为依据来进行推算。以鳌座为例，那个大乌龟应该多大呢？“长倍碑身之广，其高四寸五分。”大乌龟的长是碑身宽度的两倍，鳌座的高是碑身高度（不包括碑首高度）的百分之四十五，若碑身高为一丈，碑座的高度就是四尺五寸。[1]

还有一种石碑既没有六条盘龙的碑头，又没有大乌龟的碑座，只有一个简单的方石座或是须弥座和碑身，这样的石碑被称为“笏头碣”，碑身总高度一般为九尺六寸，碑的其他物件尺寸也是以碑身的高低为基础计算出来的。

最后说说碑身。碑身是刻写碑文的地方，是石碑的主体部分。它的前后两个面平整光洁，很少雕饰。为了求得华丽的效果，也有用浅雕或是高雕的艺术手法在文字的外围做出花纹或龙纹边框的，

[1] 上述援引皆出自宋代李诫《营造法式》。

以加强装饰的效果。

从现实存在的各类石碑尺寸来看，《营造法式》对石碑的法式规定，实际上是高等级规制石碑的基本尺寸，更为准确地讲是石碑各部分之间的比例关系。

有一个传说，是说作为碑座的鳌是龙生九子之一，叫作“赑屃”。赑屃生性好负重，所以用来驮石碑。其实，龟与龙子不同，它本身就是一种海生动物，有明确的种科，和龙族的关系实在不大。从明朝开始，明代文渊阁大学士李东阳为回答皇帝的问题“龙生九子都叫什么名”时，在他的《怀麓堂集·卷七十二》中概括整理了民间“龙生九子不成龙”，且各有其形、各有所好的说法，其中就谈到了赑屃。但他所说的赑屃（这个名字不是他的发明）还不是驮石碑的，而是趴在碑身两边侧的龙，以示其好文生性。把大乌龟硬塞在龙族之中，把乌龟的脑袋雕成了像龙一样的头，改名为“赑屃”，这是明代中期以后的事情了，确实有些不伦不类。龟就是乌龟，或叫水龟，海中的大龟则为鳌。就其自然属性来讲，它寿命长，耐饥渴，又是两栖动物，腹背的硬甲可以有效地防备外力的袭击。龟这种既坚硬又长寿的特征，自古就被当作一种灵兽，与龙、凤、麒麟齐名称为“四灵物”，又与龙、凤、虎合称“四神兽”。所以自古以来人们赋予它很多的神话般的传说。最熟悉的莫过于共工氏怒触不周山，天柱断，女娲断鳌的四条腿以立地之四极的神话故事。既然鳌的四足可以支撑天地，那么以鳌撑天之力来背负这区区石碑又何足挂齿！

六堂的现命名起于明代，朱元璋在南京鸡鸣山下修建的国子监中，设置了六堂，划分成初级班、中级班、高级班三种，将其分别命名为率性、诚心、崇志、修道、正义、广业六个堂号，作为监生上课的教室。堂号都取自儒家经典，分堂的作用相当于现代学校的年级。

第五章　六堂两厅书声喧、彝伦殿三纲五典

▲ 西三堂全景

▲ 东三堂夜景

一、两厅六堂奋镞砺

辟雍东、西两侧各有檐廊周房33间，每11间为一“堂”，共设置了东三堂、西三堂，共计六堂。东为“率性”“诚信”“崇志”三堂，西为“修道”“正义”“广业”三堂，两两相对，是国子监分班肄业的场所。但元代时不叫作“六堂”，而是划分为“六斋”，即“游艺”“依仁”“据德”“志道”“时习”“日新”六斋。六斋的划分源于元代仁宗皇庆二年（1313年），由集贤学士赵孟頫和礼部尚书元明善拟定了“升斋等第”的考试标准和办法，根据学习内容深浅的程度进行考试，考试成绩合格了，就可以“升斋”，有点像现在学校中的升级。元代六斋中学习初级课程的为“游艺”“依仁”两斋，最高级的是“志道”“日新”两斋。

六堂的现命名起于明代，朱元璋在南京鸡鸣山下修建的国子监中，设置了六堂，划分成初级班、中级班、高级班三种，将其分别命名为率性、诚心、崇志、修道、正义、广业六个堂号，作为监生上课的教室。堂号都取自儒家经典，分堂的作用相当于现代学校的年级。

清朝入关之后，在太学中仍沿袭明代旧制，堂名无改。清代国子监的六堂仍为每堂 11 间，共有 66 间，对分东、西两廊。每堂之中设一名“助教”和一名“学正”或“学录”负责教学和管理。每堂中间的一间是助教、学正（或学录）的办公场所，监生们南北相向，分坐在两边。总计 66 间的东、西六堂是全体监生日常学习的教室。但监生们在监的住宿问题也必须解决。所以从明代国子监开始，就在国子监周边修建了若干“学舍”并封以“××号”加以识别，如内号、大东号、登俊号、外东号、集英号、新南号、小北号、西号、交趾号等，总计有房 800 多间，此外还有食堂，澡堂（称“湢”）、病房等。清军入京后，国子监周边的学舍长期被八旗就学者霸占享用，监内严重缺乏学生宿舍和生活设施，雍正九年（1731 年），工部左侍郎兼理监事额尔奇和国子监祭酒孙家淦向雍正皇帝奏请说，各地州府岁试和科试中选拔的“拔贡生”必须在国子监居住的已经有三百余人，六堂不是宿舍，无法解决这些拔贡生的居住问题。国子监对面只有几步远的方家胡同内有旧官房 142 间，恳请调拨给国子监作为监生居住和学习场所，这个请求得到了雍正皇帝的批准。[1] 这些官房划拨给国子监以后被统称为“南学”。国子监将学生分成六堂学习，又将每堂分成内、外两班，内班住校，外班

[1] 《钦定国子监志》卷二十七。

走读；内班 25 人，外班 20 人。其中只有内班生住宿“南学”，并享有相应的生活津贴待遇。嘉庆二年（1797 年），令八旗及大兴、宛平二县贡、监生一律在家修业，不许补内班，也不许考南学。这样，凡是家住北京的监生就全是走读生了。

清代立国伊始，很重视国子监的教学，尤其是乾隆朝祭酒孙嘉淦在当朝皇帝的支持下大胆运用“胡瑗教学法”实施“分斋教学”，一时带来“师徒济济，皆奋自镞砺，研求实学”的新气象。国子监六堂是监生们学习的场所，平日里“书声喧两庑，无复辩朗朗”。晚上还要上晚自习，“传柝三更静，挑灯六馆明”，是对太学生们埋头苦读的真实描绘。

当我们徜徉在“六堂”之前，细细观察，这六十多间房屋建筑的设计非常和谐地体现着与自然相通的思想。在国子监和孔庙的主体建筑的院落中，周边的建筑都是用檐廊相绕的，檐廊的内边靠着六堂建筑本身，外边开敞向着庭院，它实际上就是室内建筑空间和室外自然空间之间的一个过渡，起着挡雨遮阳但又与自然相通的功能，且增加了人的活动空间，与自然保持着和谐的统一。这种由室内空间向室外空间和谐过渡的建筑形式并非某个人脑洞大开想出来的，而是有着深远的渊源。

《论语·子张》曰：

“譬之宫墙，赐之墙也及肩，窥见室家之好。夫子之墙数仞，不得其门而入，不见宗庙之美，百官之富。”

这里援引的语录原本是以墙来比喻孔子的贤德与深邃，但同时也说明了那个时候已经有了墙的存在。住宅外边之所以有围墙环绕，是因为隐私需要保护，财富需要守护，这一围，就是几千年。当围墙里边住宅的房屋需要扩大的时候，便将院子周边的围墙靠墙改建为“庑房”，于是便由庑房逐渐围出来一座“四合院”。四合院的建筑布局就是这样由庑房和厢房“围”出来的，这样做的好处是既减少工程量又少占土地。需要扩展的时候，就再将四合院的平面重复延伸一遍，变成了又一个进院。到了汉代，这种布局已经发展得十分完善了。

由于历史上长期动荡不安的局势，在四合院房屋建筑过程中，防卫的意义是丝毫马虎不得的。庑廊或者是厢房的外墙被看作一种防卫的需要，门窗是不可以随意在外墙上开启的，只能向内开启，于是担任采光和通风任务的庭院就成为必不可少的要件。为加强室内与来自庭院空气、阳光的自然联系的同时，还要避免风雨对建筑和人的侵袭，尽可能地空透的过渡型建筑——檐廊也就顺势而生了。一直沿用至今。无论是孔庙还是太学，这种四合院的建筑格局与庭院内相应的自然协调关系，都显示出实用、和谐、规整、景致净化、自成一体的特质，这是中国建筑史上的一种艺术杰作，而国子监的“六堂”就是这种杰作的大规模显示。雍正四年（1726 年）丙午科的贡生王云廷，写了十首诗歌赞颂国子监的环境，这就是著名的《太学十咏》，即周宣石鼓、元代老槐、柏庭翠荫、石井甘泉、两序书

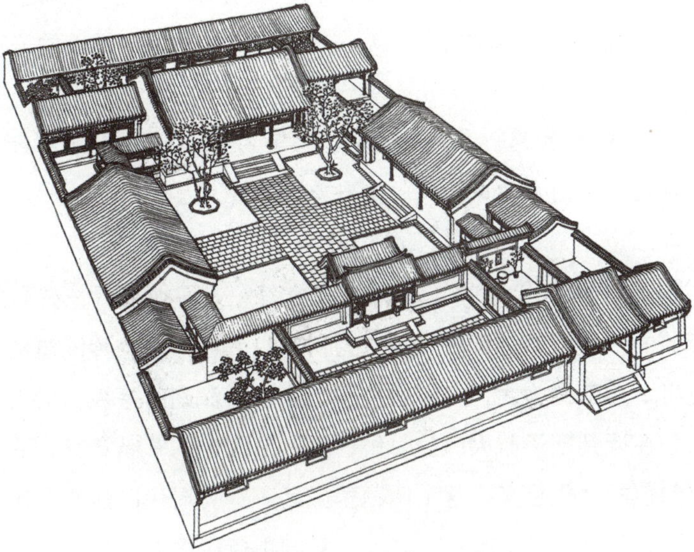

▲ 四合院模型图示

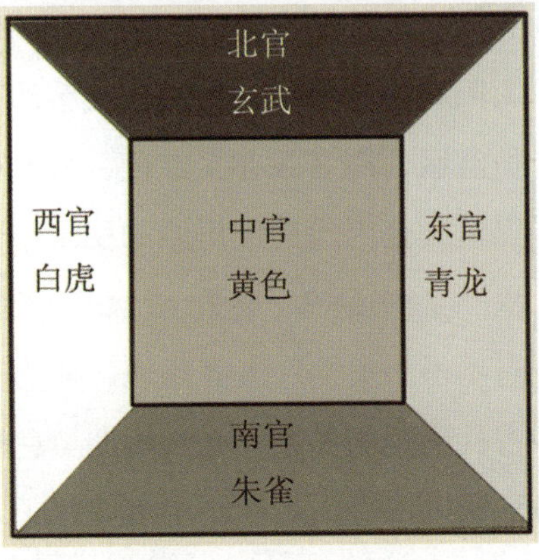

▲ 星象五官配色示意图

声、六堂灯火、长廊步雨、射圃归鸦、辇道月明、桥门雪霁。其中有三首诗描述东西六堂的，可见这长廊建筑特质所给予人的美感。

“郁郁复葱葱，参天黛色同。染袍分柳翠，照案映藜红。画静常疑雨，庭闲自啸风。斜阳衔殿角，金碧耸层空。”

从作于清末年间的《清国子监全图》上仔细观看，就会发现国子监的六堂梁架都饰以黑色。为何饰以黑色？这个传统建筑上的用色可不是随意为之，如何着色则有着极其深刻的等级和文化象征意义。在谈到国子监大门的时候，揭示了颜色的等级意义，下面再说说颜色的文化意义。这个话题稍微远一些。周代以前的商朝定都“殷”就与红色象征有关。“殷”意红黑色，血流出时间长久，就变成了黑色。商朝盘庚之所以迁都河南安阳的“殷”，就是认为“殷”具有生命力，这种意念对以后的文化影响很深。周代则崇拜炎帝和祝融，把他们当作太阳和火神崇拜，信奉“火”的拜物教。每年逢夏举行迎夏仪式皆披红服，周宫殿亦主红色，故崇尚红色，此种习俗一直沿袭到汉。黑色则是周代诸侯房屋的柱子用色，仅次于皇宫的红色，位列第二等。《尚书通考·卷九》记载：“诸侯之黝垩（注：涂饰）斫砻，大夫有不得为矣。”大意是说，作为诸侯的王室建筑要涂饰黑色。由于古代崇拜的关系，先秦时期黑色贵为第二，青色为三等，黄色此时列为第四等，只有士的房屋柱子才是黄色。秦时为水德，故取黑为第一等色，取代红色，以致兵服、旗帜一律黑色。

汉以后颜色的位列是黄、红、黑；五行学说流行以后，星象五官中官配以黄色，自此黄色象征统领四方的中心。“唐高祖武德初（公元618年以后），用隋制，天子常服黄袍，遂禁士庶不得服，而服黄有禁自此始。”[1]从此以后，黄色就成了皇帝的专属色并成为制度。在国子监里，处处贯穿着周礼的文化影响，除了皇帝的专属黄色不能改变以外，所有建筑的着色沿袭周礼古制就是题中应有之义了。

六堂以及和集贤、太学门着为黑色，另外还有一层含义，那就是对防火的考虑。这也与古代的崇拜有关。传说夏的祖先契的六世孙叫作“玄冥”，他当水官时不幸以身殉职，因而被祀为水神。“玄冥”有黑色的意思，故而黑色对应主水。不管是大门、二门，还是东、西六堂，都是一色的木构架，六堂中书橱里放置的大量书籍，晚间读书用的火烛，都是易燃物，稍不小心就可以带来灭顶之灾。在生产力相当落后的那个年代里，借助神的力量来防止火灾，是一件很自然的事情。我们讲这些，无非是说明传统建筑本身富含着文化的深层意义，不认真地分析和观察，是得不到正确结论的。

在东、西六堂的北端各有一座形制相同的单体建筑，均为单檐歇山顶，面阔三间，在平面上呈现“凹”字形，明间凹进，形成两侧稍间拱卫明间之势。东边的是“绳愆厅”，西边的是“博士厅”，它们是职能完全不同的两座办公用房。

“绳愆厅”，顾名思义就是纠正过失的地方。它是国子监负责行政管理的重要部门，由“监丞”负责。国子监博士以下所有的教

[1] 宋代《野客丛书·卷八》四库本。

▲ 绳愆厅外景

▲ 绳愆厅复原后的内景

▲ 博士厅外景

▲ 博士厅内景

职员工和学生，凡是违反规章制度的，都归绳愆厅处罚。监丞为六品官员，他执行监规，负责考勤，惩罚或体罚师生，权力很大。据《皇明太学志》记载，明代国子监的绳愆厅内除公案、公椅之外，竹板、篾板、黑红板一应俱全，还特备行扑红凳二条，是专为违规师生趴在上边挨打用的。当年监生中流传一句话："监丞一声吼，板落知多少。"

博士厅是在国子监担任博士职官的办公处所。中国古代的"博士"不同于现代的博士学位，它是一种文官的官职。"博士"一职源于战国时期齐、鲁各国，秦统一后设博士官，职责是"议政事，备咨询，掌故籍"。汉代建立太学，正式设定教授经义学说的是"五经博士"，确立了博士的教职名称。从元代建成国子监的时候，就设置了正七品的"博士"一职，共有两人。从清代顺治元年（1644年）开始，将博士官职设为正八品，乾隆元年（1736年）升格为从七品，博士教职有了民族成分的变化，此官职为满、汉各一人。"博士厅"就是国子监博士办公的地方。主要工作的内容在于每月一、五之日讲授"五经"以及教学管理，是祭酒、司业之下主导教学的官员，每天的日程安排既多且重，既要管教学，又要行管理，责任重大很是辛苦。内景图片中的那张椅子就是博士讲经时坐的，旁立的伞盖实为一种仪仗，又可用于遮阳。

二、三纲五典"彝伦堂"

在辟雍殿的北面，就是国子监单体建筑的祖师爷"彝伦堂"了。

“彝伦堂”名匾高悬在彝伦堂额枋正中，这块横匾是康熙四十四年（1705年）国子监新修竣工之后的亲笔手书。很多读者都听说过“明伦堂”，与这个彝伦堂有什么不同呢？原来，各地但凡有孔庙（庙学）的地方，一般都建有“明伦堂”。“明伦”一词来源于《孟子·滕文公上》：“夏曰校，殷曰序，周曰庠，学则三代共之，皆所以明人伦也。”

明朝的刘东阳在他写的《深泽县重建庙学记》中为明伦堂定义为“庙之制为大成殿……学之制为明伦堂”。意思是说，专于宣传教化场所用途的讲堂就叫作明伦堂。当然，也有一些地方将孔庙的大殿称为“明伦堂”的。而“彝伦”的意思是儒家所宣扬的“三纲五典”的礼制秩序，是儒家政治伦理、行为规范的总称，它是统治者的常法、常道。匾名表达了以圣贤以礼制治理天下的意思。[1]不言而喻，最高的圣贤只能是皇帝。因此，“彝伦堂”是圣贤传道之所，这是与明伦堂的最大不同之处。前边我们已经说过，彝伦堂旧址就是元仁宗年代修建的崇文阁，时隔一百二十多年后，明英宗将它改建为国子监正堂，并仿照其先祖朱元璋创立的南京国子监彝伦堂的设置，为这个讲堂也冠名为“彝伦堂”。彝伦堂是辟雍修建之前的国子监主建筑，是清代国子监“堂期”（逢一、六，唯十六改为十五）向祭酒和司业朝参礼仪的地方；国子监祭酒和司业也在堂内东侧办公。在辟雍没有修建之前，来国子监视学的皇帝就在这

[1] 《周易衍义》卷八：而为三纲秩然，而为五典叙焉，而为彝伦率焉，而为大戛，此皆圣贤之所以常也。

里的中门位置设御座讲学。辟雍建成后，彝伦堂内由于建有暖阁，所以仍然是皇帝来国子监视学时小憩和更衣的便所。平时，彝伦堂门前的露台是国子监监生们上大课的地方。简单说来，彝伦堂曾经发挥过四种作用：朝参、办公、临雍、会讲。“临雍”的情况前边已经简单地介绍了，这里再给大家简单介绍一下国子监“朝参”的基本程序。

国子监既然是发布教育政令和管理教育的衙署，那就必然有一套相应等级的官本位程序，这就是国子监规定的“堂期”。堂期是祭酒、司业这些被称为“堂上官”的升监日子，为每旬一、六日，唯有十六日改用十五日，以拜孔子庙。升监的那一天，祭酒、司业穿戴吉服，清晨就到国子监来，由礼生迎候引入两厢（即东、西厢）小憩。东厢为祭酒，西厢为司业。然后由祭酒带领全体教官和全体贡监生到孔子庙举行释菜礼仪，礼毕之后再回到国子监东、西厢。礼生前来跪禀：“请大人升监。”各引领出厢到达彝伦堂后抱厦小憩；此时，中院鼓声三鸣，祭酒司业都从后堂出来，到彝伦堂正中皇帝的御座香案前，东西站定，拱手相揖，然后坐到自己的座位上（不得坐在中间，中间的位置设有皇帝讲学用过的御座香案，那是皇帝的专座）。

坐定后，由监内小吏呈上“公座簿”（其中包括：实历簿、班簿、点名簿、监规簿）由祭酒浏览画签。

接着就是负责后勤管理的守庙、巡风、巡仓库官、堂长、号长及诸皂隶手中捧着“结状”（值班记录）直接向祭酒、司业报告值班情况。

▲ 彝伦堂大匾

▲ 彝伦堂前的露台

典簿、典籍、掌馔入内向祭酒司业揖礼；典籍呈来各衙门送来的公文。

这些公务完成之后，两厢的专职小吏拿着“整齐”“严肃”令牌跪禀：“升监”。随令各堂堂长及诸生按照一定的排序立于露台之下（其实监生们早都站好等着呢，发布号令无非是虚张一下声势）。

博士、助教、学正、学录等厅堂官进入彝伦堂向堂上官揖礼，而后分东西相对排列站立，相互对揖。

堂外，封了爵位的习礼公、侯、伯站立于前，未袭封者站立于后，与诸生同揖礼。

然后，肄业诸生按班划分，集体相互揖礼，再朝北面站立揖礼。

绳愆厅的巡视礼生二人向祭酒司业禀报：“六堂诸生各在班讲习，整齐严肃。”

堂内礼生向堂上官跪禀：“今日当行……”（今天该做什么什么事了）

如遇放假之日，礼生跪禀：“今日公假。”诸生跪揖，穿堂如常仪，不回各班即鸣钟而散。

各属官向祭酒司业致敬而退；各堂堂长依次领各班生进入彝伦堂内“穿堂”。这个过程实际是绳愆厅用来检查、清点监生出勤情况的。

堂中礼生跪禀：堂仪毕。

祭酒、司业下座，又到中间位置的皇帝香案前相互对揖，礼生引至后堂，再次相互对揖，各回各厢。

朝参至此鸣钟而散。

监生每月六次的朝参，遇到下雨、下雪、路途泥泞的时候就免去了这一套仪式。

前边说的是堂期的朝参仪式，下面再讲讲彝伦堂前的“会讲”，也就是我们现在所说的“上大课”。

国子监里的会讲分初一（朔日）、十五（望日），上旬之后再进行一次。朔、望日，祭酒、司业（主要是司业）讲《四书》和《性理通鉴》；博士讲《五经》，除了上述会讲内容安排之外，还有上旬的助教讲义，下旬的六堂官学正、学录轮流讲书，每次二人定讲题，撰写讲章，并且送西厢的满、汉司业审定。

到了会讲那一天，设讲座于露台台阶之上。届时，监丞、博士、助教、学正、学录按规定座次于彝伦堂外落座。鼓声三鸣后，引礼生引导讲官登座。礼生取案上准备好的讲章折子，送到讲官手里。诸生一起揖礼，听讲。讲完之后，由礼生引导回到讲官的座位上，再引导另一位讲官登座讲经。讲完之后，堂中礼生跪禀：会讲完毕。肄业诸生跪揖，感谢讲官的教授。监丞、博士、助教、学正、学录行礼而退。

会讲的时候，绳愆厅进行点名，凡不到者，向两厢告发，押拨（即推迟毕业若干时间）一次。

会讲时如果讲的是由皇帝名义编撰的御制诸书，那就要受些罪了，讲官要站立着讲，各位官员要站立着听讲，诸位监生可要跪

▲ 雍正讲学

着听课。

其他的讲授内容则坐讲，诸官员坐听，诸生立听。

诸生听讲后习读讲章，有不清楚或不明白的地方，马上向本堂助教等官请教问询（各堂官会讲的内容），或者向祭酒司业问询（祭酒、司业会讲的内容）。要求教官不能怕麻烦，监生不能留存疑问。

对于以前所讲过的内容，肄业诸生应该反复背诵。十日下来应该全部背诵下来，每个月教学程序如此循环三次。历史上著名的孔尚任曾被康熙皇帝破格授予国子监博士一职，他曾经写过一篇《出山异数记》的文章，就记述了他担任国子监博士时会讲的场面，有时间不妨拿来一读。

彝伦堂在修建辟雍之前还是皇帝讲学宣谕的地方。雍正二年（1724 年），雍正皇帝亲临国子监视学，“雍正讲学”图，为雍正在彝伦堂讲学时的场面。

彝伦堂里边的东南曾经有一个“暖阁”，暖阁的门面向西开。那是为皇帝来讲学时休息和换衣服的场所，现已不存，这张照片就是当时这个暖阁的情形。

古老的“彝伦堂”经过 2007 年的复原工程后，现在已经成为国子监博物馆开展普及国学知识、进行学术交流的“国学大讲堂”专题场所。“汉语桥”“中国历史文化名街高峰论坛”“两岸汉字艺术节”“中国文化之旅论坛”等国内外一系列重要的国学交流活动也在这里频繁展开。

三、古槐辛未复重荣

彝伦堂西讲堂之南有一株古槐，枝干老态龙钟，树冠却枝繁叶茂，郁郁葱葱。树身被一方形矮墙护围，矮墙的顶部与众不同地加上了一圈黄色琉璃瓦，以示其地位的不同寻常。我们都知道，黄色琉璃瓦在唐武德年以后的封建社会里，一直被规制于帝用宫殿之专用，为什么这棵槐树的围墙却享有加贴黄色琉璃瓦的待遇呢？有关这棵古槐的故事，确实是一个令人很感兴趣的内容。

乾隆十六年（1751 年），适逢他的母亲慈宁皇太后（孝圣宪皇后钮祜禄氏）六十寿辰，就在这一年，国子监里的这棵古老槐树久枯而复荣，不仅异乎寻常地枝繁叶茂，还生长出一只新发的枝干。这一反常的景象，引起当时国子监师生极大的兴趣，议论纷纷，吟诗作赋，引为祥瑞之事。

据当朝的兵部侍郎兼国子监祭酒观保从《帝京景物略》中考证，这棵古老的槐树是元代的著名学者、国子祭酒许衡亲手所植。[1] 由于“年湮代远，节断心空”，太后六旬万寿时（注：一说七十大寿，经考当为误记）却“阅岁五百，枯而复荣”。说来也是有意思，当

[1] 据《日下旧闻考》：“虞文靖谓许文正殁后国子监始立（注：至元二十四年设国子监），官府刻印章。盖文正为祭酒时尚在旧学所，谓王宣府宅也，今国学彝伦堂前树传为文正所值，殆未必然。”这就是说，许衡在至元十八年去世之前，并未在国子监这个地方从事教育活动，手栽此树的传说有些牵强。

▲ 彝伦堂的暖阁旧照

▲ 彝伦堂古槐

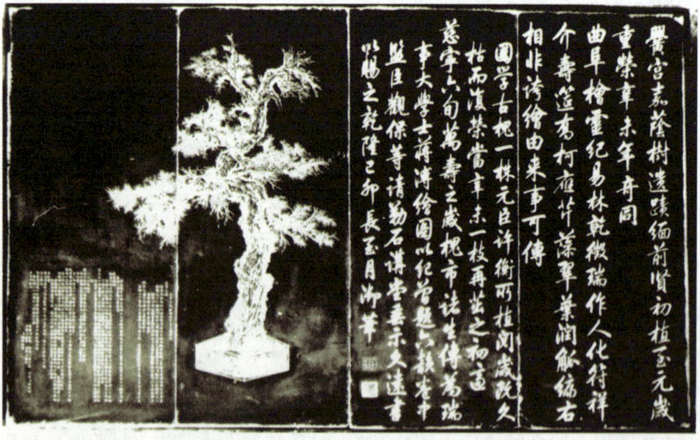

▲ 古槐图碑

时清政府的太常寺在孔庙栽树、工部在国子监栽树，大、小共259棵，那么多的槐、柏、椿、藤都没有反应，唯有传说许衡栽种的这棵古槐届时枯木逢春，萌芽骤出，继而枝叶交舒，涵濡郁葱，却也令人叫绝！事情过去了8年，受乾隆皇帝的遣派，当朝的大学士蒋溥参加孔庙的“丁祭”代为释奠，斋宿在国子监的讲堂。他详细考察了当年古槐复荣的状况，构于心境之中，“察复荣之日月，摩古干于风云”，绘成画卷呈献给皇帝阅览。乾隆皇帝见此欣然，题五言六韵诗一首：

“黉宫嘉荫树，遗迹缅前贤。初植至元岁，重荣辛未年。奇同曲阜桧，灵纪易林乾。徵瑞作人化，符祥介寿筵。乔柯应芹藻，翠叶润觚编。右相非夸绘，由来事可传。”

皇帝题诗于画卷，这可是一件非同小可的事情，于是乎，由当年目睹了事情现场的观保牵头，向皇帝呈奏《请刻石疏》，同时还请吏部左侍郎董邦达将题有乾隆诗句的画卷绘成一幅高五尺，横八尺的巨幅，恳请皇宫御书处挑选最好的石工照此刻碑。乾隆二十四年（1759年）十一月石碑刻成，立石于西讲堂之内。[1]

现在这块石碑保存依然完好，藏置于“十三经”碑林大堂内东侧。

上述内容开始涉及北京国子监的教育和教学活动，这些基本规范的早期形式其实是明太祖朱元璋创办南京国子监（南雍）时的制度设计，也是深入了解北京国子监的前提。

[1] 上述援引均据《钦定国子监志》卷五十四，四库本。

“敬一亭”的名字是什么意思？嘉靖皇帝解释说：“敬者，存其心而不忽；一者，纯乎理而无杂。”意思是说，对孔子的儒家学说不仅要敬奉在心而且要始终牢记，就像玉一样的纯洁，不能存有错乱的杂念。

第六章　鲜克有终徒有“敬一”琉球官学西厢佳话

▲ 国子监绘画中敬一亭和东西厢局部画面

一、敬一箴与敬一亭

进入国子监的第三进院，就到了国子监的管理区域。院内正中的建筑是敬一亭，周边以红墙环绕，形成一个独立院落。院南正中是“敬一门”，门内建有“敬一亭”，是明朝嘉靖七年（1528 年）所建，歇山式屋顶，单翘单昂五踩斗拱，乍一看是一座殿堂式的建筑，实则也是一座御碑亭。

《明实录》中记载了明朝嘉靖皇帝修建敬一亭的心路。嘉靖皇帝（朱厚熜）在明朝诸皇帝中的身份比较特殊。他本来是明武宗的堂弟，封地在湖北安陆（今钟祥市）。武宗死后没有儿子继承皇位，在此情况下，慈寿皇太后与重臣杨廷和等定策，决定由朱厚熜以藩王身份入继大统。于是朱厚熜在太监谷大用等护送下日夜兼程赶往京师，深恐这天降之喜中生变故。朱厚熜登上皇位不久，就大刀阔斧地革弊图新，裁汰特务机关，广行宽恤之政，颇有明君气象。正如他的御史杨爵所形容的：“陛下即位之初，励精图治，尝以《敬一箴》颁示天下矣。”[1]

嘉靖五年（1526年）十月，这位年轻的皇帝亲自书写了《敬一箴》和《注范浚心箴》《注程颐视听言动四箴》诸篇文章，颁赐给大学士费宏等人。这些大学士当然不敢怠慢，赶忙上疏要求将这几篇御制文章刻石立碑于翰林院，“以垂永久存之”。明代的翰林院就在紫禁城玉河北桥之南（该桥现不存），临河西岸，离皇史宬一河之隔。嘉靖七年（1528年）翰林院“敬一亭”竣工，将嘉靖皇帝的“六箴”碑立石于内。同年，嘉靖皇帝又令在北京、南京两京国子监中也建敬一亭，将《敬一箴》《注范浚心箴》《注程颐视听言动四箴》都刻石立碑于内，并要求“天下学校准为定制”[2]。自此顺天府学、全国庙学都纷纷以此为标准，修建敬一亭。这就是今天我们在全国许多地方国学遗址都能见到敬一亭的史由。

“敬一亭”的名字是什么意思呢？嘉靖皇帝解释说：“敬者，存其心而不忽；一者，纯乎理而无杂。”意思是说，对孔子的儒家学说不仅要敬奉在心而且要始终牢记，就像玉一样的纯洁，不能存有错乱的杂念。明世宗嘉靖皇帝以“敬一箴”颁行天下，要求自己和臣民，起初还是很勤政的。但好景不长，嘉靖皇帝很快就把治理国家的一番壮志丢在了一边，开始玩弄权术，炼丹修道，耽于享乐，以致政治日益腐败，荒废朝政，还发生了二十多名宫女反抗暴虐，差点把嘉靖皇帝勒死的事件。毛泽东曾对嘉靖皇帝的生平评点道：

[1] 《御选明臣奏议》卷八。
[2] 《俨山集》卷八十。

▲ 敬一亭

▲ 敬一门

▲ 敬一箴碑帖

“坐了四十几年天下，就是不办事。”明朝重臣秦金、杨爵、海瑞等曾前赴后继，轮番进谏，希望嘉靖振作如初，但都被这个昏庸的皇帝论罪下狱。毛泽东在读《明史·杨爵传》时旁批了四个字：“靡不有初。”这句话源于《诗经》“靡不有初，鲜克有终”，意思是当政者制定的法令，虽然开始多是好的，但不断地变来变去，大多有始无终。所办的事情，往往都是有一个良好的开端，却很少有能够坚持到底、善始善终的。

《明史》在评价嘉靖皇帝时就鲜明地指出：“若其时纷纭多故，将疲于边，贼讧于内，而崇尚道教，享祀弗经，营建繁兴，府藏告匮，百余年富庶治平之业因之渐替矣，然且倚任权奸，果戮直臣以快其志，亦独何哉！”[1]明朝就是从嘉靖开始，走向了下坡路。如此的评价，对这位皇帝“敬一”的初衷真是一种莫大的讽刺，而敬一亭的建筑遗存也见证了明王朝“靡不有初，鲜克有终”历史进程，给后人以警醒。

当我们走近敬一亭的时候，眼光很容易聚焦到院内的敬一亭，而精致独特的“敬一之门”却容易被人忽视。仔细观察“敬一之门”的形制很是特别，与国子监内所有门的形制都不一样。从“敬一门”整体上观察，其中间一门额枋上架有明楼，规制很高，是为单翘双昂七踩斗拱。这样高级别的斗拱设置，只有辟雍、大成殿这样高等级、大体量的宫殿上才有，不注意绝不会想到这个门的规制如此之高，

[1] 《明史》卷十八。

这在国子监里是极为独特的。敬一门的大小额枋之间装嵌着照壁版，上边镌刻着“敬一之门”四个大字，何人书写，已是无从可考了。中门的左右是照壁，照壁中央为砖材圆雕团龙的“盒子”，四角饰以砖雕的缠枝莲角花，雕刻手法细腻，许多地方几近透雕，令人惊叹不已。两边照壁之上都架有砖制的悬山檐楼，与正中的敬一门木制高悬明楼，互相照应，浑然一体。这种形如牌楼、神似棂星的坊门实在是一个不多见的建筑艺术杰作，值得仔细地欣赏一番。

二、“琉球学馆”与东、西厢

在敬一亭院围墙外的东、西两旁，是祭酒、司业的办公区域，也就是我们常说的东、西厢。东厢是祭酒的办公区域，四周以墙围挡，前有院门，自成一院。根据《国子监志》记载，东厢院内有中厅三间，上悬康熙三十四年（1695 年）国子监祭酒孙岳颁题的匾额“进德修业”，表达了主人对自己所从事的事业和个人修养的志向。在中厅之后为五间后轩，小院内自成两进院落。现在看到的五间后轩是根据原建筑地下基础的遗存复原的。在后轩与中厅之间原来还有冠名“崇实轩”的东房、冠名“振雅轩”西房各两间，都是祭酒李周望在康熙五十七年（1718 年）重建并为此撰《崇实、振雅二轩记》且勒石命名的。这块刻石至今完好清晰地保存在原十三经碑林的南首，很值得认真地阅读一下，体味那时一个大学者做学问的心态。

在敬一亭院落之西也有一个和东厢建筑布局基本相同的院落，

▲ 东厢后轩五间复原照

▲ 学馆讲经图

称为西厢，是司业的办公居所，司业作为祭酒的副职在此办公。这里值得一提的是，这个院落还是用于琉球官生来国子监学习的专用场所“琉球学馆”，每当琉球国的学生来中国留学，司业便与祭酒合署办公，这个西厢便成了琉球学生的专用学馆——中外闻名的“琉球学馆”了。

古代琉球国即是现在的冲绳。琉球国本来是一个独立的古王国，后被日本强占。古琉球国从元代开始就与中央政府有联系了。远在隋炀帝大业年间，每到春秋天清风静的时候，站在泉州海边向东望去，可以隐隐约约地看到有一海岛且有烟雾之气，于是大家就议论猜测，估计这个岛屿可能远在数千里之外。大业三年（607 年）隋炀帝命令羽骑尉朱宽和何蛮一同渡海访求这个异国风情。他们两个到了琉球国以后，由于言语不通，听不懂人家说的话。为了了解这个岛国，他们干了一件相当生猛的事情，那就是把琉球国里的一个人连同他的衣服和铠甲都给抢回来，以便研究。这以后隋炀帝又派遣武贲郎将陈棱和大夫张镇洲率兵从义安渡海去征服琉球。别看陈棱是个武将，却也有些办法。他在征集所需要的兵员时，大都用了南方人，其中有哥俩熟悉琉球语言，自然是得到了重用。于是陈棱来个先礼后兵，先是派人前去安抚，安定人心，但琉球人不听那一套，抗拒不从。陈棱于是武力解决，一直打进琉球的国都，俘虏了几千人。从那时以后，一直到唐、宋都再没有与琉球来往。从元世祖至元二十八年（1291 年）开始，到元成宗元贞三年（1297 年），都曾派遣专使以皇帝的名义前去招抚，但都未果。经过多年断断续续的交往，对琉球的情况多少有些了解，也知道了最初的国王叫作欢斯克剌兜，到了元代末期，琉球国则一分为三，有三个国王，这就是中山王、山南王、山北王，都姓尚。

明洪武五年（1372年）正月，明太祖朱元璋再度派遣朝廷的使者杨载前去琉球，要求中山王即国王位并建立新的年号，“行人杨载以即位建元诏告其国”。中山王察度应招，第一次派遣使臣赴明进贡，琉球从此成为中国的藩属。洪武以来，琉球王国的官方文书、外交条约、正史等，都用汉文书写。其国都首里城的宫殿，都不是坐北朝南，而是面向西方，以充分表示归慕中国之意。明朝衰败之后，琉球国仍朝贡不绝。《明史》翔实地记载了中琉交往的情况，赞扬琉球国是对明朝最恭敬的国家，“虔事天朝，为外藩最”。

洪武二十五年（1392年），琉球的中山王向朱元璋皇帝请求，让自己的侄子和陪臣子弟来南京国子监学习，希望能得到批准。对此，朱元璋自然是喜出望外，不但批准他们来国子监学习，而且给予这些外国留学生以优厚的待遇，从开始的赐衣服、鞋袜，建造“王子书屋”专舍，到后来对所有的留学生都赐给衣、巾、靴、袜、夏衣、银锭、丝罗衣服和被褥。为了加强与琉球国的联系，洪武二十五年，鉴于琉球来华使节海上航行困难，朱元璋还将能熟练掌握渡海技术的一部分福建人移居琉球，并赐姓36个，专职操舟往来琉球，成为具有外交属性的“运输专业户”。此后不久，琉球中山王将山南、山北合并，并向明王朝实行朝贡，成为中国的附属国。明朝中央政府则对琉球国王实行册封制度，也就是琉球国王的封号

▲ 琉球人

▲《封舟图》

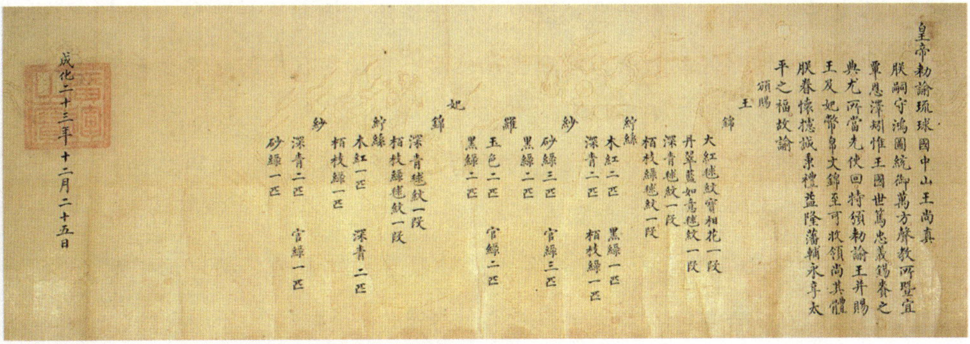

皇帝勅諭琉球國中山王尚真
朕嗣守鴻圖統御萬方聲教所曁宜
覃恩澤矧惟王國世篤忠義錫賚之
典尤所當先使回特頒勅諭王并賜
王及妃幣帛文錦至可收領尚其體
朕眷懷攄誠秉禮益隆藩輔永享太
平之福故諭
頒賜
王
錦
大紅綵紋寶相花一段
丹礬藍如意綵紋一段
深青綵紋一段
栢枝綠綵紋一段
紵絲
木紅二匹　黑綠一匹
深青二匹　栢枝綠一匹
紗
砂綠三匹　官綠三匹
黑綠二匹
羅
玉色二匹　官綠二匹
黑綠二匹
妃
錦
深青綵紋一段
栢枝綠綵紋一段
紵絲
木紅一匹　深青二匹
栢枝綠一匹
紗
深青二匹　官綠一匹
砂綠一匹
成化二十三年十二月二十五日

▲ 明成化二十三年皇帝敕谕琉球国中山王尚真旨

和王位的继承都由明朝的皇帝授予和决定，并派官员到琉球驻守。

由于国子监是唯一可以接纳外国留学生的大学，所以，从明朝洪武初年开始，琉球的山南国和高丽、暹罗、交趾、俄罗斯国，都提出派遣官员子弟来国子监学习。其中派员最多的就是琉球国。根据《钦定国子监志》记载，我们把在北京国子监的琉球学生情况部分摘录如下：

明嘉靖五年（1526年）：蔡廷美等4人入学，6年后归国。

明嘉靖十七年（1538年）：梁炫等4人入学，6年后归国。

明嘉靖二十九年（1550年）：陪臣子弟5人入学。

明王朝到万历八年（1580年）为止，共接受琉球学生16批来华学习。

清康熙二十三年（1684年）：琉球中山王的陪臣子弟4人入学，得旨允行。二十五年（1686年）琉球生梁成楫、郑秉均、阮维新、蔡文溥4人来中国国子监的途中，海上遇险，乘船桅杆断折，船体受伤。他们漂流到太平山修理完船体后，继续前往中国，二十七年方才入京。留学7年后归国。

清雍正二年（1724年）：郑秉哲、郑谦、蔡宏训（当年病逝）入学，其余2人4年后归国。

清乾隆二十五年（1760年）：陪臣子弟郑孝德、梁允治（后病逝年）、蔡世昌、金型（后病逝）入学，3年后归国。

嘉庆十年（1805年）：毛邦俊、向邦正、梁文冀、杨德昌4

人入学，4 年后归国。

嘉庆十六年（1811 年）：陈善继、马执宏、毛世辉、梁元枢入学，4 年后归国。

此后一直到同治年间，依然有琉球学生赴国子监肄业的往来。

这些琉球学生来到中国以后，他们的学习和生活费用都由国子监负责。学习的内容也以传统的经史为主，也可以根据自己的爱好提出学习的要求。国子监则选派文行兼优的监生担任语言教习，指定博士、助教为指导老师。明代国子监琉球学生的学制是 6 年。

清代顺治朝期间，由于刚刚建立政权，天下未定，周边国家也在观望。所以康熙二十三年以前几乎没有接受什么留学生来华留学。康熙二十三年（1684 年）时应琉球中山国王的请求，下旨允行接受琉球的留学生，开始了清朝的琉球学，学制一般为 3 年，学成后礼送回国。这个过程一直延续到同治六年（1867 年），琉球至少向清政府派遣了 8 批共 30 多名留学生，来北京国子监学习。国子监不仅把琉球学生当作留学生，而且视为文化使者。从康熙二十七年（1688 年）开始，将琉球学生待遇提高到和通事（翻译）相同的水平，给予了极为优厚的待遇，远远高于一般监生。我们把这些待遇详列如下：

每日 1 只鸡，肉 2 斤，茶 5 钱，豆腐 1 斤，椒、酱、油、菜具备；乾隆年间，又给每位留学生增加了黄酒 1 瓶、菜 1 斤、盐 1 两、油 2 两。

▲ 图片中心的小院即琉球学馆

▲ 琉球贡使墓碑照

春秋发锦缎袍褂、纺丝绸靴袜，以及凉帽各 1 只。

夏天赐纱袍褂、罗衫裤各 1 条。

冬季赐给缎面细羊皮袍、棉袄棉裤各 1 条，貂皮帽、鹿皮鞋、绒袜、被褥、席枕俱全。

文房用品每月给银一两五钱，人人有份。这个规定一直延续到雍正年间。

归国时送给琉球生每人大彩缎各 1 匹、裹绸各 1 匹、毛青布各 4 匹；随从每人毛蓝布各 4 匹，由礼部设宴欢送，并给予途中驻驿站的便利。

对不能按时归国的留学生，其回国之前一切银、米、衣物照样领取。

琉球学生在国子监学习期间不幸病逝的，清政府给予特别优抚，每人赐银 300 两（这可是巨资，绝不同于现在的三百元钱），其中 200 两由贡使代送给其家人作为赡养费用，另 100 两用于安葬修墓。据国子监志记载，这些病逝的琉球留学生都葬于北京通州原张家湾“利禅庵”公用墓地中。这样的政府支持，使得在中国的琉球生可以安心地学习，成就了不少的汉学人才。

有明一代，京师之地先后南、北两京，京师国子监同此迁移。纵观这段五百几十年的历史，不论南雍、北监，都没有离开南京国子监创建时的基本定制，不论明、清两代，两监都是朝廷培养官僚的养成基地。

第七章　南北监立监规、南雍创先

▲ 朱元璋像

明代初以南京国子监为核心的国学体系建设，寄托了朱元璋对明代政权建设的诸多理想。他把创建国子监和朝廷新型官僚的养成规制紧密地联系到了一起，以制度的形式规定了“科举必由学校，而学校起家可不由科举。学校有二，曰国学，曰府、州、县学。府、州、县学诸生入国学者乃可得官，不入者不能得也”。[1] 有明一代，京师之地先后南、北两京，京师国子监同此迁移。七十多年后的南京国子监祭酒撰文概述了南北国子监并列共存的历史进程：

“太祖高皇帝龙飞之初，以应天府庠为国学，与中都国子相列。洪武十五年始相地于都城之北为国子监，以聚天下之英才，而二学遂革。永乐初太宗文皇帝驻跸金台，肇建两京，南北列为二监，而太学遂有定制矣。然二监虽并列而治，法本原实始于南。”[2] 纵观这段五百几十年的历史，

[1] 《明史》卷六十九・志第四十五。

[2] 《南雍志・卷一・南雍旧志序・景泰七年南京国子监祭酒安成吴杰序》。

不论南雍、北监，都没有离开南京国子监创建时的基本定制，不论明、清两代，两监都是朝廷培养官僚的养成基地。

一、物质精神同并举

南京国子监建立之后，朱元璋按照丰富阅历而练达世事的标准训练培育那些从全国府、州、县学招收的高才生们，满怀信心地期望在学校、科目、荐举、铨选四种选官方式中，南京国子监能建成为明朝新官僚养成的正途，以备朝廷日后选拔重用。为了实现“养其德器至于老成”[1]这个目标，朱元璋以巨大的精力，对诸如师资选配、生源选择、教育内容实行严格把关，诸如严苛的监规、优厚的朝廷供养、职前的考核历练、毕业安排、对朝廷的忠诚度等方面，同样予以异乎寻常的关注，投入的人力、财力、物力是所未有的。

创建南京国子监的洪武十五年（1382年），朱元璋先是任用容貌魁伟的吴颙担任祭酒一职，对他寄以莫大的希望：“卿宜崇重道义，正身率下，俾诸生有所模范。若徒以文辞为务，记诵为能，则非所以教矣。”但吴祭酒对校内武臣子弟冒犯学官“宽纵不能绳检，故免之”。[2]后又任命老成的文渊阁大学士宋讷为国子监祭酒，并特别嘱托他说：

[1] 《南雍志·事纪一》。

[2] 《大明太祖高皇帝实录》卷之一百五十一。

“太学天下贤关，礼义所由出，人才所由兴。自建学以来，历选师儒以居是职，至今未臻其效，岂士习之难变欤？抑师道之不立欤？此朕所以夙夜究心，慎择老成以任之，惟卿宿学，耆德可以任此。故特命为祭酒，尚体朕立教之意，使诸生有成，士习丕变，国家其有赖焉，卿其勉之。”[1]

为了实现朱元璋的意愿，朝廷对国子监的教育官员给予优厚的供养保障制度。明初国子监的教育官员待遇相当优厚，洪武四年（1371年），“命中书省户部定文武官禄：祭酒二百七十石，司业一百八十石，博士八十石，典簿七十石，助教六十五石，学正六十石，学录五十石”。[2] 洪武十五年，对府、州、县三级学校的供养总量“诏定为三等，府学一千石，州学八百石，县学六百石，应天府学一千六百石，各设吏一人以司出纳，师生月给廪膳米一石”。[3] 洪武二十五年（1392年），对朝廷的职官体系和相应的俸禄重新评定，涉及国子监官员的待遇做了如下调整：

从四品的祭酒禄月米二十一石；正六品的司业禄月米一十石；正八品的监丞禄月米六石五斗；从八品的国子监博士、助教、典簿，禄月米六石；正九品的国子监学正禄月米五石五斗；从九品的国子监学录、典籍，禄月米五石；未入流的国子监掌馔俱不给禄。虽然

[1] 《大明太祖高皇帝实录》卷之一百五十一。
[2] 《南雍志·事纪一》。
[3] 《钦定续文献通考》卷六。

禄月米的标准下降了一些，但也是足够丰厚的，以祭酒为例：洪武四年（1371年）祭酒的官禄（以年计）为270石，平均月禄米为22.5石，即使下降到21石，换算成现代度量衡计算，平均每月也至少有3223.5斤的禄米（按精米计）可得[1]。国子监监生享受的待遇也不含糊：

“洪武初定，官吏师生会馔三月至十月终日食三飧，每人日支米一升。十一月至次年二月终日食二飧，每人日支米八合五勺。若监生有家小者，三月至十月终减支每人日支米六合九勺，十一月至二月终不减，支其监生家小月支食米六斗。若云南、贵州所属并四川土官生许带家人一名同食廪米。其会馔物料每人日支：青菜三两，腌菜则一两五钱，豆腐黄豆一合磨，造盐三钱，酱二钱，花椒五分，香油三分，醋每四十人共一缾，面三日一飧，每人八两，造馒头、猪肉四两作馅，酵醩三钱，豆粉一两，干粉索为汤，干鱼三日一次，每人二两柴，每人日支二斤。十八年（1385年），师生廪膳，该司年终通考，原收岁支数目僚属不得干预。”[2]

除这些日常供应之外，朱元璋又先后九次增加监生的生活资料供应：

[1] 根据《中国历代粮食亩产研究》给出的实测数字，明代一升精米重1.5斤多，可推算出一石米约重153.5斤。

[2] 《明会典》卷一百七十三。

“洪武二年给监生冬、夏衣。十三年（1380年）奏准监生读书灯油按月申部关用。十四年（1381年）给监生钞，每人二锭制秋衣，又令拨菜地量亩供菜给监生用。十五年（1382年）令监生病故者有司给棺具归其丧。十六年（1383年），给监生读书灯油，每月人一斤。十八年（1385年）令监生患病，官给医药。久病不痊者遣行人送还其家，俟愈入监。经过所司供药物，死亡者给棺敛之，仍归其丧。二十一年（1388年）令工部于监前别造房百余间。具灶、釜、床榻，以处监生。疾病者拨膳夫二十名给役。二十二年（1389年）给监生北平、山西、陕西、山东、广东、广西、四川、福建人在监年深者各钞五锭，年浅者各二锭制冬衣，又给云南选贡生员钞锭、衣被、靴韈，拨房居住。二十三年（1390年）给监生直隶人各钞四锭制冬衣，各布政司者给以衣被，又给云南、贵州、四川土官生钞锭、衣被、靴韈。又令本监辟射圃，给监生弓矢。”[1]

为了把这些供应做到实处，又令兵部将在国子监做饭、洒扫、种菜的皂吏由35名增加到120名。“人君育材当有其实，惟能有以作養之，则未有不成材者也。”[2]朱元璋如是说。

洪武三年（1370年）“令士人戴四方平定巾，二十三年（1390年）定儒士生员衣。自领至裳去地一寸，袖长过手复回不及肘三寸。二十四年（1391年）以士子巾服无异吏胥宜甄别之，命工部制式以进太祖亲视，凡三易乃定，生员襕衫用玉色布绢为之，宽袖、皂绿、

[1] 《明会典》卷一百七十三。

[2] 《大明太祖高皇帝实录》卷之一百九十四。

缘、皂绦、软巾、垂带；贡举入监者不变所服”。[1]

明初南京国子监如此优厚的供养，从物质上保证了监生们在国子监的养成训练。其实本质上就是明代吸引人才的官本位制度使然，这种“学而优则仕”制度使得一个青年士子在府、州、县学取得生员资格后，就成了社会特权阶层的一分子，就能享受到优厚待遇，还可享受免其家人二丁差役的优待。升入国子监成为监生后，除了上述朝廷供应的优厚待遇外，最令士子们追捧的则是获得选官资格，而这种资格获得的代价，是在精神上完全接受严酷的“监规”所确定的规范，自身的言行绝不可以脱离“监规”所确定的标准。当初入国子监之前，府、州、县学的“禁例十六条”[2]早已令生员规规矩矩；考入国子监之后，更必须遵从朱元璋亲自为南京国子监订立的监规，所立各项规定之细、之严史无前例。

朱元璋先后五次制定的“五十五条”监规[3]是明代各朝视为“祖制”的重要组成部分。监生们是绝不可以违犯的，否则，充满血腥之气的各式刑罚将大祸临头。从痛决、充军、罚充吏役、枷镣终身、割足筋、饿死、自缢死、枭首示众、凌迟，无不使人胆战心惊。只有经过如此长期的奴役化训练，从精神上把监生改造成朱元璋所设想的后备官员才有可能，这是国子监办学的最高政治目标。一言以蔽之，严酷的监规是保证完成这一最高政治任务的

[1] 《明史》卷六十七·志第四十三·舆服（三）。

[2] 《明会典》卷七十六。

[3] 注：洪武十五年制定、修订各一次；十六年、二十年、三十年各一次制定。

制度保证。

南京国子监实施如此严酷的管理，导致了监内外一些官员的不满和反对。《明实录》中记载的吏部尚书余熂被朱元璋斩杀事件就是因为这种缘由："时国子监祭酒宋讷以严厉为众所嫉，助教金文征与熂同乡里谋逐之，以讷年老，移文令致仕。讷陛辞，上惊问故，讷陈非本意，乃鞫所由熂吐实，上怒熂专擅威柄，并文征等诛之。"[1]

这里是说，由于国子监祭酒宋讷治学严厉，遭到一些官员的嫉恨，于是国子监的助教与朝廷同乡吏部尚书余熂合谋将宋讷赶出南京国子监。以他年老为借口，发公文令宋退休。于是宋讷到朱元璋面前请辞，朱元璋很惊诧问其原因，宋将缘由实话实说。这下可惹怒了朱元璋，令严审事件的来龙去脉，余熂只好和盘托出。朱皇帝怒他倚仗权力胡作非为，将他连同国子监的助教苏文征一并砍了头。

朱元璋在取得政权之后，精心地进行国家管理制度的建设，正是这些制度要件，方使明代国祚运行长达二百七十七年之久。伴随着制度建设的同时朱元璋也在进行残忍的杀戮。上述的吏部尚书余熂企图滥权而被杀的事件只是小事一桩，令人惊骇的则是朱元璋朝所发生的四大案，即"胡惟庸宰相谋叛案""蓝玉侍功骄纵与谋反同论案""郭恒案""空印案"。每案连引数万人，坐死者极众。朱元璋如此崇信和大规模地使用暴力，一直为后人所诟病。朱元璋

[1] 《明太祖实录》卷之一百七十二。

解释这样做是要“苟有礼法以一之”。明朝天下“属兹草创，苟非礼法，人无所守，故必当以此洗涤渐染之习。然制礼立法非难，遵礼守法为难”。“方今所当急者，此为先务，不可后也”。[1] 其实，出身草根阶层的朱元璋内心深处，一直心存对士绅阶层本能的不信任感，所以无论是从个人感情还是当时的政治需要，他一定要拿宰相胡惟庸之流开刀，以此去摧毁明官僚队伍中的政敌。明朝初时，由勋旧贵戚组成的既得利益集团认为，新建的大明天下有自己的一份功勋，朱元璋就应该接受或采纳自己的政治主张，实行“君臣共治”。为此，这些人明争暗斗，互相倾轧，以攫取政治权力，形成了对朱元璋地位的安全隐患。这个阶段，朱元璋既不需要韩信，又不需要萧何。他将这些来自朝廷内部的政敌视为最大的威胁，以严厉手段来对付这些昔日的名臣宿将，如今的列侯裨将、部院大臣。从政治意义上讲，明代这种治权的质变就是从明初皇帝与官僚共治开始，转变为皇帝独裁、官僚成为依附皇帝的奴才的进程。这种政治变化必然会影响到皇族子弟中来。于是，国子监内部一部分监生凭借权贵老子的显赫勋位也在寻衅滋事，挑衅监规，不服管理。洪武中，上以公侯[2] 子弟在太学者多骄慢，不习训诏，曹国公李文忠提督国子监。又，二十九年（1396 年）署国子监。[3] 用酷吏、威权实施严格的管理只具有临时的效果。为

[1] 《明太祖实录》卷十四。
[2] 明朝公侯享一品官阶。
[3] 《弇山堂别集》卷九。

使创建的国子监在明廷争权夺利的复杂环境中不脱离朱元璋养成新一代官僚的政治目标，必须从制度设计和实施上予以保证。国子监之所以订立全面和严苛的监规并严酷地予以执行，这是合乎逻辑的结果。

二、遣监生、督吏民

明初的国子监是国家的最高学府，但却不是士子们皓首穷经研究学问的书斋静所，它的成立有既定的明确目标，那就是造就培养新一代官僚人才。洪武二年（1369年）四月己巳，命博士孔克仁等授诸子经，功臣子弟亦令入学。太祖谕之：

“人有积金，必求良冶而范之；有美玉，必求良工而琢之。至于子弟，有美质，不求明师教之，岂爱子弟不如金玉耶？盖师所以模范学者，使之成器，因其才力，各俾造就。朕诸子将有天下国家之责，功臣子弟将有职任之寄，教之之道，当以正心为本，心正则万事皆理矣。苟导之不以正，为众欲所攻，其害不可胜言。卿等宜辅以实学，毋徒效文士记诵词章而已。”[1]

用“明师”教授经义，使朱家的后代和诸位功臣子弟达到“正

[1] 《明太祖宝训卷之二》。

心”“实学”之目的，这就要求绝不能仅仅停留在经书圣谕的记诵之中。朱元璋把这样的教学要求纳入了政治制度对教育总规则的设计之中，所采取的有效手段就是将这种理念形成有效的教育制度，贯彻到具体的教育实践中去。

影响比较大的是令国子生制作“鱼鳞图册”的规模行动。早些时候，朱元璋命令户部核实天下土地详情，以便具体核定徭役负担。“而两浙富民畏避徭役，往往以田产诡托亲邻佃仆，谓之‘铁脚诡寄’[1]，久之相习成风，乡里欺州县，州县欺府，奸弊百出，谓之‘通天诡寄’，于是富者愈富，而贫者愈贫。”[2]了解到这种情形之后，朱元璋“遣国子生武淳等往各处，随其税粮多寡定为几区，每区设粮长四人，使集里甲[3]耆民躬履田亩，以量度之，图其田之方圆，次其字号悉书，主名及田之丈尺、四至、编类为册，其法甚备，以图所绘状若鱼鳞，然故号‘鱼鳞图册’”。[4]

这段史载表明，朱元璋派遣国子监生分行州县里甲乡村，按昔日税粮多寡划分成区，每区设立四名“粮长”，并请乡村德高望重的老者亲自参加量度土地的活动。每次量完之后，将结果绘图并署上主家的字号、名姓，类似于现代的签字盖章，以便印证。并根据土地的地理位置、四至边界、肥沃程度，是否沙壤、湿地或是山

[1] 指明代浙江富人为逃避徭役而将田产假托在亲邻、佃仆名下的一种手段。

[2] 《明太祖实录》卷一百八十。

[3] 明代州县统治的基层单位，后成为三大徭役名称之一。

[4] 《明太祖实录》卷之一百八十，《明史卷》七十七亦有记载。

脊旱地进行分类并予绘图登记，集汇成图册，内容甚是周详，因装订形如鱼鳞排列状，故称“鱼鳞图册”。这次大规模的量度登记土地活动，由于国子监生参加的原因，使得明廷摸清了全国土地的家底，奠定了土地税赋政策的基础，这对于促进农业经济的发展，稳定民心和增加明朝廷的国库收入，均衡各类土地税赋，具有不可磨灭的现实意义和重大的历史作用。

第二件比较有影响的大事就是将南京国子监生派遣到各地督修水利。洪武二十七年（1394 年）八月，“遣国子监生及人才分诣天下郡县，督吏民修治水利。上谕之曰：

耕稼衣食之源，民生之所资，而时有旱涝，故不可已无备，成周之时，井田之制行，有潴防、沟遂之法，虽遇旱涝，民不为病。秦废井田，沟洫之制尽坏。议者遂因川泽之势引水以溉田，而水利之说兴焉。朕尝令天下修治水利，有司不以时奉行至令民受其患。今遣尔等往各郡县，集吏民乘农隙相度其宜，凡陂、塘、湖、堰可潴蓄，以备旱熯，宣洩以防霖潦者，皆宜因其地势修治之。毋妄兴工役，掊克吾民众。皆顿首受命，给道里费而行。”“是岁开天下郡县塘堰凡四万九百八十七处，河四千一百六十二处，陂渠堤岸五千四十八处，先是遣国子生人才分诣天下郡县，集吏民乘农隙修治水利，至是工成”。[1]

这是朱元璋认真总结自周至秦治水的经验教训而提出来的大

[1] 《明太祖实录》卷二百三十四。

规模兴修水利的目标。派遣国子监生分诣天下郡县，根据不同的地理条件督修讲求实效的水利工程，目标明确，措施给力，硕果累累，朱元璋的心愿得以顺利实现。同时这也是一次锻炼国子监生参与社会管理的教育手段。经过这样社会实践的国子监生加入新官僚队伍里，就其阅历丰富而世事练达的素质来说，是完全可以托付的，这正是朱元璋的心愿和政治目标。

《续通考》载："洪武十六年（1383 年）九月，命给事中和国子生、各卫舍人分行天下，清理军籍。"这是一个全国军队大规模的军籍清理行动。涉及军队现役的、战死的、已经解除了军籍的、战伤的几类兵士和阵亡的军官及后代的切身利益。朱元璋为了安抚军队的情绪，提高曾经和正在服役军士们的生活待遇，决定对已经解除军籍的负伤兵士恢复原有的土地和家产；服现役的兵士原给予三年物质补偿改为职业的雇佣兵士；战死的兵士予以十年时间的物质补偿；已经死去的且解除了军籍的兵士也是给予三年补偿，战死的军官则由他的子弟世袭该军官的物质待遇并将提高一级待遇水平；等等。这次清理军籍的大规模行动比起丈量登记土地、兴修水利的行动要复杂得多，也费力得多。这些在学校读书的监生能到兵署和军队驻地与军官、士兵交涉沟通，完成朝廷的委派，实在是一件很不容易的事情。朱元璋就是通过这些具体的社会实践锻炼国子生的真才实学，让他们在国子监读书的时候就意识到自己的责任担当，切切实实地参加社会经济实践。使用这样的非常手段，使得南京国子监成为名副其实的造就新型官僚的人才基地。这样的教育规则和制度设计符合朱元璋的教育理念，这就是“金石之有声，击之而后鸣；舟航之能运，操之而后动；贤者之有才，用之而后见”。[1]

朱元璋对待教育制度的设计是如此精心，因而对那些脱离社会的教育官员毫不容忍。《明史纪事本末·开国规模》述说，洪武二十五年（1392年）八月间，岚州学正吴从权、山阴教谕张恒因事抵京，朱元璋召对时问起民间疾苦，两人回答道，他们的职责是管理学校，民事不在关心的范围。朱元璋大怒道，宋朝时胡瑗担任苏湖教授，他既教给学生书本上的经义，又教学生如何做事，汉朝时的贾谊也是起自田间，今天你们来到朝堂，我亲自询问民间的消息，你们却什么都答不上来，难道圣贤之道就是你们这样的吗？盛怒之下，削去了这两人的教职，且流放到边远的地方，并榜示天下学校以为鉴戒。后人评说朱元璋这种以能勤民事者为标准的选官用人政策，“天下自然多循吏，而乱后之民得苏息矣”。

史载，洪武十四年（1381年），提拔国子监助教赵新等为布政使。太祖谕之：“今布政司，视古之州牧，其任甚重。所以重者何？重在承流宣化、通达民情者也。”[2]洪武十九年（1386年）四月，吏部奏用国子监十四人皆为六品以下官，太祖谕之曰：

“事君之道，唯尽忠不欺；治民之道，惟至公无蔽”“汝等到任，能不为私欲所蔽、人言所惑，则方寸自明而诸弊可息。一牵于私欲，

[1] 《明实录·大明太祖高皇帝宝训卷之一》。

[2] 《明太祖实录》卷一百三十五。

而惑于人言，则冥然如坐暗室，饥寒者无由获济，冤抑者无由伸理，贤才壅蔽而豪猾纵横，则为废职矣。”[1]

前者朱元璋要求从政一定要通达民情，否则将弊政百出，失去民心；后者强调为官要保持清醒做到“方寸自明”，才能使饥民得以救济、民冤得以申雪，贤才得以通达。告诫这些年轻的官员对自己即将承担的责任和官场的险恶应该有一个比较清醒的认识。他以一个政治家的标准来要求从国子监中培养起来的新官僚，真可谓关心备至，用意良苦。

南京国子监的创立以及教育举措的创新，为南方地区的社会和经济发展培养了大批管理人才。这一点从国子监祭酒人选大部来源于南方就可以得到证明。南京国子监标新立异的教育制度和理念创新，从客观上拉开了南北两监在人才教育上发展的距离，朱元璋觉察到这样的失衡发展可能会带来的问题。于是“初制礼闱取士不分南北。自洪武丁丑[2]考官刘三吾、白信蹈所取宋琮等五十二人皆南士。三月廷试擢陈郊为第一。帝怒所取之偏，命侍读张信等二人覆阅，郊亦与焉。帝犹怒不已，悉诛信蹈及信、郊等戍，三吾于边亲自阅卷，取任伯安等六十一人。六月复廷试以韩克忠为第一，皆北士也”。从这段历史记载看出，朱元璋是很注意解决南北教育制度差距所导致的人才培养失衡问题的，以至于为此斩杀或流放官员。

[1] 《明太祖实录》卷一百七十七。

[2] 此时为洪武三十年。

这个问题不仅在明代，即使到现在也同样具有借鉴意义。把教育制度的设计规则作为对政治制度的必要补充，在这一点上，朱元璋是富于远见卓识的。注重南北人才发展平衡的制度历经成祖、仁宗、宣宗、英宗、代宗数朝，都坚持了下来而没有取消，对明代均衡全国政治、经济、社会发展布局起到了很重要作用。

除了上述的教育举措之外，南京国子监还培养了许多外国监生考取了进士，其中包括来自高丽、交趾、琉球等国的留学生。"洪武辛亥（1371 年），高丽国人入试者三，金涛登三甲第五，其国之延安人也，授山东安丘县丞，归为其国相；景泰五年（1454 年）甲戌进士黎庸，交趾清威人阮勤，多翼人，勤仕至工部左侍郎；天顺四年（1460 年）庚辰，阮文英慈山人，何广扶宁人，成化五年（1469 年）己丑王京，嘉靖二年（1523 年）癸未陈儒，俱交趾人，儒仕至右都御史。"[1] 南京国子监延续了我国历史上外国留学生来华学习的教育开放制度，历经数百年直到清代都没有废除，朱元璋制定的教育制度功不可没，从制度上显示了我国古代的文化自信。

[1] 《弇山堂别集》卷十八。

在经过乾隆皇帝亲自阅读、审批的《钦定国子监志》中，将国子监的兼管国子监事大臣、祭酒、司业、博士、助教、监丞、典籍、典簿、学正、学录、八旗官学助教、算学助教、笔帖式等，都按设官的原则归为“官师”，用我们现在的话来说，就是“当老师的官员”。

第八章　国子监众祭酒朝廷委任、各官师享品级既官亦师

▲ 多罗果郡王允礼画像

明、清以后，国子监是监学合一的官署，决定了国子监必然以官本位为基本原则，其中最明显的是，无论国子监的管理者还是教师、辅导教师、其他行政管理人员，都是有品级的官员，均由朝廷统一任命和调动；平时的管理程序也沿用着官本位的制式规定。在经过乾隆皇帝亲自阅读、审批的《钦定国子监志》中，将国子监的兼管国子监事大臣、祭酒、司业、博士、助教、监丞、典籍、典簿、学正、学录、八旗官学助教、算学助教、笔帖式[1]等，都按设官的原则归为“官师”，用我们现在的话来说，就是“当老师的官员”。除此以外，国子监还为东厢（祭酒）、西厢（司业）、四厅（绳愆厅、博士厅、典籍厅、典簿厅）配置了相当数量的书吏、堂书等文案人员，为六堂配置了皂役、堂皂等一般工勤人员，俨然一个庞大的衙署机关架构。除去上述官员和办事人员以外，在国子监学习的贡生和监生，则被称作“贡监官学生”。

[1] 清代各衙署中掌理翻译满、汉奏章文书而设的低级文官。

清代国子监职官表

名称	职务	品级	人数	职责	办公地点	选用办法	备注
兼管监事大臣	王公、大学士、尚书、侍郎	1—2品	1人	总管国子监重大事务，直接对皇帝负责	中央各部和国子监	由皇帝特命，即从亲王、大学士、尚书等重要贵戚和高级官员中挑选	清雍正三年始设
祭酒	国子监主官	从四品（清初为正三品）	满汉各1人	主管国子监一切事务	国子监后院东厢	由吏部从科甲出身的詹事府、翰林院及国子监司业等人员中开列名单，由皇帝选定	清朝设满汉各1人，并以满人为主
司业	国子监副主官	正六品	满汉各1人	辅佐兼管大臣和祭酒管理	国子监后院西厢，接待琉球学生时与祭酒在东厢共同办公	司业的任用与祭酒大致相同	同上
监丞	督察监管	正七品	满汉各1人	主管学规督察、财务核查等，惩办违规师生	绳愆厅	由吏部在进士、举人中选用，即“铨选”	同上
博士	教学主导官员	从七品	满汉各1人	主管儒家经典教学，包括八旗官学和留学生事宜。缮写御制诗文	博士厅	满博士从满蒙文进士、举人中选任。汉博士由京府教授、外府教授升任。后主要从国子监助教、学正、学录、顺天府学教授中选任	

续表

名称	职务	品级	人数	职责	办公地点	选用办法	备注
助教	班级教官	从七品	6人	管理六堂教学、授业、解惑；负责贡监生相关事务，如考勤、学习进度、请假、销假诸多登记造册	东西六堂	采用考选与升任相结合；乾隆以后由学正、学录升任为主	
学正	教学辅导监督课业	正八品	4人	分管四堂学生学业、纪律生活等	率性、修道、诚心、正义四堂	主要从新考取的进士举人中挑选，但必须经过专门考试，按名次候补	
学录	教学辅导监督课业	正八品	2人	分管两堂学生学业、纪律生活等	崇志、广业二堂	同上	
典簿	主管行政人事等	从八品	满汉各1人	掌管国子监印鉴、奏章、公文、礼器等行政事务	国子监后院东墙外典簿厅	一般依照选官制度，实行量才选拔和从下级提升的办法	有时也与监丞一起在绳愆厅办公
典籍	主管书籍、版刻等	从九品	1人	管理文物、图书、国子监和一部分武英殿的刻版板片等	同上	同上	

一、兼管监事大臣

国子监在明代由皇帝本人直管，在清代初期隶属礼部管理，是礼部领导下的二级行政机构。但到清代顺治中期，国子监管理体制发生了重大变化，顺治十五年（1658 年）将国子监独立出来，不再隶属礼部管理。康熙在 7 岁登基的第二年（1663 年）曾将国子监重新划归礼部管理，但 8 年后又将国子监独立了出来。

清代时，国子监的最高负责人是管理监事大臣。管理监事大臣的设置始于雍正三年（1725 年），皇帝“特命康亲王、果郡王领监事”，从此国子监一直由皇帝特派的大学士、尚书、侍郎等高官兼任国子监管理监事大臣。管理监事大臣总理本监事务，直接对皇帝负责。但管理监事大臣主要负责重要决策和对上奏请、汇报等有关事务，国子监的日常具体事务仍然由祭酒负责。在所有的官员之中，“兼管监事大臣”是清廷为提高国子监的地位而设立的官职，由满、汉大学士，各部尚书、侍郎兼任，相当于现在的部长和副部长来兼任，非同一般。尤其是乾隆元年（1736 年）以后，更强调上述各重臣“兼摄以重其任”[1]。设立管理监事大臣的好处是，减少了决策的中间环节，直接对皇帝负责。虽然国子监的许多事情还是由礼部来处理，但如果礼部的决定不符合国子监实际情况的话，国

[1] 《皇朝通典》卷二十三。

子监的管理监事大臣或祭酒就可以直接奏请皇帝改变礼部的决策。

（1）崇安和多罗果郡王允礼。雍正时期，为了进一步加强对国子监的影响，开始设置管学大臣。第一批担当管学大臣的官员是和硕康亲王崇安和多罗果郡王允礼，这在很大程度上体现了雍正帝对国子监教育的重视。

（2）刘墉（1719—1804 年），出身于山东诸城刘氏名门望族。刘墉的曾祖父刘必显为顺治年间进士，祖父刘棨（qǐ）是康熙朝有名的清官，父亲刘统勋更是一代名臣，官至东阁大学士兼军机大臣。乾隆十六年（1751 年），33 岁的刘墉以恩荫举人身份参加了当年的会试和殿试，并获进士出身，随任翰林院庶吉士。清代科举仕进者尤重翰林出身，因此，刘墉在仕途上开局良好。从乾隆二十一年（1756 年）开始，刘墉被外放做地方官，此后 20 余年的绝大部分时间里，他主要做地方官，由提督安徽学政和提督江苏学政、山西太原府知府、江宁知府，直至巡抚湖南等处地方提督军务，节制各镇，兼理粮饷，驻长沙，兼理军民事务，成为名副其实的封疆大吏。在做地方官期间，刘墉基本上秉承了刘统勋的正直干练、雷厉风行的行事风格。对科场积弊、官场恶习进行了力所能及的整顿。同时，他也不遗余力地贯彻乾隆皇帝的意旨，查禁书，兴文字狱，捉拿会党，积极推行文化高压政策。

乾隆四十七年（1782 年），刘墉奉调入京出任左都御史，命在南书房行走。后做到协办大学士、吏部尚书、上书房总师傅，其间处理了山东巡抚国泰搜刮钱财的棘手案子。之所以棘手，是因为当事人国泰的父亲四川总督文绶曾是刘墉老上级，而且国泰的后台就是乾隆皇帝的红人和珅。国泰案结后，刘墉被命署吏部尚书，兼管国子监事务。不久授工部尚书，仍兼署吏部，并充任上书房总师傅。乾隆四十八年（1783年）六月，命署直隶总督。七月，又调吏部尚书。乾隆五十三年（1788年）夏天，刘墉再次兼理国子监。由于发生了乡试预选考试中诸生行贿堂官的事，被御史祝德麟告发弹劾，结果刘墉受到处分被降职为侍郎。不久，又被授内阁学士，提督顺天学政。乾隆五十六年（1791年）初，任都察院左御史，随后被提拔为礼部尚书，并再次兼管国子监事务。五月，又署吏部尚书。嘉庆二年（1797年）四月，授刘墉为体仁阁大学士。

刘墉是清代的书法家。书法浑厚雄劲，得钟太傅、颜鲁公神髓。在乾隆期，与翁方纲、梁同书、王文治并享书法声誉，为当时“四大家”。乾隆四十八年（1783年），时任工部尚书的刘墉，与礼部尚书德宝、户部左侍郎金简、侍郎德成一道负责设计和建造辟雍大殿，是负责设计和建造辟雍的大臣之一。嘉庆九年（1804年）十二月二十五日，刘墉于北京驴市胡同家中逝世，享年86岁。去世的当天，他还到南书房当值，晚上还开宴会招待客人，“至晚端坐而逝”。[1]

（3）纪昀（1724—1805年），字晓岚，河北献县人。嘉庆十年（1805年）以协办大学士尚书职兼管国子监事务。乾隆曾以土尔扈特回归为题“考”他，命他为《四库全书》总纂官，耗时十

[1] 《啸亭杂录》。

▲ 刘墉画像

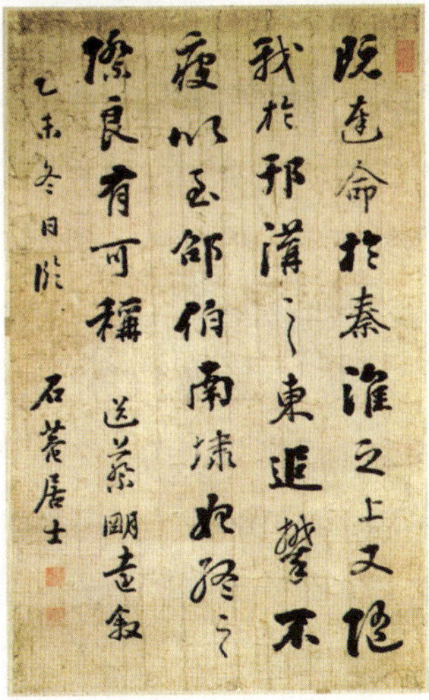

▲ 刘墉书法条幅照

▲ 纪昀画像

年，于乾隆四十六年（1781 年）完成此书。他性格诙谐，学识渊博，堪称“天下第一才子”，名垂青史。死后谥“文达”。著有《阅微草堂笔记》，其后人整理有《文达公遗集》。

虽然兼管监事大臣在管理国子监的事务中位高权重，但最重要的还是常设管理官员——国子监祭酒，有点像我们今天所说的“校长”一职。祭酒是国子监衙署的主官，是一个政府部门正职的官职名称，司业则是祭酒的副职。

二、国子监祭酒与司业

“祭酒”的名称源远流长，古时候，逢有祭祀、典礼、宴会等礼仪活动，由长者首先执爵酹酒祭神和先祖，于是有“祭酒”之说，以后泛指年长或位尊者。战国时，著名学者荀子曾在拥有稷下学士上千人、待遇极高的“稷下学宫”备受尊崇。《史记》中记载荀子三次被推荐为祭酒。虽“三为祭酒”，但这还不是官职，只是一种尊称。汉平帝的时候开始设置“六经祭酒”，排官位为最高贵的上卿。而后又设置“博士祭酒”，为“五经博士”之首。但这些都还是召集人或主持人的意思，不是由皇帝任命的长官。只是到了隋代建立了政府部门“国子监”以后，祭酒才成为国子监的行政主官，成为一个政府部门职官的职名。从此，国子监祭酒的职名和职能一直沿用到清末。

担任国子监祭酒的工作清淡而不轻松，其实是很繁杂的。根据史料记载，祭酒要率领属下的各级教官有效地组织教学活动，而且还要经常稽核贡、监生的学业表现和学习质量；接收考核来国子监学习的学生，并根据其学习程度分拨六堂；每个月的初一和十五要亲自登台讲解《四书》或是性理之学，每个季度检查贡监生的学业质量。此外，赒恤伤亡事件人员；年终对那些学业期满的贡、监生进行甄别，对其中品学兼优的学生或者报送中央政府各部备选，或者挑选参加顺天府的科举考试，对国子监南学中品学兼优的贡、监生提出延期留监深造的奏折呈皇上审批，都是祭酒不可懈怠的工作内容。三年之际，祭酒还有一个工作内容，那就是为应付三年一次的朝廷考评（京察），给各位下属官员写鉴定，评出优劣。如果六堂的助教官职有缺，则需要从六堂中表现优秀的学正、学录中保送给上级，请予升职。

除了上面所说的工作之外，祭酒还有三个工作内容也是不能马虎的：

其一，每月初一、十五讲书之前要带领全体师生员工前去孔庙拜庙叩头行礼，这叫“释菜礼（实际上就是简化的释奠礼）”；

其二，每年十月初一，率领下属各官到午门领取第二年的黄历；

其三，每逢日食、月食，祭酒要到礼部和太常寺去参加“救护”。这个仪式也很繁复，古乐声中，香烟缭绕，随着日食（或月食）初亏、食甚、复圆过程要屡屡上香，三行三跪九叩之礼才算作罢。

如果遇上皇帝临雍讲学、每年开春由皇帝本人亲自参加的孔

▲ 复原的东讲堂场景

子丁祭大典，我们完全可以想象到祭酒和他的下属官员人前马后的忙碌。虽然，祭酒贵为京城中唯一的四品掌印官员，但他们的待遇却不优厚。查清朝旧例，祭酒的俸银（年工资）为 105 两，皇上发的奖金（恩俸）105 两，办公费 36 两，加上禄米 525 斗，实在是不为多。祭酒的工作责任这样繁重，待遇却不高，尤其没有什么“外快”可捞，自然是兴趣不浓的差事了。好在朝廷也知道祭酒们的心思，所以除了特殊的人选之外，祭酒的任期都很短。我们做了一个小统计，从顺治元年（1644 年）的国子监祭酒固尔嘉浑、李若琳开始，到乾隆四十五年（1780 年）时觉罗吉善、邹奕孝祭酒截止，前后共 136 年，但更换祭酒就达到了 95 人，这 95 人平均任职时间还不到一年半，当然这其中也有任职时间比较长的，如孙嘉淦、陆宗楷、王士祯等人。举个清朝初期的例子可知一二：高珩（1612—1697 年）在顺治初年，由翰林院检讨升任国子监祭酒，一干就是 3 年，后因受到洪承畴的赏识，被提拔为秘书院侍读学士。王士祯在《池北偶谈·谈异五六丁》中道出事情原委，他说：原来的祭酒用不了一二年就迁职离开国子监了，还没有任期超过四年的。高珩任祭酒的时候，时间很长了都没有调动。有一天高去内阁碰见了洪承畴。洪对高开玩笑说，高先生应做祭酒任期五年的开山鼻祖才好。高珩话中有话地笑答曰，那到不了第六年任期就会调动。果然，第三个年头高珩就调职离开了国子监。[1] 王士祯（1634—1711 年）

[1] 《池北偶谈·谈异五六丁》：祭酒，旧不一二年辄迁去，春秋丁祭无过四者。顺治中，淄川高念东侍郎（珩）为祭酒，久不迁。一日至阁，洪文襄（承畴）戏谓曰：高先生可谓五丁开山矣。高笑对曰：无妨六丁六甲。果三年始迁去。

自己也是这样。清康熙十九年（1680 年）十二月迁任国子监祭酒，康熙二十三年（1684 年）十月离任，升任詹事府少詹事兼翰林院侍讲学士，时间长达 4 年。为此王士祯心生埋怨：我在国子监到现在已经四年有余，才将我调到詹士府，“予在成均，迄四载始迁少詹”。他还就高珩与洪承畴关于祭酒升迁之言谈，戏作了一首诗，诗曰：“嘉话曾闻役六丁，任教人笑钝司成。六丁今日还加二，始信前贤畏后生。”诗的大意是发牢骚：如果六年的祭酒任期再加两年，那我就对先哲先贤们也无所畏惧了。由此看来，祭酒们对这份工作确实不太喜欢，经济原因自然是首要之因素。下表中将国子监祭酒和其他官员的俸禄一并表列如下：

职务	品级	正俸（每年银两）	禄米（以年斗计）	恩俸（以年计）	公费银（以年银计）	合计
祭酒	从四品	105 两	525 斗	105 两	36 两	俸、公银 246 两，禄米 525 斗
司业	正六品	60 两	300 斗	60 两	24 两	俸、公银 144 两，禄米 300 斗
监丞	正七品	45 两	225 斗	45 两	18 两	俸、公银 108 两，禄米 225 斗
博士	从七品	45 两	225 斗	45 两	18 两	同上
助教	从七品	45 两	225 斗	45 两	18 两	同上
学正	正八品	40 两	200 斗	40 两	12 两	俸、公银 92 两，禄米 200 斗
学录	正八品	40 两	200 斗	40 两	12 两	俸、公银 92 两，禄米 200 斗

续表

职务	品　级	正俸（每年银两）	禄米（以年斗计）	恩俸（以年计）	公费银（以年银计）	合　计
典簿	从八品	40 两	200 斗	40 两	12 两	同上
典籍	从九品	31 两 5 钱 2 分	157.6 斗	31 两 5 钱 2 分	12 两	俸、公银 75.04 两，禄米 157.6 斗
注：清中期以前，每两银合制钱（俗称的“铜钱”）900 枚。几枚铜钱就可以买到 1 斤大米。						

下面简单介绍几位元、明、清三代著名的国子监祭酒和司业。

元代

（1）许衡（1209—1281 年），现河南省焦作市李封村人。他是中国十三世纪杰出的“思想家、教育家和天文历法学家”。许衡在思想、教育、历法、哲学、政治、文学、医学、历史、经济、数学、民俗等方面皆有颇深的造诣和卓越的建树，是我国元代一位百科全书式的通儒和学术大师，官至集贤大学士兼国子监祭酒。他是元代初期的名臣，也是一位著名的学者。许衡长期担任国子监祭酒，主持教育工作。他以“乐育英才，面教胄子”为宗旨，门下不仅有大批汉族学生，还有不少蒙古族、中亚弟子。他施教的原则是循循善诱、潜移默化，“因觉以明善，因明以开蔽”。至元八年（1271 年），许衡奉元世祖之命，负责培养一批蒙古贵族子弟，在他的辛勤教育下，这些不懂汉文的青年也都成为“尊师敬业”的优秀儒生。

其中有不少人，后来成为元朝的重臣。许衡对待学生“爱之如子”，从生活到学习无不关怀备至。对待自己则从严要求。在许衡的熏陶教育下，“数十年间彬彬然，号称名卿士大夫者，皆出其门下矣”。通过传道授业，许衡对于汉、蒙文化的融合和交流做出了卓越的贡献。许衡精通天文、历算。至元十三年（1276年）元世祖决定摒弃沿用已久错误甚多的金代“大明历”，遂命许衡“领太史院事”创制新历，全面负责这一工作，并以王恂、郭守敬为副，共同研订。经过他们的积极努力，至元十七年（1280年），终于完成了这一艰巨复杂的任务。在此期间，许衡以年届七旬的高龄，辛劳擘画，艰苦备尝。许衡带领下的郭守敬，在全国各地修建27所观测台，进行实地观测，最终制订成功《授时历》，并推算出了365.2425日为一年，这个结论，比地球围绕太阳公转一周的实际数字只差26秒，比欧洲著名的《格列高利历》还要早300年。《授时历》使用的时间，前后达363年（1281—1644年）之久，是我国历史上使用时间最长的一部历法，是我国历法史上的第四次重大改革。许衡在程朱理学上的造诣很深，对程朱理学的研究有其独到之处，精研程朱理学而不拘泥，提出了著名的“治生论”。他说：“言为学者，治生最为要务。”许衡是元代儒学的主要继承人和传播人。“圣朝道学一脉，乃自先生发之，至今学术正人心一，不为邪论曲学所胜，先生力也”。[1]到了许衡的晚年，被人尊为“四方闻之知敬，望之知畏，

[1] 援引均自《元名臣事略·卷八》。

亲之知爱，远之知慕，盖其胸中浩大，无一毫人欲之私”的儒之大家。[1]元代国子进士、太常寺卿苏天爵著书赞扬许衡“继往圣，开来学，功不在文公下”。明代大儒薛则称之为“朱（朱熹）之后一人”。许衡的著述《鲁斋遗书》《读易私言》均被收进《四库全书》。

图中的“彝伦堂古槐”和“触奸柏”传为许衡所植。[2]

（2）虞集，字伯生，元代著名的学者。生于南宋咸淳八年（1272年），元顺帝至正八年（1348年）因病去世，享年76岁。他是宋代丞相虞允文的第五世孙，祖籍四川仁寿，宋亡之后，迁居江西崇仁县。

虞集三岁开始读书。由于当时南宋垂亡，虞集全家流离于兵荒马乱之中，无法携带书籍，其母杨氏（南宋国子监祭酒杨文仲之女）对儿子口授《论语》《孟子》《左传》及欧阳修、苏氏父子诗文。虞集从小聪慧，闻辄成诵。流落到长沙后，拜师学习，方得到各经刻本。此时，虞集已经尽读经书，通晓其义。良好的家庭教育使虞集的学问奠定了学识基础。虞集在外求学时则以世交之子的身份师从著名学者吴澄。

大德初虞集进京，被荐为大都路儒学教授。大德十一年（1307年），虞集慧眼识宝，在王宣府宅后大兴府学附近的草丛之中发现了被金军士兵掠走丢弃的“先秦石鼓”。他将这尚存386个字、每个重达一吨的十枚石鼓洗净，却无法挪动。五年后的皇庆元年（1312

---

[1] 援引均自《元名臣事略·卷八》。

[2] 据《日下旧闻考》：“虞文靖谓许文正殁后国子监始立，官府刻印章。盖文正为祭酒时尚在旧学所，谓王宣府宅也。”所以传为许衡所植槐树有些牵强。

▲ 许衡画像

▲ 彝伦堂古槐

▲ 虞集画像

▲ 孔庙触奸柏

年）任为国子助教后，才求助于兵部用十辆大车将石鼓拉回到孔庙大成门。为了保护好这极为珍贵的国宝，虞集以砖砌成平台，将石鼓置放于上，左右壁下各五枚，并且用木栅栏围挡，以铁环锁住。自此，这十枚珍贵的石鼓在北京孔庙的大成门内存放了三代王朝，成为“太学十咏”之一景。虞集担任助教时，他的学生每每等他离开官署后，带着书本到虞家修习课业，其他馆的学生也相继到虞集处请教。他以师道为己任，兢兢业业，诲人不倦，学术上也愈加充实。元仁宗即位以后，严格要求监学，任命吴澄为国子学司业。吴、虞师生二人力主国学更张革新，却遭朝廷内守旧势力百般阻挠未成，随辞官归里，告病免官。不久又授虞集为太常博士，深得丞相拜住的信任，常常求教于虞集历史上先王治理国家成功之法，古今因革治乱的缘由。虞集任集贤院修撰时，上疏极力主张选用深明经学和德行正派者为学官，以培养管理人才。他认为当时的学官，都是些论资排辈，强加于诸生之上，有名无实的庸人，对学校有害无益。应该“使守令求经明行修成德者，身师尊之。至诚恳恻以求之，庶乎有所观感矣”！[1] 他的这些主张，很被仁宗所器重。仁宗病逝前曾叹道：“儒者都被任用了，只有虞伯生还没有被任为要官啊！”泰定之初，虞集任翰林直学士兼国子司业，主持礼部科举考试时，他主张“经典著作意旨深远，不是一人之见所能详尽。考试之文，推选其高深者录取，不必先有成见”。[2] 他每任科考都坚持此说，

[1] 《元史》卷一百八十一·列传第八十八。

[2] 引文同上。

所录皆为人才。虞集担任国子司业之后不久，又升任秘书少监，每年要带着经书陪皇帝出行上都，为皇帝讲经。所讲内容都是从经史之中选取的、切合于养心育德以及有关治国之道的篇章。最难之事是用蒙古语和汉语两种文本进呈阅读。虞集在润色翻译之际，要将那些儒学之中的精深要旨用粗浅的蒙语（此前所讲的藏僧八思巴所创造的蒙古文字并没有得到广泛的推广）表达明白，还有那些对时事要务有所指导的经学内容，更需要极尽情实，文辞通达，真正做到准确无误地用蒙语表达出来。没有广博的学识，没有对汉、蒙语言精到深髓的理解，绝然胜任不了这样的重任。

元文宗即位前就已知道虞集的名声，做了皇帝之后，命虞集任奎章阁侍书学士。借此将祖宗的明训、古昔治乱的得失经验，每日在皇帝面前陈说，用以辅助成就元文宗的志向，不准虞集再提辞职之事。其间，文宗有旨采辑本朝典故，仿效“唐、宋会要”，纂修《经世大典》，命虞集与中书平章政事赵世延同任总裁。过了一段时间，由于索取宫廷资料受阻，赵世延愤而挂职归家，由虞集独自专领。虞集呕心沥血，披阅两载，全书编纂成功，共八百卷。因为虞集宏才博识，所经手的事情又做得恰到好处，甚为皇帝所珍重。元文宗曾痛斥一位中伤虞集的官员：“一个虞伯生，你们就容不下吗？”

虞集为人孝友，学问博洽，并能究极本源，研精探微，心解神契。平生著作万篇，稿存仅十之二三。所作散文颂扬皇室，推崇儒术，并要求进一步倡导理学。虞集能文善诗，诗文在当时号为大家，著有《道园学古录》等。晚年虞集告病回江西，于至正八年（1348 年）

五月病卒。官自将仕郎起步，经过十二次升调为通奉大夫。被赠官江西行中书省参知政事、护军，封仁寿郡公，谥“文靖”。虞集生长于乱世，显赫于盛世。在教学、理学和治世等各方面的不少见解，为我们留下难得的史鉴。

（3）宋本，字诚夫，大都（今北京）人。至元十七年（1280 年）出生，元统二年（1334 年）去世，享年 54 岁。宋本泰定元年（1324 年）调任国子监丞，元统二年（1334 年）夏改任集贤直学士，兼国子祭酒，并兼经筵官。

宋本自幼聪颖，十五岁后便开始逐字逐句地研读经史书籍，必通贯其意方止。曾随从其父任官到江陵，师从江陵学者王奎文习性理之学，造诣日深，其文章俊洁刻厉，多有隐微的深意。元英宗至治元年（1321 年），宋本殿试考取第一名，赐进士及第，授翰林修撰。泰定元年（1324 年）任监察御史时，敢于对失职的朝廷官员追究罪责，罢免官职。任国子监丞时，他又敢于抨击朝政，痛言申冤不成，刑政失度，民愤天怨是造成灾害的缘由。宋本的词气激愤，使众官员都感到惊恐。天历二年（1329 年），宋本改任礼部侍郎，这一年又升任奎章阁艺文监，负责检校书籍。至顺元年（1330 年），进官奎章阁学士院供奉学士，至顺二年（1331 年）又被提升为礼部尚书，元统元年（1333 年）兼任经筵官，直到改任集贤直学士、国子祭酒。

宋本高亢不屈，持论严正，任职清白，他任高官 20 年，还是借房子居住，去世时如果没有朝廷和朋友馈赠的助葬钱款，几乎都无法置办棺殓。宋本去世后，为他送葬的有将近2000人，都是缙绅大夫、门生故吏和国子诸生。宋本生前著有《至治集》40卷流行于世。谥号“正献”。

（4）吕思诚（1293—1357年），山西平定人，元代名臣。泰定元年（1324年）中进士。性情刚直倔强，政绩卓著。历任县尹、侍御史、集贤院侍讲学士兼国子祭酒、湖广参政、中书参知政事、左丞转御史中丞，礼部、刑部尚书等职。吕思诚在担任翰林国史院检阅官及编修时，性情刚直，有时连皇帝也敢顶撞。

一次，元文宗要取阅国史，翰林院的长官唯唯诺诺，不敢违旨，思诚虽位卑言轻，却直言进谏说：“国史记当代人君善恶，自古天子没有观看的。”皇帝只好作罢。出任广西廉访司事时，思诚在郡县巡行，能够体察民情，不为权势所屈。在浙西巡访时，有位南台御史，因与江浙一带的省臣有私仇，怂恿思诚借故弹劾，思诚严词拒绝。巡访中了解到行省平章左吉祸害百姓，立即告发，致其革职流放，江南人心大快。吕思诚秉公办事，不能不得罪一批有权势的大臣，因此，他不断受到恶意诽谤。有人向皇帝诬告参政孔思立受贿，想借机嫁祸思诚。御史大夫纳麟说：“吕左丞廉洁，人所皆知，恐怕不会有人相信。”那些反对者只好作罢。后来，吕思诚任集贤学士兼国子祭酒时，与吏部尚书、左司都等人为货币政策，据理争论。也先帖木儿有机可乘，指责吕思诚不该在庙堂大声厉色地说话。监察御史看风使舵，连忙附和，妄说吕思诚“为人狂妄”。思诚在种种诬告之下，被夺其诰命和所赐玉带，降为湖广行省左丞。朝廷还派人到思诚家逼其离开京都。思诚在百般屈辱中坚贞不屈，从容上路。吕思诚被贬，引起朝野不满。随后又被召回朝廷，官复原职，不久病逝。赠齐国公，谥忠肃，葬于平定城北三岔口。在任翰林院期间，曾总裁宋、辽、金三史。有《介轩集》《两汉通纪》《正典举要》《岭南集》等著作传世。

明代

到了明代，祭酒被授予了相当高的荣誉与责任，《明太学志》开卷有评："国朝于太学之官极为优重，非前代比。若宋讷、胡俨，秘廷密勿之臣也，而为祭酒；萧镃祭酒也，辄登辅弼；李敬之为祭酒，则前刑部尚书也；乐韶凤、刘崧起为司业，则前兵部尚书、礼部侍郎也……"都是朝廷近臣或重要高级官员来担当此任。

（1）宋讷（1311—1390 年），河南省滑县宋林村（今属牛屯镇）人。元至正二十三年（1363 年）举进士。洪武十三年（1380 年），宋讷被召入京，任国子监助教。洪武十五年（1382 年）初夏，破格授翰林学士。十一月，又被授予文渊阁大学士。洪武十六（1383 年）年正月，任国子监祭酒。当时，太学中多公侯官宦子弟，且生徒众多，颇难管理教授，宋讷立学规，厘正前弊，身言并教，师道大立。他终日端坐太学，循循善诱，讲解不倦，且很少回家，夜晚总是睡在学舍。宋讷高洁的品德和渊博的学识很快赢得了国子监官员和监生的敬仰。洪武十八年（1385 年）和二十一年（1388 年）两次会试，考中者大都是太学的学生，占三分之二，而且名列前茅，宋讷因而得到太祖朱元璋的赏识和褒奖。

宋讷认为，学校不能仅仅让学生学会做文章就算达到目的了，重要的是为国家培养造就人才，学以致用，重在实践，认为“要必即书以穷理，一心体之，一身践之，勿视为空言，则道远乎哉”？[1]

宋讷虽为一文人学者，却颇受朱元璋的器重。前边讲到的朱元璋杀了国子监助教金文征和吏部尚书余熂之后，照样和以前一样地信任宋讷。太祖念宋讷年事已高，特意将宋讷在望江（在今安徽省）担任主簿之职的长子宋麟调回京城，侍养其父。宋讷依然守在太学，从不回家住宿。虽然如此，生性多疑的朱元璋仍然有些放心不下。《明史·宋讷传》记载了这样一件事情：朱元璋派一个画家到宋讷的住所窥视画像。那天正好宋讷在家穿着公服，危坐不语。画家就画了一张“其像危坐有怒色”的模样呈给朱元璋。第二天退朝后，朱元璋把宋讷叫住，问他昨天为何生气。宋讷照实说了，是因为诸生追赶打闹摔倒，砸碎了太学的茶具，自己自觉失教有愧，故自责不已。宋讷惶恐地问陛下如何知道。朱元璋拿出画像“装潢赐之”道出实情，宋讷看后赶忙惶恐谢恩。[2]

洪武二十三年（1390 年）初，宋讷病重，朱元璋派御医前去诊治。其子宋麟劝说父亲搬出太学，回家调养，却遭到宋讷的训斥。当时正值祭祀孔子的“丁祭”之时，宋讷说：“时当丁祭，敢不敬

[1] 宋讷《西隐集》卷七。

[2] 引文均摘自《明史·宋讷传》。

耶！”直到祭祀完毕，他才被抬回家中，但“绝口不言家”。当晚逝世，享年 80 岁。

宋讷的病逝，使朱元璋甚感悼惜，亲自为文祭之，派遣礼部官员护其灵柩运回家乡安葬，并谕告灵柩所过之地，沿途官吏均须致祭。明正德年间，追谥“文恪”。宋讷著有《西隐集》10 卷行世。

（2）胡俨（1360—1443 年），南昌人。永乐二年（1404 年）九月任南京国子监祭酒，明成祖迁都北京的永乐十九年（1421 年），胡俨又改任北京国子监祭酒，在任 20 余年，事事以身率教，严以律己，堪称师表。他从小好学，天文、地理、乐律、历法、医学、占卜等方面的书广泛涉读，博学能文，尤对天文纬候学有较深造诣。琴、诗、书、画，皆有传授。精于草书，行书矫健而苍，楷书精熟而整。工竹石兰蕙，极有意致。以水墨秃笔写羊、鹿，甚为生动。洪武年间，他考取举人，被授华亭“教谕”（县学教官）。建文元年（1399 年），胡俨被委任为桐城知县。建文年他上任后兴建水利工程，引来桐陂水以灌溉农田，为民谋利。建文四年，副都御史练子宁向朝廷举荐道：“胡俨饱学明理，可以通达仙人。他足智多谋，可以运筹帷幄。”当朝廷将胡俨召进京城时，燕王朱棣的军队已打过了长江。明成祖即位后，下旨命钦天监以天文考胡俨，胡俨从容对答，自然不在话下。不久，又由解缙的举荐，胡俨被授以翰林检讨，与解缙等人一起在文渊阁任职，编纂《永乐大典》《天下图志》等书时，又任总裁官。后又任侍讲，晋升为左庶子，接受皇帝的垂询，提供咨询，但他常常不抢先发表意见，显得忠厚诚朴。做了国子监祭酒以后，国子监有一些旧规矩很不合理，如将借故退学的监生发往边疆服役就是其中之一。胡俨上任后，奏经皇帝批准把这类规定予以废除。永乐八年，明成祖北征作战，命胡俨以祭酒兼侍讲的身份，执掌翰林院，同时辅佐皇太孙（注：即后来的明宣宗朱瞻基）留守北京，显示出对胡俨的莫大的信赖。洪熙元年（1425年），称疾辞官，仁宗“赐敕奖劳进太子宾客仍兼祭酒致仕”[1]。明宣宗即位，召见胡俨，任他为礼部侍郎。胡俨“家居二十年，方岳重臣咸待以师礼。俨与言未尝及私，自处淡泊，岁时衣食才给”。[2]正统八年（1443年）八月胡俨逝世，享年83岁。

（3）李时勉（1374—1450年），江西省安福县枫田镇新屋场人。正统六年（1441年），受任北京国子监祭酒。李时勉任国子监祭酒六年，治学严谨，刚正清廉，赢得了学生称赞，“以直节众望为士类所依归者，莫如时勉”[3]。他曾培养出像商辂、姚夔、岳正、彭时这样的状元和宰相。由于他曾顶撞明仁宗，又不阿谀当朝的大太监王振，前后三次险被处死。尤为屡次奏本请修国子监而得罪于当朝奸佞王振一事为甚。国子监院内正堂旁（后冠名于“彝伦堂”）下垂的树枝，妨碍学生出操，被时勉砍去12枝。此事被宦官王振知晓，以“擅伐官树”的罪名，罚他戴枷于国子监前。时值酷热暑天，三日戴枷不解。千余学生跪伏皇宫前鸣不平，通过皇太后给

[1] 《明史》卷一百四十七。
[2] 《明史》卷一百四十七。
[3] 《明史》卷一百六十三。

▲ 宋讷画像

▲ 胡俨画像

▲ 李时勉画像

皇帝说情，这才释放了李时勉。李时勉“在国学以道义砥砺诸生，人才蔚起，与南京祭酒陈敬宗称‘南陈北李’，尤为众望所归。明以来司成均者莫能先也”[1]

（4）丘浚（1421—1495年），海南琼山人，成化十二年（1476年）任北京国子监祭酒。明朝阁臣，思想家，经济学家，史称海南“四大才子”之一。明景泰五年（1454年）举进士。廷试当为一甲及第，因在廷试抽题作答中触及社会时弊，遂以“貌寝”（其貌不扬）为由改二甲第一，选为翰林院庶吉士。明天顺年间兵乱，因向大学士李贤献用兵之策，被英宗皇帝嘉奖，成化初年（1465年）任侍讲，参加编纂英宗皇帝实录，后升侍讲学士，又任翰林院学士、国子监祭酒、礼部侍郎、礼部尚书。弘治四年（1491年），《明宪宗实录》编成，时年71岁，请求致仕（退休）不允，加封“太子太保”，以礼部尚书兼任文渊阁大学士，参与国家机要。弘治七年（1494年），皇帝加封丘浚为“少保”，改任户部尚书、武英殿大学士。

丘浚为官清廉介直，历官四十年，唯置一园。所居东城私第，面积狭窄，地势低下潮湿，丘浚虽官内阁，居之不易。弘治八年（1495年），卒于任上，年76岁。朝廷派官员护丧南归。

丘浚自幼好学，7岁能诗，学识深博。丘浚在国子监祭酒任上，专意撰写《大学衍义补》，阅十年而书成。此外还有《丘文庄集》《投笔记》等，所著《世史正纲》33卷、《朱子学》2卷，重编《琼

[1] 明《古廉文集·提要》。

台会稿》24 卷，全收于《四库全书》。他的著述无论在经济、史学、文学方面，在当时都非常杰出，政治思想、哲学思想也有很多超越前人的地方，且著作数量十分可观。在他卷帙浩繁的著述中，《大学衍义补》历来最受推崇。在这部著作中，他以相当明确的形式提出了劳动决定价值的论点，据史可查，他是迄今知道的世界上最早提出劳动价值理论的人。比英国古典经济学派创始人威廉·配第 17 世纪 60 年代提出的“劳动价值论”还要早 170 多年，被现代经济理论界称为“15 世纪卓越的经济思想家”。

（5）严嵩（1480—1566 年），分宜（今江西分宜）人，嘉靖三年国子监祭酒。明代弘治十八年（1505 年）进士，由庶吉士授编修。久之进为南京翰林院侍读、祭酒，受到世宗嘉靖皇帝朱厚熜的宠信，在内阁 20 年，专擅国事，贪鄙奸横，是明代有名的奸臣。

（6）沈坤（1507—1560 年），楚州河下镇人。嘉靖二十年（1541 年）中状元，三十五年（1556 年）升任南京国子监祭酒。到任不久，母亲病故，按当时的封建习俗回乡守孝三年。此时，家乡遭到数千倭寇疯狂骚扰抢掠。沈坤变卖自己大部分家产，招募乡勇，百姓称之“状元兵”，抗击倭匪，“亲当矢石力战败之”[1]。山阳东乡的姚家荡一战，消灭倭寇八百多人，将倭尸堆葬于毛儿墩（后改名为“埋倭山”）。给事中胡应嘉等嫉贤妒能，以沈坤“谋反”的罪名上奏皇上。不久沈坤冤死狱中。百姓为纪念沈坤，将其当年为抗倭

[1] 《江南通志》卷一百四十三。

▲ 严嵩画像

▲ 董其昌像画像

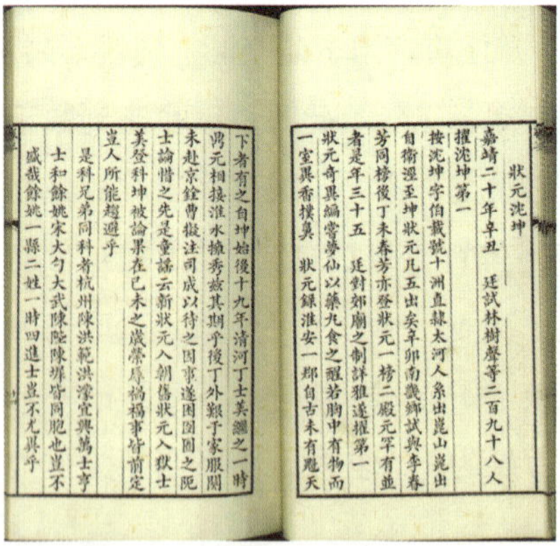

狀元沈坤
嘉靖二十年辛丑 廷試林樹聲等二百九十八人
擢沈坤第一
按沈坤字伯載號十洲直隸太河人系出崑山崑出
自衛溼至坤狀元凡五出矣辛卯南畿鄉試與李春
芳同榜後丁未春芳亦登狀元一榜二殿元罕有並
者是年三十五 廷對郊廟之制詳雅遂擢第一
狀元奇異編嘗夢仙以藥丸食之醒若胸中有物而
一室異香撲鼻 狀元錄淮安一郡自古未有魁天
下者有之自坤始後十九年清河丁士美繼之一時
兩元相接淮水擁秀兹其期乎後丁外艱于家服闋
未赴京銓曹擬注司成以待之因事遂困囹圄之阨
士論惜之先是童謠云新狀元入朝舊狀元入獄士
美登科坤被論累在己未之歲榮辱禍福事皆前定
豈人所能趨避乎
是科兄弟同科者杭州陳洪範洪濛宜興萬士亨
士和餘姚宋大勺大武陳陛陳墀皆同胞也豈不
盛哉餘姚一縣二姓一時四進士豈不尤異乎

▲《狀元图考》对沈坤的记载

▲ 张居正画像

而修筑的屯瞭阁，改建成纪念他的场所，取名“状元楼”。

（7）张居正（1525—1582年），湖广江陵（今湖北沙市郊区）人，是明代最杰出的改革家。嘉靖三十九年（1560年）任国子监司业。万历帝即位后，出任内阁首辅（相当于丞相）。张居正从政以来，就倡言治国理政不外乎谋求富强大事，在改革推向高潮时，特许府、州、县的考生越级报考京师的国子监，把各地人才收罗到中央，很快组成精干的班底，形成改革的中坚力量，为建树新政做出贡献。万历十年（1582年）病逝。在万历皇帝多年不理朝政的情况下，张居正入阁担任首辅期间，发挥文官内阁的管理职能，从军事、政治、经济诸方面进行了一系列的改革，改革后的国家储粮可支10年，国库积银400万两。《明通鉴》赞誉：“是时，帑藏充盈，国最完备。”这丰硕的成果已经载入史册，在中国历史上熠熠生辉。

（8）萧良有，汉阳人。自幼聪颖异常，有“神童”之誉。明万历八年会试榜眼，进修撰（从六品）。万历二十三年（1595年）任国子监祭酒，在当时声望极高。撰写儿童启蒙读物《蒙养故事》，后经安徽人杨臣诤加以增订，改名《龙文鞭影》。

（9）董其昌（1555—1636年），天启二年任国子监司业。明代著名书画家。松江华亭（今上海松江）人。死后谥“文敏”，因称董文敏。他的字、画以及书画鉴赏，在明末和清代名声极大，清康熙尤爱董字。董其昌善画山水，画风笔意安闲温和、清新秀丽。他提倡用摹古代替创作。又以禅宗的南北派比附绘画，称“南北宗”。其作品留传至今的有《山水》《夏木垂阴图》等。著有

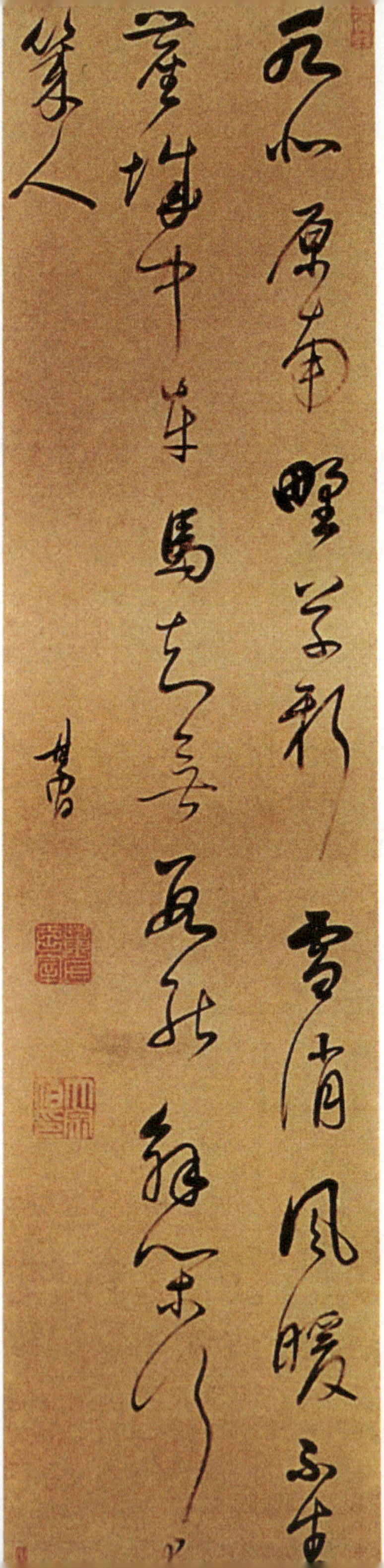

◀ 董其昌书法作品

《画禅室随笔》《容台集》《画旨》《画眼》等，这些都是价值连城的国宝文物。

清代

（1）固尔嘉浑和李若琳

清代是我国封建社会的最后一个王朝，由于清朝的统治者是满族人，为了保持满族民族特性和文字的独立，这个朝代的国子监祭酒一直设为满人和汉人各一。顺治帝在北京登基后，立刻任命了满人固尔嘉浑和汉人李若琳为国子监祭酒。

固尔嘉浑在顺治十五年（1658 年）的时候改革了国子监监生的积学分方法，此方法实施了一年。“积分法”以一年计算，每月一次考试，按考试成绩分出等次，一等记一分，二等记半分，三等不记分，一年期满得八分者为及格，可送吏部考职。顺治十七年（1660 年）他自己给皇上上疏，废除了该积分法。

顺治二年（1645 年），国子监开始承担释褐簪花的仪式。“新进士释褐于国子监，祭酒、司业皆坐彝伦堂，行拜谒簪花礼”。在每科的进士到孔庙行完释菜礼之后，进士们就可以脱去褐服（老百姓的服装）更换补服（带品级的官服），意味着他们已经不再是普通百姓了。然后所有的进士来到彝伦堂，等祭酒和司业朝服升堂之后开始下拜。在祭酒和司业的主持下，执事者开始为状元、榜眼和探花头上所戴的帽冠上簪花（插花）。

（2）吴伟业，字梅村，顺治十三年（1656年）任国子监祭酒。明末清初诗人、画家。任职三年后奔母丧南归，从此隐居故里。吴伟业的诗今存1000多首。他与钱谦益、龚鼎孳并称“江左三大家”。他的诗多写哀时伤事的题材，富有时代感。他的七言歌行更为出色，音节极佳，情韵悠然，其中如《圆圆曲》讽刺吴三桂降清；《临江参军行》颂扬抗清将领；《松山哀》讽刺洪承畴降清，内容深婉，有“诗圣”之称。

（3）徐元文（1634—1691年），江苏昆山人。康熙九年（1670年）任国子监祭酒，在任4年，此间，他条规整肃，监生勤奋好学，士风端正，讲究礼仪，敬重师长，他严格考试制度，审慎咨进，使国子监“学政大饬”。由于他举止娴雅，学识广博，讲授课业词达而声宏，学生都敬服他，颇受康熙帝称誉。徐元文曾为康熙讲解《通鉴》，时常得到康熙帝的赞许。每次讲解完之后，徐元文都将讲义呈送给康熙皇帝，希望时时浏览，增益睿智，振厉精神，以有助决理万机，对康熙帝毕生的事业有一定影响。二十八年以文华殿大学士的身份兼任兼管翰林院掌院学士。在徐元文离任后，康熙曾对大臣们说：“徐某为祭酒，条规严肃，满洲子弟不率教者，必加挞责，至今犹畏之，后来哪得如此人。”[1]康熙十五年（1676年），举行武科考试，康熙离京前封旨留给内阁，对阁臣们说：“朕自与一好主考。”开封后，主考官就是徐元文。康熙二十九年（1690年）受

[1] 清代《张文贞集》卷九。

▲ 簪花图画

▲ 吴伟业画像

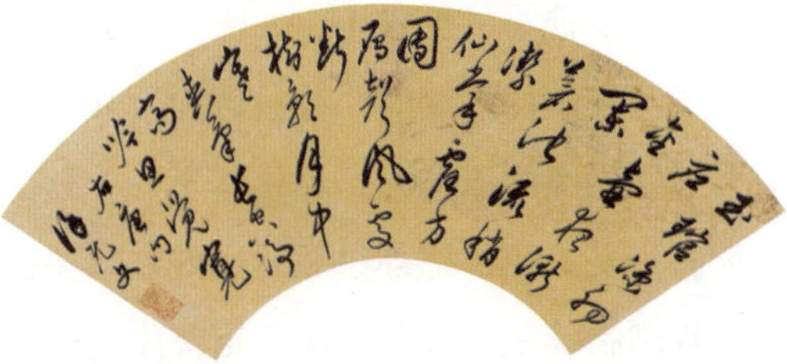

▲ 徐元文行书唐诗

▲ 王士祯画像

明珠余党的迫害和其兄的连累，被修致（退休）还乡，途经山东临清时，守关的官吏欲构其罪，登船搜索，唯有图史数卷和光禄馔金300两。所著有《含有经堂集》30卷、《含经堂书目》、别集2卷等。

（4）王士祯（1634—1711年），山东新城人。康熙十九年（1680年），迁调国子监祭酒，上疏言修补了国子监所贮的十三经注疏、二十一史。王士祯官至刑部尚书，政绩斐然。王士祯的诗清新蕴藉、刻画工整，散文、词也很出色。其诗能认古今之奇变，卓然称一代宗师，被称为康熙时主持诗坛的人物。士祯诗力矫学宋之弊，倡导神韵，反对艳丽。辑有《唐贤三昧集》。他提出的神韵诗论，渊源于唐司空图“自然”“含蓄”和宋严羽“妙语”“兴趣”之说，以“不著一字，尽得风流”为作诗要诀，一时海内翕然从之，与朱彝尊并称“朱王”。有著作《渔洋山人》存世。

（5）孙岳颁（1639—1708年），吴县（今江苏苏州）人，康熙三十四年（1695年）任国子监祭酒。孙岳颁为二十一年（1682年）进士，并被选为进士中文学优秀及善书的庶吉士，二十四年为编修历官，官至礼部侍郎。在国子监祭酒任职期间，孙岳颁为给其母医治病患，不惜从自己大腿上忍痛割肉用以和药，足见其孝心。孙岳颁能诗会画，深得康熙皇帝的喜爱，经常把孙岳颁召到内殿赐座，和孙一起讨论古今书法。每有御制碑刻、版刻之事一定首先由孙岳颁书写。孙岳颁为官廉洁清正，康熙帝对他的评价是“室无媵妾，家绝管弦，政事之暇，唯焚香读书及临池选韵，笔歌墨舞而已”。他位居朝廷四品官员，家乡竟无一椽之居。康熙皇帝特于四十年

（1701 年）三月划拨苏州织造衙门无用之地一块，秘密地给孙岳颁兴工修造门房、厅堂、厢房、后楼，共五进三十七间，特别叮嘱承办此事的官员李煦："千万不可露出行迹方好。"不让孙岳颁事先知道。并特赏银 1000 两给孙岳颁，作为买田之钱。康熙四十四年（1705 年）至康熙四十七年（1708 年），孙岳颁作为总裁官，与王原祁、宋骏业等一起奉旨编纂《佩文斋书画谱》。"佩文斋"是康熙帝的书斋，因以书名。《佩文斋书画谱》体例完善，引据详略得当，义例精密，分类科学，为自有书画谱以来最完善完备之作，是我国一部书学、画学的类书巨著，对后世书画研究者有重要参考价值。

清康熙帝喜爱书法，他曾以擅长书法、专学董其昌的沈荃为师，极其推崇董其昌的风格，从而使董其昌书风和习董之势在整个康熙一朝兴盛不衰。沈荃以后，孙岳颁很快以炉火纯青的学董功夫获得康熙帝的信任和器重，代替了沈荃在康熙帝心目中的地位，使董其昌书法进一步风靡天下。孙岳颁的书法多为行草，他的书法有很浓的书卷气，结体优雅匀称、风格秀美精致，笔致率性自然、轻盈飘逸，寓秀润于雄强之中。

孙岳颁 70 岁时奉旨校勘二十一史，不幸卒于任上。

（6）孙嘉淦（1683—1753 年），山西兴县人。雍正四年任祭酒。雍正九年（1731 年）任祭酒期间，由他上疏请雍正皇帝调拨并修建了国子监的南学，是北京国子监南学的创始人。在国子监教育的制度建设上，课程设置的改革上，八旗官学的教育和管理上，在算学专科教学的完善上，孙嘉淦都做出了不可磨灭的重大贡献。孙嘉淦以汉族出身独能历仕康熙、雍正、乾隆三朝长达40年之久不衰，官位从普通官吏直至吏部尚书协办大学士（相当于实权地位最高的宰相），其间并几度任过封疆大吏，在中央六部的五部任过要职，所受最高统治者的信任和恩宠极一时之盛，可谓创造了清初汉人仕途荣显的奇迹。他异乎寻常的胆识德才，以“直臣”著称，在当时已震动朝野上下，身后也一直引起文学家们的极大关注。他平生以“八约”自戒。其八约为：“事君笃而不显，与人恭而不骄，势避其所争，功藏于无名，事止于能去，言删其无用，以守独避人，以清费廉举。”[1] 孙嘉淦精通理学，曾著《春秋义》，自以为不足取而毁之。另著有《周易述义》《诗经补注》《近思录辑要》《南华通》《南游记》诸书。后人辑有《孙定文公奏疏》。

（7）法式善（1752—1813年），察哈尔正黄旗（今察右前旗人），清代文学家。乾隆五十九年（1794年）任国子监祭酒。法式善是我国蒙古族中唯一参加编纂《四库全书》的作者。他除负责提调翰林院所藏书籍之事外，还参加了大量的编校工作，法式善还撰写了不少有关历史方面的著作，有《清秘述闻》16卷、《槐厅载笔》20卷、《陶庐杂录》6卷、《存素堂诗集》等，有着极高的史料价值和学术价值。

（8）翁同龢（1830—1904年），同治四年（1865年）任国子监祭酒，我国近代史上颇有影响的政治家。先后为同治、光绪两代

[1] 清代孙嘉淦《居官八约》。

帝师。中法战争中，主张抗战，并支持刘永福黑旗军保卫疆土。中日甲午战争时，又力主抵御外侮，反对李鸿章求和。1895年，康有为、梁启超等得悉签订《马关条约》，于是联络在京会试的1100多名举人联名上书，提出拒和、迁都、变法等主张。翁同龢见到此书后，大为赞赏，为了识拔奇才，他以朝考宫的职权，准备引进康有为。他还不惜一品大臣的身份屈尊私访康有为。当两人会见时，足足谈了二个多时辰。后举荐康有为，支持变法维新，光绪二十四年（1898年），变法后第五天，慈禧就迫使光绪下诏贬黜翁同龢开缺回籍。这对维新派和光绪来说是个沉重打击。第二天他入宫谢恩，遇见光绪御驾，光绪回顾无言，翁同龢则黯然神伤，师生作了最后的告别。他怀着沉痛的心情离开京都，回到阔别数十载的家乡常熟，隐居虞山鹁鸽峰祖茔旁筑"瓶庐山庄"，过着半隐居的庐墓生活。归里后，基庐前开凿了一口能容纳他肥大身躯的井，随时准备自杀之用。1904年7月3日，困顿七载后病故，卒于常熟故居。临终前，他还口授遗疏，希望光绪皇帝励精图治，使中国逐渐富强。并口占绝笔诗一首："六十年中事，伤心到盖棺；不将两行泪，轻向汝曹弹。"

生前著有《翁文恭公日记》《瓶庐文钞》《瓶庐诗稿》。翁同龢在书法上深谙"外密内疏"，再通以"平画宽结"的汉隶、北碑，从而成"南北一家"。融诸家之长，冶古今碑帖于一炉，终于开创了苍老遒劲、刚健浑穆、含蓄朴茂、组佩雍容的翁体。其书法纵横跌宕，力透纸背，为世所重。

（9）王懿荣（1845—1900年），山东福山人。光绪六年（1880

年）进士，甲午战争时期入值南书房，以翰林擢侍读，曾三任国子监祭酒，两度出任团练大臣，抵御外侮。对于王懿荣，后人大多记住了发生在他生命最后一年中的两件事：一是他最先发现了甲骨文，1899 年在中药“龙骨”中首先发现甲骨刻辞，并断为是古代文字，是我国第一代甲骨学家；二是他在八国联军入侵中国的国难之际，面对侵略者的野兽暴行后，极为愤慨而自杀殉国。

青年时代的王懿荣就“笃好古彝器、碑版、图画”等，沉耽于搜求鉴赏文物，尤潜心于金石文字之学。他重视收购收藏，善于拜师求教，对文物古籍有很高的鉴赏能力，是当时京师有名的金石文字专家，“凡书籍字画、三代以来之铜器印章、泉货残石片瓦无不珍藏而秘玩之”。历时 19 载，撰写成《汉石存目》《南北朝存石目》等书，成为当时著名的金石文字专家。他酷爱文物，一生为搜求散失在民间的古物几乎花尽了俸禄。“平日不问家人生产，至购买书画古器，则典衣质物亦所不计。”因为买文物，他经常典当衣服首饰，有时甚至把妻子的嫁妆都拿去典卖得钱以购文物。他在诗中表达了自己坚定的信念：“廿年冷臣意萧然，好古成魔力最坚。隆福寺归夸客夜，海王村暖典衣天。从来养志方为孝，自古倾家不在钱。墨癖书淫是吾病，旁人休笑余癫癫。”

王懿荣生前著有《汉石存目》二卷、《南北朝存石目》八卷、《天壤阁杂记》一卷、《翠墨园语》等著作。据罗振玉《俑庐日札》称，王氏殁后，他收集的上千片甲骨由其子卖给刘鹗。所藏钱币亦为刘鹗所得。其钱币学方面著述，已刊行的有神州国光社版《古泉精选》。

（10）张百熙（1847—1907年），湖南长沙人，光绪二十二年（1896）任国子监祭酒。同治十三年（1874）进士，仕途一帆风顺，曾先后担任过侍读、侍讲、日讲起居注官、国子监祭酒、都察院左都御史、顺天府尹和工部、礼部、刑部、吏部、户部、邮传部尚书，还担任过赴英国头等专使大臣、政务大臣、编纂官制大臣等重要官职，被清廷赐予赏黄马褂、赐紫禁城和西苑门内骑马等殊荣。

张百熙在清廷为官三十余年，但张百熙最为突出的是对近代教育的卓越贡献，是近代教育改革的先驱者。

1894年甲午战争后，以康有为、梁启超为代表的维新派认为，维新变法首先要从废科举、办学堂开始。就连慈禧太后也不得不声称“兴学育才实为当今急务”，并宣布逐步废除八股取士的科举制度。1901年12月，清廷派时任吏部尚书的张百熙兼任管学大臣，专门负责京师大学堂的恢复和筹建事宜。正如《清史稿》所记载“张百熙以人望被斯任，于是海内欣然望兴学矣”！

张百熙于1898年戊戌变法前就以经济特科荐康有为，认为康有为有非凡卓越的政治才干，必须予以重用。百熙积极支持康有为、梁启超的“废利举、办学堂”的思想，担任管学大臣后，就大刀阔斧地改革旧的教育制度——科举取士体制，最突出的是恢复和改革京师大学堂（即北京大学前身）。

张百熙认为，原来的京师大学堂“一切因陋就简，外人往观之，重轻之，等于豢养学堂”，实质上仍是一所封建书院。因此，百熙废寝忘食、呕心沥血，开创基业，物色人才、改革教育制度。1902

年8月，张百熙吸取西方先进办学经验，结合我国实际情况，亲自主持拟定了一套学堂章程上奏，经清廷批准颁布执行，这本章程被称为《钦定学堂章程》，也是我国第一个以政府名义规定的完整学制。

章程包括从蒙学（幼儿园）、小学、中学到大学的各级学堂章程，统一了全国各地各级学堂的教育体制。其宗旨是："京师大学堂之设立，所以激发忠爱，开通智慧，振兴实业"以及"端正趋向、造就通才，为办学之纲领。"章程规定：大学堂分大学预科、大学专门分科和大学院三级。大学预科分为二科，一曰政科，设经史、政治、法律、通商、理财等目；二曰艺科，设声、电、化、农、工、医、算等目。预科3年毕业，本科3年毕业考试合格相当于现代本科。大学专门分设的"科"，相当于现代大学下面的学院；科下又分目，相当于现代大学的系；大学院相当于现代大学的研究生院。当时的分科大学共设7科35目。

为了办好大学，张百熙十分注意延揽人才，他选定直属知州"桐城派"著名领袖吴汝纶为大学堂总教习。开始吴汝纶不愿出任，张百熙便穿着大礼服跪下不起，并说："吾为全国求人师，当为全国生徒拜请也。先生不出，如中国何！"吴汝纶才应允。当时海内一些著名的专家学者云集门下。如阳湖古文家张筱浦任副总教习；于式枚为大学堂总办，李家驹、赵从蕃为副总办；李希圣为编书局总纂；著名翻译家严复任译书局总办，林纾任副总办；知名人士杨仁山、屠敬山、王瑶舟担任国学老师，孙冶让、蔡元培担任史学教习，网罗名流、荟萃高等学府。经过招生，大学堂共录取学生182名，

▲ 京师大学堂旧址照片

▲ 京师大学堂华带牌

▲ 清代留学儿童合影

1902年12月17日，大学堂举行入学典礼，宣布正式开学（新中国成立前，北京大学即以12月17日作为校庆日）。

同时，张百熙设立了速成科，分为二馆：一是仕学馆，二是师范馆，还办了医学馆、译学馆、实业馆、报馆和书局等。以后的北京师范大学、北京医科大学即由师范馆、医学馆与京师大堂中的医学科演化而来。我国各省派官费留学生留学东、西洋也是从此开始的。

由于张百熙在筹办京师大学堂的过程中，重用了一些比较开明和进步的知识分子，引起了以慈禧太后为首的顽固守旧势力的反对和仇恨，对京师大学堂进行了恶意攻击和造谣诽谤，张百熙则首当其冲。顽固守旧势力的多方掣肘，使得张百熙的兴学抱负未能全部实现。

经过张百熙的苦心经营，尽管当时的京师大学堂与现代大学相比，尚有较大差距，但毕竟在我国办起了第一所有诸多现代因素的大学堂，开了现代大学的先河。张百熙于光绪三十三年（1907年）2月18日在北京逝世，享年60岁。清廷谕沿途各地方官在张百熙灵柩回籍时，“妥为照料，用示篡念荩臣至意”。予谥“文达”。灵柩由北京长途跋涉运回长沙家乡后，1908年8月葬于长沙县春华镇。

三、国子监的博士和助教

这里所说的“博士”是国子监里专门从事教学的从七品官员，不是现代意义的学位名称。“博士”一职本来是对博学之士的通称。战国后期，齐、魏、秦三国将博士设为官职，以充当君主的参谋或顾问，参议政事。秦建成大一统王朝之后继续沿用这种设置，同时兼有礼官性质，并典守图籍。汉武帝时，封建帝国空前强盛和稳定。统一的封建国家需要统一思想，于是儒家代表人物董仲舒提出了“独尊儒术”的建议，并且和丞相公孙弘等一起提议“兴太学，置名师，以养天下之士”。[1] 这个建议的提出，也有当时的历史背景原因。那就是刚刚经过秦始皇的“焚书坑儒”时代，被列为“禁书”的儒家经典被焚之一炬，但很多熟通儒家经典的知识分子（秦博士官）还存在，西汉王朝的建立，使得他们有机会向社会宣传儒家的思想主张，但却是处在秘密状态，都是在家里私下接收弟子“私相传授”。汉武帝之所以接受了董仲舒和公孙弘的意见，也有他作为一个政治家的考虑。公元前 124 年，汉武帝在长安为汉博士置“博士弟子”50 名，意味着“太学”的创立。需要说明的是，以往的博士也收弟子，如贾谊、董仲舒等人，但那都是私人行为。汉武帝为博士配置固定的名额招收弟子，则是官方行为。太学生的来源，一是由太常寺的官员直接挑选京都或京郊内年龄在 18 岁以下、相貌举止端正者入学；二是由地方当局选送，则有学习态度、品德表现等具体标准的要求。东汉以后，还允许参加明经科考试落第者补为太学学生，这一做法为后代所效法。凡被录取的学生，都被免服徭役，这是保证他们专心学习的必要条件。太学不收学费，提供住宿，但日常生活还是要自理的。太学生中也有不少是贫困生，往往还要靠做工来维

[1] 《五礼通考》卷一百七十一。

持生计。例如，后来成为东汉太学博士的倪宽由于贫困，靠的是给其他太学生做饭而维持学业；很受东汉光武帝青睐的博士桓荣，在太学学习时则是靠给别人打零工来筹集学习生活所需钱财的。

从汉武帝开始，太学成为国家最高学府的名称，标志着中国古代中央最高学府的诞生。在这样的大学里面，教师被称作“五经博士”，是汉武帝采纳公孙弘的建议而设的教职。这些博士各专一经，主授一经。有了这样的“正名”，五经博士们自然可以名正言顺地讲习、传授儒家经典了，形成了“天下斐然向风，公相授受，以为世业”的学术局面。此后，博士专掌儒家经学的传授，执教于太学，乃成为传播儒家学说的国家学术官员。其职权范围有：议政、制礼、藏书、教授、试策、出使等。此外，汉代太学博士还提供咨询，参与议政，或被派遣巡访地方。博士的首席，西汉时称“仆射（yè）”，东汉时称“祭酒”，首席博士由太常寺推举博士中德高望重者担任。对此，明朝景泰年间的文渊阁大学士丘浚曾感叹道，汉武帝这样做固然有功，但儒家学说更有着不可以小看的力量！

到了东汉以后，五经博士中先一人为祭酒，统领纲纪。汉代对太学博士要求很高，选拔也很严格，如汉文帝时，把博士分为儒家“专经博士”与“诸子博士”；汉成帝时要求博士要“明于古今，温故知新，通达国体”[1]。所以，当时的博士均为精通儒家典籍的权威学派的名家。

[1] 《西汉文纪》卷四。

“五经博士”都是各专一经的儒学大师。“弟子”来自全国各地。下图汉代画像砖刻画了汉代太学博士坐堂讲经，弟子手捧竹简认真听讲时的情景。汉代博士讲的“五经”是什么内容呢？这是《易》《书》《诗》《礼》《春秋》五部儒家经书著作。我们在给大家介绍国子监十三经碑林时曾扼要地介绍过。“经”的称谓不是自古有之，而是孔子后才出现的。“孔子曰：入其国，其教可知也，驻观其风俗，则知其所以教其为人也：其为人也，温柔敦厚，《诗》教也；疏通知远，《书》教也；广博易良，《乐》教也；洁静精微，《易》教也；恭俭庄敬，《礼》教也；属辞比事，《春秋》教也。”[1]孔子把自己之前的重要典籍《诗》《书》《礼》《乐》《易》《春秋》作为经典来阐扬儒家思想，但孔子并没有以“经”命名这些典籍。只是到了汉代，才把《易》《诗》《书》《礼》《春秋》五部经典奉为“五经”（《乐》的典籍毁于秦时的战火而失传，故未列入。）至于为什么把这些儒家典籍称为“经”，古往今来，众说纷纭，这个很有深度的话题还是留给感兴趣的读者探究吧。

国子监的教官称作博士和助教。博士作为教官的设立如前所述，明代设立五经博士主持教学，每经设定一员，官从八品，是按人数确定编制的。清代仍由博士主持五经传授，设立满、汉各一人，官居从七品。这是按民族确定的编制。

助教是协助博士教学的教官，清初为从八品，乾隆元年（1736

[1] 《礼记注疏·经解》。

年）升为从七品。清代助教是按照六堂配置的。此外，如八旗官学、算法馆、俄罗斯馆等官学也配置助教一职。

元、明、清三代北京国子监的博士都负责教学。清代国子监的祭酒、司业及六堂助教、学正、学录讲授《四书》内容，每月上旬助教讲书一次；下半月学正、学录讲书一次，兼及《性理精义》《资治通鉴》等内容；而博士专门讲《五经》的内容，于每月初一（或月初）、十五召集全体监生于彝伦堂上举办“会讲”（上大课主讲），会讲时，博士须先拟定讲题，严格遵循《御制经传》《钦定义疏》之义，不敢越雷池半步，务求宣明经义要旨。会讲结束后，由监生习读所讲内容，不明之处可以到教师那里去求教，或者互相辩问求解。每逢初一、十五，博士厅要将监生每天的读书札记和写字的情况汇总登记，呈送祭酒、司业查验。另外，对八旗官学、算学和留学生的管理、给这些学校派遣老师，抽查监生作业，都是博士的分内之事。国子监“南学”设立之后，博士还负有管理责任，经常要到南学巡查。

入国子监做教官，要求德才兼备。因为这里的博士、助教有师儒之责，不可忽视。所以，从元代开始就规定，不能按一般官员迁调之制，应选德高望重、能文辞且阅历资格相应者充任。清代规定，国子监汉员祭酒、司业须进士出身；满洲祭酒、司业以及监丞、博士、助教须进士或举人出身。汉员博士多是由府学教授升任。雍正元年，准许恩贡、拔贡、副贡出身之州学学正、县学教谕补考国子监监丞、博士、助教。

国子监博士大都按部就班选拔升任，但也有特殊情况，例如历史名剧《桃花扇》的作者孔尚任就是一例。孔尚任（1648—1718年）是山东曲阜人，孔子六十四代孙。虽然博学多才，却在科举考试中屡屡受挫。37岁前，一直在家过着养亲、读书的生活。为了进入仕途，他不得不变卖自家的房屋和耕地，买了一个监生资格，成为国子监的一名例监生。

康熙二十三年（1684年）十一月二十一清晨，康熙南巡北归，特至曲阜祭孔，至大成殿行三跪九叩之礼。礼后，康熙皇帝进入“诗礼堂”，衍圣公（孔子的嫡孙）孔毓圻举荐三十七岁的孔尚任御前讲《大学》首节，精彩的讲解，博得了皇上的赏识，“不拘定例，额外议用”，破格提拔他为“国子监博士”[1]。二十四年正月赴京就职，入国子监博士厅讲经，其间，孔尚任随衍圣公孔毓圻上朝谢恩，再次晋见了皇上。他在《出山异数记》中叙述了第一次在国子监彝伦堂露台上讲课的情景。文中写到：国子监祭酒翁叔元刚刚到任，得知孔尚任不久前曾给康熙皇帝讲过经书，所以特为孔尚任“设高坛于彝伦堂西阶，考钟伐鼓，集八旗十五省满汉弟子数百人，绕座三拜，任乃黄盖乌翣，开经敷讲。月期三集。讲毕，即将所讲经义，散给诸生。一时啧啧称为盛事云。[2]国子监博士工作繁重，生活却很清苦，孔尚任在其所作《燕台杂兴四十首》序中和诗文里都有生动的描写，如诗咏其住处：

[1] 《幸鲁盛典》卷六。
[2] 孔尚任·《出山异数记》。

▲ 汉太学讲经画像砖

▲ 孔尚任画像

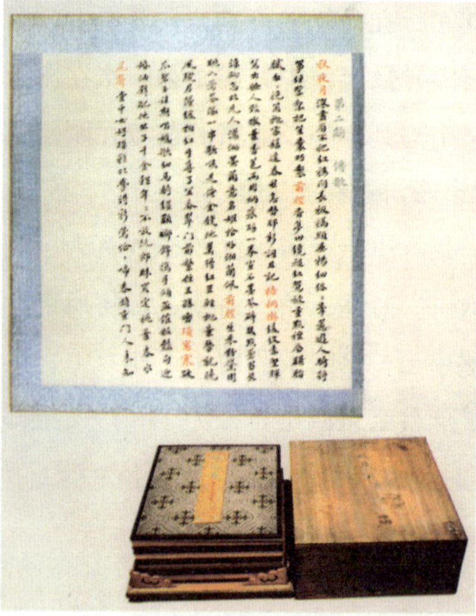

▲《桃花扇》书影

▲ 孔尚任墓碑

“朝朝吟啸此堂阶，一架藤萝惬旅怀。青草官田邻马苑，海波萧寺接天街。更翻题句无闲壁，缓急供茶少积柴。弹指十年官尚冷，踏穿门巷是芒鞋。”

39 岁时，孔尚任奉命赴江南治水，历时四载。二十五年（1686 年）七月，他奉命随工部侍郎孙在丰赴淮扬治河救灾。动身前又蒙皇上召见，“陛辞于乾清宫，天语劝劳”。康熙二十九年（1690 年），奉调回京，历任国子监博士、户部主事、广东司外郎。

孔尚任在国子监当了十年博士，中途参与黄河疏浚四年，他到淮阴、往来南京、扬州，结交江南士人。了解明末“复社”斗争的情况，实地收集了很多真实的素材，为他创作奠定了厚重的生活基础，康熙三十八年（1699 年），52 岁的孔尚任，几经辛苦，三易其稿，终于完成了《桃花扇》的写作。《桃花扇》以复社文人侯方域与秦淮名妓李香君的爱情为主线，展示明末清初时民族矛盾与阶级矛盾的图画，孔尚任在剧中塑造了反抗权贵的妇女李香君，颂扬抗清的史可法，痛斥阉党马士英、阮大铖的罪恶，也鞭挞了望风降清的文人。

《桃花扇》被编成戏剧上演以后，初演就轰动了京城，连康熙皇帝也派人索要剧本。一时“王公绅莫不传抄，时有纸贵”之誉。不仅北京频繁演出“岁无虚日”，而且传播到偏远的地方，连“万山中，阻绝入境”的楚地容美（今湖北鹤峰县），也有上演《桃花扇本末》。次年即康熙三十九年三月，孔尚任被无缘无故罢了官。“命薄忍遭文字憎，缄口金人受诋毁”[1]，从这些诗句看，他这次

[1] 《容美土司田舜年遣使投诗赞予〈桃花扇〉传奇，依韵却寄》。

罢官很可能就是因创作《桃花扇》得祸。原因很简单，《桃花扇》中所写的南明遗事题材，带有明显的政治性，亡国哀思，触动了满清政府的神经，其结果可想而知。但《桃花扇》以其结构严密，人物形象生动，语言优美，具有很高的艺术技巧，以及富于现实意义的历史内容而流传下来，成为不朽之作。与《西厢记》《牡丹亭》《长生殿》并为中国古典四大名剧，孔尚任也因此而名垂青史。

康熙五十七年（1718 年），这位享有盛誉的一代戏曲家，就在曲阜石门家中与世长辞了，享年 70 岁。

历代国子监博士出了一些名人和名著,除上边讲到的孔尚任以外，还有明代思想先进、一生充满战斗精神的思想家、教育家李贽；清初被推举为“一生真御史”，敢说敢为，不怕坐牢、杀头的李森先等。但是，作为大学里的教官，国子监博士大多数是老成持重，具有丰富教学经验的老教师，做到高官或在其他方面成名成家的很少。

四、国子监的学正、学录

在国子监里，讲授大课内容主要是由博士、助教完成的，贡监生回到六堂以后，平时的学习就需要有一些官员专事教学辅导，监督学生完成课业，这些官员就是始于宋代的学正和学录教职。元、明两个朝代，学正与学录一直是正、副职的关系：

元代的学正为正八品，学录为正九品，主要从国子监学习成绩优秀的监生中选拔录用。

明代学正为正九品，学录为从九品。明初对这一类官员不太讲求资历而重才德，但从成化年间开始则改为从举人、贡生中选拔，如遇特别优秀的则不受此规定约束。

清代则有所不同，在率性、修道、诚信、正义四堂设学正；崇志、广业两堂设学录。清初学正和学录的品级与明代相同，乾隆元年（1736年），学正学录并升从八品。学正、学录的选录必须有进士或举人出身，应选之人在新科进士中各按名次间接录取。

国子监助教是博士教学的助手，而学正、学录是主管六堂监生的班级辅导官员。他们上班的主要办公地点就是每堂的中一间位置。不仅主管教学，还要管理学生生活。每天上课划到（考勤），课程安排，解答疑问，检查学生背书，平时考试；下课后轮流巡查监内及学生号舍等等一样都不能少。优秀的学正、学录可以升任助教，还有直接升入博士的。助教可以调任六部官员或到州、县担任“正印官”（正七品）。

五、国子监的行政官员

在国子监的日常事务中，由于学校内外规模很大，贡、监生、八旗官生、留学官生来源和出身比较复杂；且还有集中住宿的在校生和分散在各地的校外生之分；大量的文献资料和印刷监本的版片需要妥为保管；用于师生的生活物资和银两需要管理和分发。要保证国子监能按照皇帝和朝廷的意志统一、有效地运行，这就必须配置相关品级的专职官员实行严格的管理。所以，在国子监里大大小小的所有官员中，除了上边讲述的担任教学的官员以外，还配置了一部分官员专事行政工作，这就是国子监的监丞、典籍、典簿和相关的办事人员。

监丞

“绳愆厅”，名称取自《易经》“绳愆纠谬”，是国子监负责行政管理的重要部门，意思就是纠正过失的职权部门。绳愆厅的主官是“监丞”。秦、汉时期从中央到地方的官署大都设置“丞”，为重要的辅佐官员。“监丞”一职的由来也有相当长的历史年代了，那是在隋炀帝即位以后，将隋文帝手里改制的国子寺改名为国子监，并重新沿用了旧的官职名称，除了设立主官祭酒以外，他还决定增设了司业、监丞等官职。从那时起，国子监里就有了监丞的官员编制了[1]。

根据《钦定国子监志》的记载，国子监监丞的责任是：“掌学规，以督教课，查勤惰，核支销。”具体的主要工作还有以下内容：

一、每逢有新的贡监生来国子监报到，由监丞先行查验新生的相关文书，月初国子监内“朝参”时呈给祭酒、司业主官审核批准，把新补充的贡监生情况张榜公布，并按国子监对其“考到”和“考验”的成绩分拨到六堂接受教育。

[1] 《钦定历代职官表》卷三十四。

▲ 绳愆厅外景

▲ 绳愆厅复原后的内景

二、在班内满员无法补充新生的时候，就让新生每月望日（农历小月十五，大月十六）到国子监来听会讲，跟上监内的学习进度。一旦有了空缺名额，将根据听课次数的多少和个人的意愿，补充到六堂内、外班继续学业。

三、批评责罚旷课、旷职者；纠正有失礼仪的行为；发现散漫懈怠的现象给予惩戒，且记入《集愆册》。对于屡教不改者，则向国子监最高官员告发，一旦批准，便交监丞惩办。《明史》记载国子监的惩罚时说，“有不率者，扑以夏、楚”。“夏”是一种体罚刑具；“楚”则是用荆条主干做成的刑杖。“扑”的意思除了是击打以外，还是一个象声词。文字中就充满着血腥之气，可见惩罚之惨烈！

四、对请假的人，实行登记制度，返回后实行销假制度。

五、贡、监生在国子监肄业期满，与相关的官署（主要是礼部和吏部）询问商议铨选事宜，经批准后，组织贡监生的会考。

六、八旗官学的教习如有缺员，经过相关的衙署批准，可以从这些肄业期满的贡监生中递补。但事先要把他们的课业成绩排出名次，呈送祭酒或太常寺批准后方可进行。

七、孔庙每年一次的丁祭典礼和每月的朔、望日拜庙活动都是由监丞事先统计数，到太常寺组织演练，熟悉礼仪细节。

八、每月由绳愆厅核对六堂内外班贡、监生人数，内班的贡监生发给膏火银（生活津贴），外班的贡监生发给衣服银。

绳愆厅也是执掌监规、督察师生行为的专门行政机构，监丞掌握着相当的权力。厅内除公案、公椅用于日常办公之外，和其他官员办公处所不同的是，监丞握有执行惩罚的权力，一旦祭酒司业批准，就可以对屡犯不改的人大打出手。因此，监丞的办公室还备有竹板、篾板、刑杖、黑红板，且特备行扑红凳两条，那可是专为多次违规且屡教不改的师生趴在上边挨打用的。

明代太学各项簿籍名录表

分类	簿籍名称	功 能	掌管者
一般行政事务	公坐簿	检查国子监职员每日在监状况，每月一本	东厢（祭酒）
	堂稿簿	登记监内各项事务的具体缘由	东厢（祭酒）
	号簿	需用印章的各项事务记录	东厢（祭酒）
	印簿	每日用印章的数量、事由记录	东厢（祭酒）
	访官簿	春秋丁祭，查访各官寓所记录	绳愆厅
	集禧簿	祭祀结束后，应颁胙的官员名录	绳愆厅
	序任簿	属官任职、升迁记录	绳愆厅
	供事簿	拨礼生数量、姓名及堂友长名录	绳愆厅
在监学生人数等情况	实力簿（南监称“精微簿”）	检查监生入监、出监情况。分三簿：官生、举人为一簿，岁贡生为一簿，授例生为一簿	两厢（祭酒、司业）绳愆厅
	班簿	点名簿。检查32班学生在监情况	两厢（祭酒、司业）绳愆厅
	文簿（假簿）	登记监生请假事宜	两厢（祭酒、司业）绳愆厅
	流水簿	每日入监监生名录	绳愆厅
	习礼公侯伯卯簿	到监习读公侯伯的名单，兼作点名簿	绳愆厅
	各堂勘合文簿	监生每日在监情况记录	六堂官
	六堂通知簿	监生每日坐堂情况记录，供拨历时参考	六堂官
	六堂卯簿	监生每日坐堂情况记录	六堂官
	拨历簿	拨出历事监生人数及名单记录	东厢（祭酒）
	拨差簿	拨出办事监生人数及名单、事项记录	东厢（祭酒）

续表

分类	簿籍名称	功　能	掌管者
纪检簿	监规簿	检查监生背诵监规情况	两厢（祭酒、司业）绳愆厅、博士厅
	集愆册	登记学生所犯错误及处罚情况	两厢（祭酒、司业）绳愆厅
	举善簿	登记学生善行	两厢（祭酒、司业）绳愆厅
后勤情况	文庙礼器乐器簿	登记文庙礼器、乐器	东厢（祭酒）
	各项器用簿	监内各项器物记录	东厢（祭酒）典簿厅
	官廨簿	国子监官房数量、面积、存卖状况记录	东厢（祭酒）
	内外号舍簿	学生宿舍情况记录	东厢（祭酒）
	经籍书版簿	经籍书版存毁状况记录	东厢（祭酒）
	徒役簿	杂役人员记录	东厢（祭酒）
	钱粮出入簿	国子监收支钱粮情况记录	东厢（祭酒）
	巡风簿	巡守内号舍、巡守仓库的轮班名录	绳愆厅
教学情况	背书簿	学生背书情况记录	博士厅
	讲书簿	会讲日六堂官讲题记录	博士厅
	查课簿	监生作课情况记录	博士厅
	查仿簿	监生写仿（书法练习）情况记录	博士厅
	讲诵簿	监生每日讲诵情况记录	六堂官
其他	生员改监红单	生员转监证明	东厢（祭酒）
	生员拨历序单	生员拨历的资格证明	绳愆厅
	粮票	生员支取馔米、月粮的票据	绳愆厅
	膳银钱钞票	生员支取膳银、钱钞的票据	绳愆厅
	粮单	监生支取廪粮的详细清单	六堂官

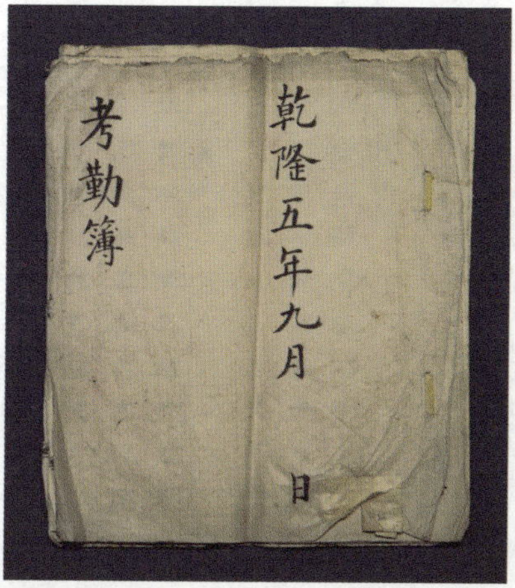

▲《考勤册》

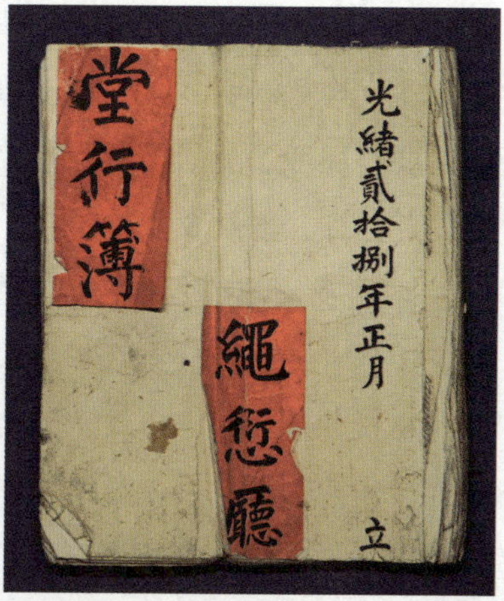

▲《国子监堂行簿》

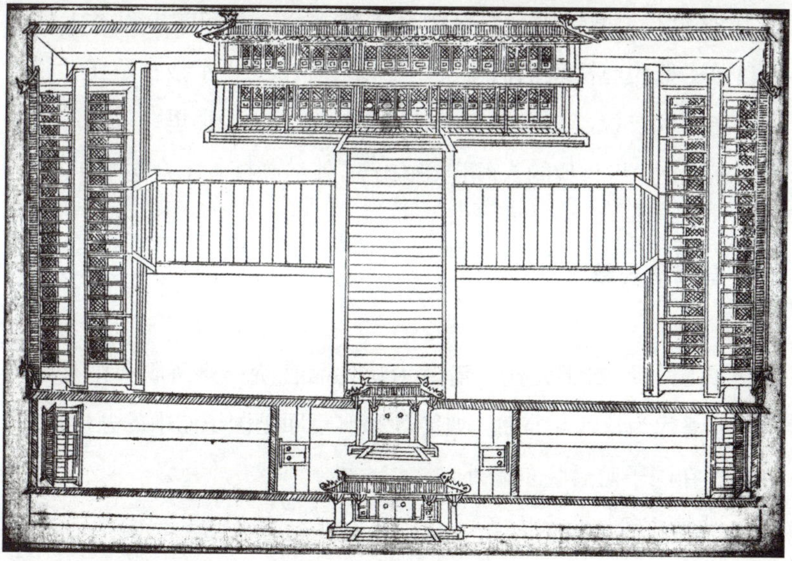

▲ 古籍中国子监“御书楼”绘图

国子监各种登记册很多，其中由绳愆厅掌管的有16种。一般师生违反规章制度，初犯登记在册，再犯打手板5下，三犯“补责”，就是要打屁股了。如果所犯错比较严重，直接依规“痛决”，被打得皮开肉绽，以儆效尤。

监规中还有“罚旷”“压拨”等行政和经济手段，平时没按时完成作业或马虎交差，一经发现，“罚旷”1至3个月，不给计课时不说，还要扣除口粮。上大课（“会讲”）后绳愆厅点名，没到者“压拨”一次，就是推迟毕业实习的时间，所以学生情愿忍受皮肉之苦，也不愿意被扣口粮和推迟毕业。然而一旦犯错误就由不得自己了，甚至辩解也是不允许的。

明初，宋讷任国子监祭酒。学规森严，有的学生受不了体罚而自杀。监生赵麟就悄悄写了一个没署名的“小字报”贴在学校，表示指责和抗议。结果被查出，一直捅到了皇上那里，朱元璋下令杀一儆百，并将赵麟的头颅挂在国子监外的高杆上示众达半年之久。

典簿与典籍

典籍一职始于元代，清时为从九品官阶；典簿职务则是明代所设，清代为从八品官阶。典簿厅和典籍厅是国子监中的办事部门，分别设在国子监后院东墙外。

典簿主管人事和财务。

“典簿厅”主管国子监的公文传递，人事及财务收支等一应事务。比如官员复职，学生的复班查到，监生探亲、养病；监生“拨差”、“拨历”、每月发放钱粮都归典簿办理，类似现代综合办公室的职权。

“典籍厅”可以说是大学图书馆的办公室，典籍一职作为从九品小官，就是图书馆馆长了，而真正的图书馆实际是他所管辖的“御书楼”。御书楼里收藏着历朝皇帝“钦赐”“钦定”的各类书籍和用于印刷书籍的大量雕版（包括武英殿部分雕版），皇帝临雍时的宣谕文书，还有国子监历代收藏的珍贵书籍文献和碑刻。主要工作是图书、雕版的收集、保管和借阅。

典籍厅不仅负责管理书籍，国子监里的珍贵文物也归其保管。北宋复刻的《兰亭序》刻石，就是珍品之一。传说唐太宗命擅书之臣临写《兰亭序》，而欧阳询所临写的最为逼真，故刻之于石。宋庆历年间（1041—1048 年），被李学究发现于定武（今河北正定），故称欧阳询临写的《兰亭序》为“定武本”。李学究临摹勒于石上交御府，后不知去向。原石后归薛向、薛绍彭父子所有，薛绍彭又摹刻勒石时，缺损“湍、带、右、流、天”五字。宋徽宗大观年间（1107—1110 年），“定武本”兰亭石刻收藏在北宋皇宫宣和殿后，“靖康之变”时被金朝所得，用毛毡包裹运至燕京，元代由赵孟頫书写的《乐毅论》刻于其背（此本最为珍贵）。刻石几经沧桑，落户国子监，是存世最早的“定武本”兰亭石刻，其文物价值非常之高。

上面给大家简单介绍了国子监的教学和管理官员，还有一个需要特别说明的，那就是由朝廷对这些官员的年度考评——京察。

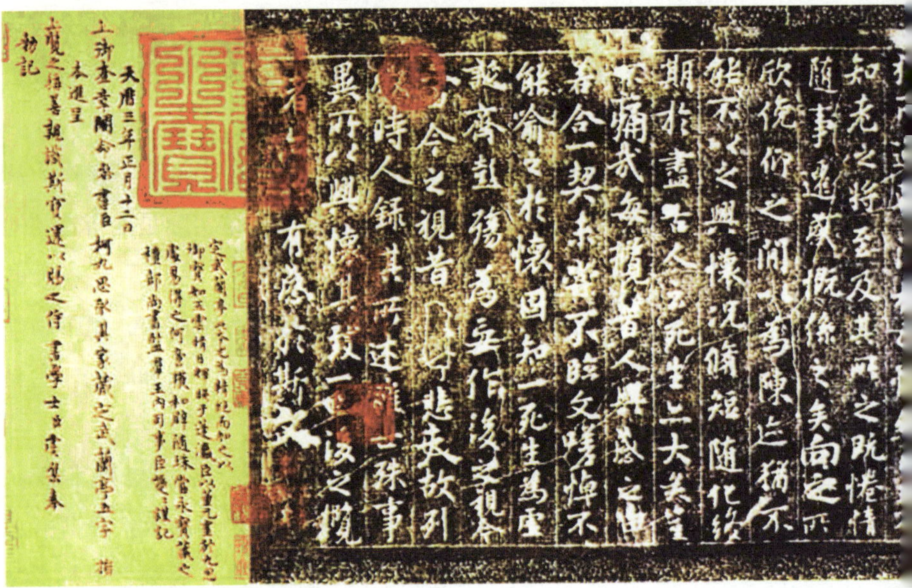

▲《兰亭序》照（背面为元代赵孟頫所书《乐毅论》）

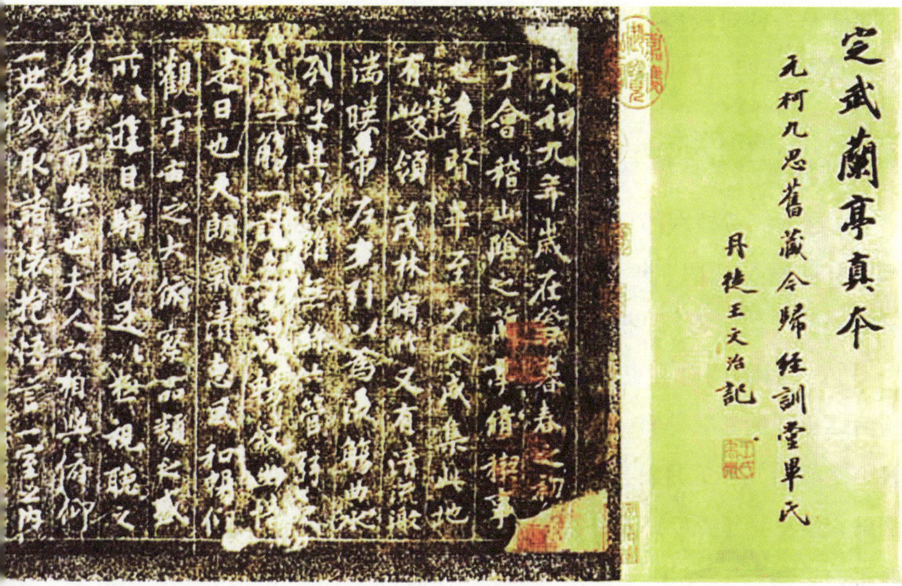
定武蘭亭真本
元柯九思舊藏今歸經訓堂畢氏
丹徒王文治記

这同样是一种对教育实施管理的国家行为。

京察是明、清两代考察京官的制度，始于洪武朝，清初沿用明制。

关外官员考核始于皇太极设立六部3年后的天聪八年（1634年）。这一年考核六部官员。内三院、都察院官员也纳入考核对象。八旗驻防官员任职3年后也要考核。他们第一次考核是崇德元年（1636年），经过考核，根据表现评定是否称职，然后决定升降去留。

入关后清朝对官吏的考核承袭明制，采取京察、大计两法。顺治二年开始考核外官，称作“大计”，3年一次。考核京官叫作“京察”，顺治九年五月首次进行，以后6年一次。康熙朝曾两度停止京察，雍正元年（1723年）恢复京察，定为3年一次，子、卯、午、酉年为京察之年。

实际开始以京察考核京官是顺治十年四月。京察、大计都是考核才（才干）、守（操守）、政（政务）和年（年龄、健康）4方面。每个方面有3项考核标准：“才”有长、平、短；“守”有廉、平、贪；“政”有勤、平、怠；“年”有青、中、老。考察结果分称职、勤职、供职三等留用。劣者分为六类：不谨、疲软、浮躁、才力不及、年老、有疾。处分有三等：革职、降调、致仕。注考咨送吏部。吏部会同都察院、吏科、河南道共同阅看议处。贪官酷吏者尤要严办。

根据《清仁宗实录》十七年记载，嘉庆十六年大计，下面是浙江和云南大计结果：浙江卓异官11员，年老官7员，有病官员1名，才力不及2员，浮躁官1名；云南卓异10员，不谨官2员，年老官4员，有病官2员，才力不足官2员，浮躁官2员。

大计的考核有两种。县、府、州、道、司考核下属，造册报督抚，督抚复核，写出考评语，送吏部复核。布政使、按察使则由督抚出具考评语送吏部。吏部复核后上报皇帝。大计有“卓异”与“供职”两等。京察，根据其官居的等级有三种情况：三品以上的大臣，首先自陈，吏部填写履历列题，报告皇帝。督抚也作为京察对象。他们与尚书、侍郎、左都御史、副都御史被放在不同的册子里上报；三品以下的官员，如京堂、内阁侍读学士、翰林院侍读学士、侍讲学士、左右春坊与庶子等与皇帝比较亲近的官员，由吏部填写履历报皇帝，由皇帝引见；最后是四品以下的官员，如翰詹、科道、司官、小京官等，由各衙门考核，吏部与大学士、都察院、京畿道对他们进行复核，评出等第，上报皇帝。《清会典事例·卷七九》中规定：清朝国子监教官，按在京官员的统一规定，也要实行“京察”。京察有三等：一等称职，二等勤职，三等为供职。凡京察评为一等的有定额限制，一般是京官总数的七分之一。

官员根据京察结果升级、保留职务或降职，国子监的官师们也不例外。

明太祖时国子监最为兴盛，当朝的高官多为国子监生出身。虽然后来进士日益受到重用，监生失去了恩宠，但国子监的贡生还能成为府一级的副职及州、县正官，且多为中下级官员，花钱买来的例监则只能成为州县的副官。

第九章　“六贡”生　皆秀才、“四监”生　无身份

▲ 晚清举人进京考试照片

《明史》中总结关于人才的培养途径时说："学校以教育之，科目以登进之……学校者，储才以应科目者也。"[1] 这里所说的"科目"，就是我们所常说的科举制度。科举选拔人才，在国家来说是为求得理想的官吏，而对个人来说，是为了取得为官之途，即"学而优则仕"。无论是求得官吏还是为了个人为官，都必须经过教育。所以明朝初始国家养士与取士并重，而养士的责任就落在了中央和地方两级学校的肩上。明太祖时国子监最为兴盛，当朝的高官多为国子监生出身。"太祖虽间行科举，而监生与荐举人才参用者居多，故其时布列中外者，太学生最盛。"[2] 虽然后来进士日益受到重用，"众情所趋向，专在甲科"，监生失去了恩宠，但国子监的贡生还能成为府一级的副职及州、县正官，且多为中下级官员，花钱买来的例监则只能成为州县的副官。正所谓"诸生入国学者乃可得官，不入者不能得

[1] 《明史》卷六十九·选举。
[2] 《明史》选举志一。

也”。[1]国子监作为明、清两代皇帝直接管理的国家最高学府，都有哪些人可以到这里接受教育呢？

谈到这个问题，有必要先了解一下地方学校教育的简单情况：

地方学校包括府、州、县等学校，这些学校统称为“地方儒学”，学与学之间没有隶属关系。由于地方学校教育中有许多名称容易与科举考试的一些名称相混，所以需要先了解一下地方儒学的考试情况。

取得参加科举考试的基本前提，是所有具备条件的人必先参加地方儒学的考试，这些人被称作“童生”（注：称谓，非年幼者）。这样的考试共有县试、府试和院试三种。县试每年二月举行，由知县主持。考前要报名，填写姓名、籍贯、年龄和三代履历。倡优、皂隶的子孙与居丧守孝者不能参加考试，考生由5人联保，另有本县一名廪生作保人。童生入学要通过本县知县主持的“县试”、通过管辖本县的知府主持的“府试”和经过由中央派遣“钦命提督某某省学政”（前边我们所提到的刘墉就担任过这样的职务）主持的“院试”（亦称“道试”）考试。学政根据童生考试成绩的优劣，按规定名额录取，被录取的童生才可以入地方儒学读书。童生进入地方儒学读书，称“入泮”“进学”。取得了入学资格的童生就称为“生员”，也就是我们所熟悉的“秀才”。当了秀才就有了一些特权，享受“免其丁粮，厚以廪膳”“各衙门官以礼相待”的待遇。

[1] 《明史》选举志一。

生员如有过犯，地方官不许斥责；犯了重大罪过，要先经过学政同意，革去生员学籍以后才能惩办，更不许摊派充当杂色差役。嘉庆十六年就谕旨重申这个制度："文武生员，不准充赝官役杂差，载在《学政全书》，定例纂严。原以生员为齐民之秀，国家培养人才，各宜洁修自爱，岂可承充官役，自取侮辱？"[1]

生员（秀才）一般隶属本府、州、县学，是"地方粮票"，还不属于国家性质。各地生员可以参加定期或不定期的考选，入京师国子监读书。一旦入监，就不再是本府、州、县学的生员了，而称为"贡生"，意思是贡献给朝廷的人才。明、清两代选入国子监读书的贡生有不同名目。明有"四贡"，即岁贡、选贡、恩贡和纳贡，且明中后期国子监中以贡生居多。这其中的原因还是从永乐朝的一个招生政策开始的（洪武年间也有此种情况，是偶然为之，不是政策）。据《明史》记载，永乐朝曾挑选优秀的落第举人（副榜）入监学习，于是这些人便成了国子监的"贡生"。目的是参加下一次科举考试，学习期间还给予教谕待遇的俸禄，翰林院每3个月对这些人考试一次。后经考试发现这些副榜生的文化水准很是不错，与那些考取进士后任庶吉士的水平相当。因此，索性把以后的考试取消，把在25岁以上的副榜生直接委以教职，吃俸禄，岁数不足25岁的则留监继续学习。这个很优惠的政策到了正统年间就不行了，因为这些副榜生都嫌教职地位低下，无人追捧，以致入监学习者少，

[1] 《钦定大清会典事例》卷三九二，嘉庆本。

▲（清）夸官图

愿任教职者更是稀缺，请也请不来。

“天下教官多缺，而举人厌其卑冷，多不愿就。十三年，御史万节请敕礼部多取副榜，以就教职。部臣以举人愿依亲入监者十之七，愿就教职者仅十之三，但宜各随所欲，却其请不行。”[1]

明嘉靖中期，南、北国子监都严重缺员。为了挽回颓势，补充国子监的学生数量，除了原有的选送“岁贡生”之外，朝廷也曾经讨论过让参加科举考试的落第举人到国子监里来学习，然而很多落第举人并不买账，只好频频地从府、州、县学中选拔贡生以充国学。这就是明代国子监为什么贡生多的原因。

清朝则有“六贡”，即恩贡、拔贡、副贡、岁贡、优贡和例贡。这些对贡生的不同分类和称呼后边会讲到。

属于国家性质的科举考试要经过三级，第一级的是“乡试”，主要在各省举行，考中者取得“举人”的资格。乡试后的第二年三月举行“会试”（亦称“春闱”），这是科举考试的第二级。参加考试的考生必须是举人，是不是官都可以，只要具备举人的资格就可以参加。考试的地点在北京贡院，由礼部主持。举人参加会试及格后获得的资格叫“贡士”（注：不是贡生）。每科的贡士从全国赴京应考的七八千新旧举人中间考取，而录取的名额也只有数百名，

[1] 《明史》卷六十九。

最多时400名（顺治三年、九年），乾隆朝末期时最低，只有90多名。据《大清会典事例》中历科中额和《续清文献通考》殿试人数统计，清朝会试一共举行了112科，共录取进士26391人，平均每科录取236人。[1]可见竞争之惨烈！这几百名考取了贡士的最后一关就是参加由皇帝亲自主持的考试，这是最高一级的考试，叫作殿试。一般若没什么意外事故，所有的贡士都会取作进士，关键是由皇帝钦点一甲前三名，分别是状元、榜眼、探花。

这就是一个读书并取得功名的简单过程：地方童试选“秀才”；秀才到省城参加乡试选“举人”，中举者第一名，叫“解元”；举人到礼部参加会试选“贡士”，贡士第一名叫“会元”；贡士参加殿试，由皇帝来选三甲进士，一甲第一名为“状元”，乡、会、殿三级考试都获得第一名就是所谓的“连中三元”。这样的科举考试每隔三年一次。

一、国子监的“六贡”“四监”生

下边回过头来说说明、清两代国子监的贡生与监生为什么会有不同的类别称呼。

这是因为他们的出身不同，来源不同，选取的方法不同。要了解贡、监生的生源，还要从与秀才关系密切的等级说起。上边我

[1] 商衍鎏，《清代科举考试述录》，紫禁城出版社，2014年。

们说到了考入地方儒学的生员（秀才），这些生员在校学习时，照样有考试在等着他们，除了平时的小考之外，还必须参加由学政主持的、每3年两次的“岁试”和“科试”。以“岁试”成绩的先后、根据规定的名额评定出等级，成绩居于前三等的，一等为廪膳生员，简称“廪生”，他们可以享受“国家助学金”，每年能领取白银（即“廪饩银”）四两；二等为增广生员，简称“增生”，他们不享受廪饩银，但可补廪生缺额；三等为附学生员，简称“附生”，自费。如果岁试成绩居第四等的话，这些秀才们就惨了，那就失去了参加“科试”的资格考试了（即通过“科试”确定参加乡试的资格）。明白了这些背景知识，就容易了解国子监不同身份的贡、监生了。

清沿明制，清朝的国子监里也有贡生、监生。贡生身份的学生一共六种：岁贡、恩贡、拔贡、副贡、优贡和例贡，共同的一点是他们都是秀才出身，但选送进入国子监的途径却不一样。我们先通俗地来简述一下他们之间的区别：

“岁贡”是论资排辈选送的廪膳生员，多为资格深但也年龄偏大者，当然也不乏身强力壮的廪膳生员。我们所熟知的蒲松龄就是到71岁才成为贡生（岁贡）的。那一年是康熙四十九年（1710年）。

“恩贡”是皇帝遇到喜事（登基、大寿、大婚、临雍等）加恩选送的生员，始于顺治五年（1681年），皇帝临雍时陪同的圣贤后裔生员也在其列。

“拔贡”是由皇帝钦派的教育官员学政把关、由各地选拔推荐的生员。一般是每12年进行一次。

▲ 清国子监生服装复原

“副贡”是限于名额而不能录取为举人的副榜优秀生员，由廪生或监生中副榜者选送。

“优贡”是由学政推荐并选送那些孝顺父母、敬爱兄长、品德高尚的生员。

“例贡”是由生员捐钱交银144两而得的贡生身份。

除了上面讲的“六贡”，还有四种来源不同的监生，他们的共同点是大都没有生员（秀才）的身份。简称之“四监”。

“恩监”，始于乾隆二年（1737年），可分为两种：其一，由八旗官学中的汉文学生中考取，每3年一次。由于这是皇帝对八旗官学的特殊照顾，所以列为“恩监”录取；其二，皇帝临雍时，陪同的圣贤后裔中没有生员资格的，准作恩监（有生员资格的，准作“恩贡”）。

“优监”的选取标准和遴选与遴选优贡相同，但选取的对象不是廪生、增生，而是第三等级的附生。

“荫监”，在京文官四品、在外文官三品、武官二品以上；效劳多年的大臣；州县副职以上官员因公死难者均可送一子入国子监。

“例监”系原本无生员资格、但捐钱交银108两可获得“监生”资格的人。

这些来源不同的学生统称为“贡、监生”，或“国子监生”（简单概括就是“六贡四监”）。我们把有关简单的说明制表于内，借此可以比较清楚地了解贡监生的区别。

国子监贡监生的来源表

朝代	称谓	入学条件	选拔办法	名额限制	说明
明朝	举监生	科举会试中落榜的各地举人，一般年龄在25岁以下	一般采取半强制性质	无固定名额限制	一般每次科考后入国子监继续读书，此类生源水平较高
	贡监生	全国各府、州、县学生员（廪膳生）选拔贡送，一般为20岁以上	各地经过考选送到京城，由翰林院考试，到国子监后还要经考试，按成绩分配各堂	府学每年1人，州学3年2人，县学2年一人	明代岁贡几经变动，表中所列为基准数，是国子监学生的主要成分
	荫监生	在京四品以上，京外三品以上，武职二品以上官员子弟或勋臣国戚子弟	保送	无明确限制	此类高官贵族子弟在监学习，没有多大成效，但却是监生的重要成分
	例监生	全国各地平民捐资纳粮，政府特准许其子弟入监学习的，25岁以上	按规定金额和粮食缴纳给政府，经初步考试合格	捐纳办法时断时续，要按当时朝廷规定的数额录取，各地名额有差别	明后期占监生比例较大（约50%），一般学识水平较差
	明代贡监生中还采取“选贡”“考贡”“例贡”“恩贡”等不定期方法输送生员，以解决国子监生源不足和老龄化问题				

续表

朝代	称谓	入学条件	选拔办法	名额限制	说明
清朝	岁贡生（也称常贡）	由各省的府、州、县学及八旗官学，将资格最老的廪生，按享受廪饩银的年数为顺序依次选送	顺治二年(1645年)，令各省推荐廪生入国子监深造，由学政确定。为保证岁贡生质量，实行一正二陪制度。正贡即正式贡生；陪贡即候补贡生。两名陪贡则分一陪，二陪。如正贡不行，依次下选	京师八旗3人；盛京八旗满蒙3年1人，汉军5年1人，直省府学1人，州学3年2人，县学2年1人	因每年定额选送，故称岁贡
	恩贡生	同上	顺治元年（1644年）始。凡遇国家庆典吉事，如天子登基，临雍，由皇帝下诏以本年岁贡为恩贡，一陪为岁贡	同上（数量增加一倍）	无固定时间，属于临时措施
	拔贡生	不限于地方官学的廪膳生，凡是岁试科试的一、二等的都可以入选。由学证会同地方官员会考复核	顺治元年(1644年)谕，各地推荐拔贡，考核文行兼备，真才实学，录取后送到京城参加廷试，成绩一、二等的直接授官，三等的入监学习	顺天府学6人，直省府学2人，各州县1人。雍正期又定，满蒙每旗选2人，汉军每旗1人	拔贡每12年1次，因不限于各学公费生，故称。拔贡生的质量最高。雍正五年改为6年1次，后又改回
	优贡生	孝顺父母、敬爱兄长、品德高尚的廪生、增生准作贡生，即优贡，学证核定，礼部会国子监复核	始于雍正元年（1723年），乾隆四年（1739年）礼部议准，各省学政三年任满后，应举报优生，并限制人数	全国大省份5—6人，中省3—4人，小省1—2人	优贡生每3年1次。同治二年（1863年）始定标准，依其等第高下授官

续表

朝代	称谓	入学条件	选拔办法	名额限制	说明
清朝	副贡生	顺天府及各省乡试考中副榜的生员（也称副榜举人）	始于顺治二年（1645年），顺天府乡试副榜五十五名，增生、附生准作贡生、监生；廪生及恩、拔、岁贡生、监生，俱免其坐监，即与廷试，试后授予官职	届时规定名额	副榜，是各省乡试每正榜五名，设副榜一名。正榜即正式录取的举人名次榜。此外限于名额不能录取为举人的优秀者，也写成一榜，叫作副榜
	例贡生	由廪、增、附生员或俊秀监生交银144两取得贡生资格	始于顺治五年（1648年），由原籍官学、地方官府证明或同乡京官保送	按当时规定额度	一般在原籍学校就读，科举时以监生资格参加乡试
	恩监生	八旗官学、算学中满汉学生、圣贤后裔无生员身份的		无明确限制	3年一次考试选拔或特殊情况（如皇帝临雍讲学）恩准
	荫监生	京文官四品以上子弟，在外文官三品以上子弟，武官二品以上子弟，在外死难官员子弟	恩荫，始于顺治初年。大臣效劳多年，皇帝特令其一子入国子监，称特荫，始于乾隆三年（1738年）	无限额	荫监根据情况，有恩荫、特荫、难荫
	优监生	各级学校自费生（附生）、武生	各地教官申报，学证核定，吏部和国子监会考录取	府学2人，县学1人	手续与优贡基本相同
	例监生	由未取得生员资格的平民俊秀子弟报捐108两白银取得	由各地方官学、官府证明或同乡保荐	按规定名额，一般是府学2名，县学1名	不得报捐例贡

从明代中开始，国子监有了“纳粟之例”，就是用一定数量的钱、粮甚至马匹来买监生的资格。“景泰始以狄人内犯，边境多虞，开生员纳粟纳马入监之例。”[1]以后，由于战争、天灾、国库空虚等缘由，“纳粟纳马”的做法在明代成化、弘治、正德、嘉靖年间数次开禁又数次严止，从最初的八九百人发展到了几万人的规模。其中一些没有任何出身的平民因此而获得了监生的资格。这些买来资格的监生在明代被称为“民生”，也叫作“俊秀”。清代也有“俊秀”的称呼，那是指无出身背景的汉族平民，“八旗子弟”无背景的则被称为“闲散”，以示区别。《清史稿》记录了这个规定：“凡满、汉入仕，有科甲、贡生、监生、荫生、议叙、杂流、捐纳、官学生、俊秀。定制由科甲及恩、拔、副、岁、优贡生、荫生出身者为正途，余为异途。”[2]康熙初年，规定所有“异途出身”者，汉人必须经过保举，八旗的“闲散”也须经考试，才能授京官及正印官，以此严加限制“异途”出身者充任官吏。这就是说，所有岁、恩、拔、优、副贡生、荫监生出身以及由廪、增、附生员、监生报捐贡生资格的，都是正途。但从康熙二十六年（1687年）之后，随着“捐免保举”“一例升转”政令的实施，“正途”“异途”之别也因此而废止。“乾（隆）、嘉（庆）以后，纳赀之例大开”“洎咸（丰）、同（治）而冗滥始甚”。[3]

---

[1] 《明太学志·卷一》。
[2] 《清史稿》卷一百十·志八十五。
[3] 《清史稿》卷一百十·志八十五。

▲ 满八旗悠闲子弟旧照

▲ 提笼架鸟

前面的表格，只能就各种贡监生的来源给大家一个简单的说明，并不是全部。因为历朝皇帝随着世事变更，政策多有改变，国子监生源的相应构成亦此废彼兴。比如，顺治朝最初十年（1644—1653 年），就是国子监贡、监生的“黄金时代”。清朝天下初定，统治的疆土面积广大，但八旗满洲尚未培养出具有较高文化水平的管理人员，中低级官员严重匮乏。此时具有一定文化水平的生员（秀才）们不仅得官快，无须在国子监苦读期满，就能得到正职。参加完每年四月十五日的廷试后，即按等授官，考得最好的用为知州，稍差一点的用为府的副职或知县，成绩中等的用为州的副职、县丞或教官。顺治十年（1653 年）以前，各地选送的岁贡生的仕途不亚于进士。

顺治十一年（1654 年）之后，因仕途壅滞，避免刚选送上来的贡生们一窝蜂似的都去参加廷试，官员孙柏龄上疏请求恢复贡生坐监（即入国子监读书）之制，这样就使得选送入监的贡生先要老老实实地入监学习，待到坐监期满以后再参加廷试考官。[1] 这个坐监期限初定时对各种来源的贡监生是不一致的，从恩贡的 6 个月到例监的 36 个月不等。其中对恩监最为优厚。大有“朝廷有人好做官”“近水楼台先得月”的味道。到了雍正五年（1727 年），就全部改为以 36 个月为坐监期满了，这是关于坐监时间变化的例子。

国子监生招生来源也有过变化。顺治十三年（1656 年），官员王命岳又奏准暂停选送恩贡、拔贡、岁贡生，对副榜贡生仍按旧

[1] 《钦定国子监志》卷三十五。

制。康熙元年（1662 年），甚至停止了副榜贡生的选送。这是由于康熙初年，皇帝年幼，由鳌拜等四大臣辅政使然。康熙帝于八年（1669 年）亲政后视察国子监，并于十年（1671 年）恢复了八旗岁贡生、直省拔贡生和副贡生，二十四年（1685 年），为笼络汉族士人，又令选取优秀生员（优贡）入监，每府学 2 名，每州、县学 1 名。这样的变动还有许多，这里就不一一赘述了。

二、国子监生的肄业与生活

（一）考到与考验

经过繁复的诸多考试，各州、府选送上来一大批符合条件的贡生和监生给国子监。但是，还不到这些人高兴的时候。乾隆四年（1739 年），国子监的入学名额“规定一百八十名，而选拔之年，贡入者不下千余人”。这就是说，各地送来准备入学的人数几乎是准入限额的十倍；乾隆十一年（1746 年），经国子监上奏，乾隆皇帝规定：“肄业贡监，向有缺额，若准贡之人一概留监，不免人浮于额，请一体考到、考验，录取肄业。”[1]

先解释这里说的“肄业”，它与现代意义不同，肄业指的是在校学习，尚未毕业。

[1] 以上引文见《清会典事例·卷一零九八》嘉庆本。

乾隆皇帝规定的意思很明确，贡监生的缺额需要补录的时候，各地选送的人员不能滞留在监内侍录，而是必须经过考试、补班，成绩达到补录标准后才能留在国子监学习。看来，要想真正成为国子监在校的贡、监生还真不是一件容易的事情呢！

原来，清代北京国子监实行内、外班制度且各有名额限制。内班是住校（住监）生，外班生不住校（不住监），但每月必须按规定的时间赴国子监应课。

各地选送上来的备选贡监生要经过怎样的挑选考试呢？首先由国子监的副职领导司业先行考试，这个考试称为“考到”，分出一、二等。列入一、二等者再由国子监最高领导兼管监事大臣和满、汉祭酒再行考试，这个考试称为“考验”。凡是属于岁、恩、拔、优、例五类贡生和会试未中的举人“考验”成绩在一、二等的，例贡与监生列入一等的，方准予入监学习。凡是参加考试三次都没有被录取，即使是被各州、府选送上来的，也要卷铺盖回家。

经过了上述“考到”“考验”挑选程序后，这些人还要经过一次“补班”考试（四书文、诗各一）才能补入各班。补班时有内、外班之分，根据本人意愿先后次序排定注册。愿入南学者，还需另行考取。这些都是对外省的贡监生来安排的。嘉庆初年决定，对于京师八旗以及大兴、宛平两县的贡监生一律不准补内班，原因很简单：离家近。[1] 由此看来，生活居住在京师的国子监贡、监生一律

[1] 《清史稿》·志八十一。

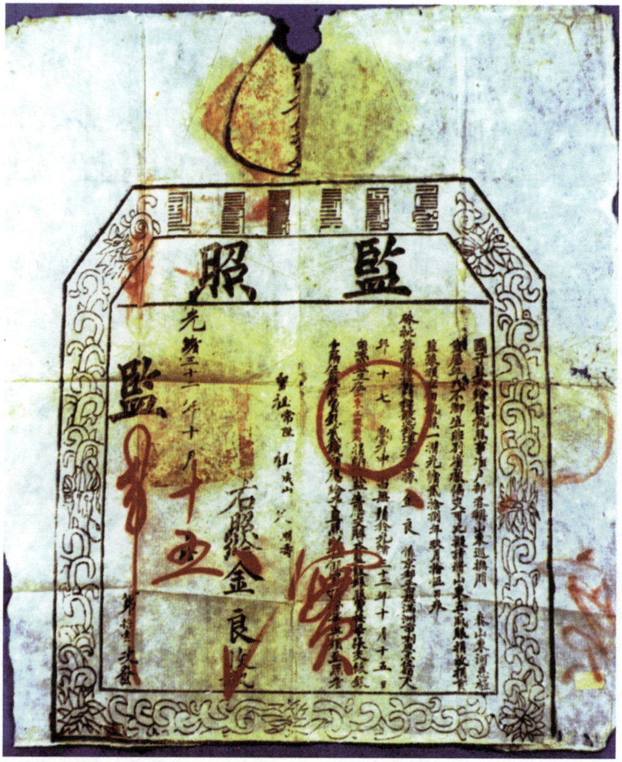

▲ 捐监大监照

为走读生。

从上边我们所叙述的过程来看，各地选送的贡监生，未必都能进国子监学习，而经过考试进入国子监学习的，又未必能即时补班。经过重重的关口，才能获得国子监监生资格的内外班监生都发给“监照”，这是资格和身份的证明，具有一定的“含金量”。凭借这一纸“监照”还可以取得很多特权。“正途”监生的监照在毕业时要求注销。捐监照和户部发的执照一般由个人保存，并凭此照参加学业考核和科举考试，因此如今保存下来的监照大多是捐监照。

（二）东西六堂的内、外班和南学编制

明、清两代的国子监贡监生都编入“六堂”学习，关于六堂我们在前面已经讲过了，这里不再赘述。主要说一说关于六堂的编制情况。

国子监太学门内，是最高学府的主要教学区，东西两侧长长的廊房就是国子监监生们学习的“六堂”教室。分堂的作用有点像现代学校的年级区别。明代国子监教学沿袭元代，实行“升堂积分制”。六堂中“正义堂”“崇志堂”“广业堂”为初级班；学习期限为一年半，学习期满，经考核文理条畅者，可升入中级的“修道堂”“诚心堂”学习，修业一年半以上，文理具优，经史皆通者，则可升入高级的“率性堂”就读。

考核有“坐堂”“考课”“积分”三种：

“坐堂”：坐监读书，一般坐堂约700天为限。

“考课”：定期对监生的学习进行考核，以成绩高低作为监生升等的标准。坐堂与考课都合格了，方可升入“率性堂”。

“积分法”：进入“率性堂”以后采取通过考试累计学分的方式来决定是否可以毕业。明代国子监规定：监生在率性堂学习期限为一年，这一年之中考试十二次，每次考试成绩分为三等：文理具优为上等，得一分；理优文劣为中等，得半分；文理不通为下等，不得分。一年之内累计获得八分即为及格，由朝廷发给资格证书，监生凭此可以充任相当的官职，不及格者依然留监学习。那些屡屡积分不够的“老不及格”贡监生，有的甚至留监学习达10年之久。清代国子监考核虽比明代有所区别，但基本沿袭明制。顺治十七年（1660年）开始，也按“积分法”进行教学管理，但只实行了一年便被废止。在监肄业的国子监生通过各种各样的考核，每过一定时间就会有由于“中式出学”（注：得官授职而离开国子监）和其他各种原因流动离监的缺额。国子监的学生离监不外乎这样几个原因：直接从国子监选拔入仕为官、通过科举中式而入仕、差遣历事（实习）离监在外、寄住亲戚处、服侍父母、双亲丧事、病假回乡休养、病故等，因此需要对这些缺额进行补班。清代将六堂贡监生分为内、外班并即时补充缺额可不是祭酒、司业们随便就能解决的问题，这需要有皇帝批准的六堂内外班编制限额，因为这关乎由朝廷支付内、外班生的膏火（津贴）银两数量。

六堂的编制有过许多变化：

乾隆二年（1737年），国子监奏准，每堂肄业的贡监生，内班30名，外班20名，共50名。六堂合计300名。

乾隆三年（1738年），裁去外班120名，只留内班180名。

乾隆六年（1741年），恢复外班120名。从内班拨出24人。[1]

乾隆六年后至光绪三十一年（1905年），内班每堂25名，共150名；外班每堂20名，共120名。合计为270名。[2]

每月六堂内、外班的缺额以历次“考验”录取应入监学习的贡监生，按复核考试名次先后，分别补充。[3]

在乾隆朝之前，还有一个“南学”需要说明。在前边的章节里讲过由国子监祭酒孙嘉淦上奏，雍正九年（1731年）批准设立的南学，那是令助教等教官和内班肄业生居住的，这些肄业生居住人数的多少，取决于根据内班名额所确定的比例，换句话说，不是所有的内班生都是可以去南学居住的。

根据《清会典》记载，国子监内外班的缺额数字统计截止时间是每月的二十六日（旧历），但要等到下一个月方行补充。对南学来说则是随时缺额，随时补充。补充的名额算在内班缺额数量。那时，谁都愿意住校学习，享受高额津贴，所以南学生一经传补，

[1] 《钦定大清会典则例》卷一百五十七。

[2] 《钦定大清会典》卷七十六。

[3] 《钦定大清会典则例》卷一百五十七。

即迁入学舍，一时人才称盛。道光二十九年（1849 年），经过几次整顿，住学者还保持了一百多人的数量。但道光皇帝是一个所谓"节俭"出了名的皇帝，自己穿的衣服不经过三次水洗都不能扔掉，何况对于国子监每年必须花费的巨额银两呢！故几次修改章程，为的是逐步减少付给国子监的膏火银，尤其要减少付给住南学内班生的银两。最不可思议的是咸丰四年（1854 年）因战乱所致，居然将 6000 两的膏火银骤减到 1200 两。

这种窘境一直延续到同治九年（1870 年），皇帝才恢复了原有的经费数额 6000 两白银，但对居住南学的贡监生数量却进行了限制，只能居住"肄业生中考选文行稍优者"40 名，仅占内班生人数的 26.6%，要求对这些人"严立课程，优加廪饩"。直到光绪二年（1876 年），才准奏增加南学居住名额 20 名，共计 60 名，占内班生人数的40%。这些变化，从一个方面反映了清王朝走向衰落的迹象。国子监此时的境况更好不到哪里去，正如《清史稿》中所描述的"……监规颓废已久，迄难振作。咸丰军兴，岁费折发，章程亦屡更"。

（三）监生的生活待遇和膏火银

国子监按正途入监的贡监生，衣、食、住、学用品等都由朝廷负责，待遇相当优厚，目的无非是让太学生们一心向学，为朝廷培养人才。

衣：监生着装有专用服饰，以区别于普通百姓子弟。洪武

▲ 破败的国子监彝伦堂

▲ 国子监街的破旧牌楼

二十四年（1391年），工部按朱元璋“必求典雅”的要求，通过他三易确定，制出服装式样“巾用漆布为之，后高六寸，剡其前；巾后垂带二襕。衫用玉者绢布，宽袖皂缘，系皂绦”。“赐监生襕衫绦各一为天下式”。[1]甚至监生的父母也赐布帛。如果不发“校服”，就发做衣服的钱，每人2至5锭银。清代监生按冬、夏季节发给服装鞋帽。统一服装是身穿黑边蓝色长袍，头戴银雀顶帽子，俗称“雀顶蓝衫”。

食：监生在校期间，一般主粮是每天给米1升，蔬菜、豆腐、油、盐、酱、醋也都有详细定量。明初，不仅贡监生连同家属可以免除徭役，监内还实行“会馔”，即会餐制度，伙食标准相当高。不会馔者则发给相应的钱物，家属也有一份。对家境贫寒贡监生的家小还发给“家小月粮”。

住：对于外省的内班生，国子监提供号舍以宿，清雍正期设立了南学之后，一部分内班生住在了条件良好的南学。冬天每月另加白银五钱煤火费。

学：监生的基本学习用品和用具，由学校定时、统一发放，并且有明确数量。

其他：监生享有探亲、婚丧等事假，每逢传统节日如春节、“十五”（灯节）、清明、中秋等也给节日假5天到10天不等。监生患病，可以到“药房”即国子监中院西北角的三间转角房取药，

[1]《皇明太学志》卷一。

这是贡监生看病抓药的“卫生所”。前院西侧“退省门”外，有“保安堂”五间是患病养病的病房，专门收治病重需要“住院”的贡监生。治病往往请太医院的太医诊治。需要长期休养的允许回原籍休养，病好后返校继续学习。

所有这些，都离不开由朝廷支付给国子监的费用。接下来，我们以清朝为例，了解一下国子监贡监生享受的“膏火银（即津贴）”的变化。

从雍正八年（1730 年）始定，国子监“凡于讲课之期，每年赏银六千两，以为饮食之费，所余银以备诸生遇有事故，实力不足者，量加赒助。”[1]《大清会典》并依此明确列入规条：“凡成均膏火岁支户部库帑六千两，月给内外肄业生。廪饩有差。”

这里说的“膏火银”绝大部分是由内班生享用，因为内班生的住宿要耗费许多生活成本。虽然制度上作了这样的规定，但在实际执行中，对国子监监生的膏火银有增、减，以减为主。乾隆朝的供给还比较稳定，从二年（1737 年）始定内班每名贡监生平均每月二两；三年（1738 年）裁去外班，节减下来的经费增给内班生平均每人每月 2 两 5 钱。

嘉庆朝就有了变化，二年（1797 年），将国子监内班的荫监生膏火银取消，以大课、堂课奖赏替代了膏火银，目的是刺激这些靠老子官运吃饭的监生们学业努力。

[1] 《清朝文献通考》卷六十六。

同治朝则将膏火银砍掉了一半，二年（1843 年）酌定，内班膏火银每名每月只给 1 两（比旧标准减少了一两五钱），但大课从优酌奖；同治九年（1870 年）改为南学肄业生每月增添 4 两膏火银，连同内班每名每月已发给的 1 两膏火银标准，在南学肄业的监生可以得膏火银 5 两，这算是很优厚的待遇了。

光绪十二年（1886 年），又给居住于南学规定名额（60 名）内的诸生每名每月增加到 8 两。另用于录取、内外班奖赏、赒恤等款每月 300 两，不足部分，再每月增加膏火银 200 两。[1] 国子监虽有内班生住校并发给膏火银的规定，但据《清史稿》记载，在国子监祭酒鄂尔奇、孙嘉淦奏请雍正皇帝设立南学时，住监人数已是徒有虚名了，就是说，设立南学之前，实际上已经没有内班生住宿在国子监的旧号房里了。

“先是太学生名为坐监肄业，率假馆散处，遇释奠、堂期、季考、月课、暂一齐集。监内旧有号房五百余间，修圮不时，且斧资不给，无以宿诸生。”[2] 这就是说，原来令国子监内班生居住的号舍因不能及时修葺，已经没人居住了。南学设立起来后，长期住监的南学肄业生也只是一部分内班生而已，其余的内班生虽然不住宿，但仍享受着不可多得的膏火银。

[1] 引据均自《清史稿》志八十一。
[2] 《清史稿》卷一〇六，孙嘉淦奏请设立南学奏本。

（四）监生的课程学习

六堂肄业生在国子监是怎样学习的呢？如同我们现在的课程表安排一样，也有关于课程学习的安排，但没有现在这样详细，学科的内容也根本无法同现代相比。在前边的章节里已经讲到过明朝朱元璋在他所制定的“国子监十二条监规”中对课程学习的安排。有清一朝国子监生的课程学习内容有所变化，因而课程的学习安排也有所不同。为了了解国子监的“校园生活”，这里给大家做一个简单的介绍。

具体来说，课程以月为时间基本单位进行安排。

（1）每月初一和十五，由国子监祭酒带领全体教官和贡监生到旁边的孔庙举行“释奠礼”，以祭祀孔子（十五为司业主持、不献爵的“上香礼”）。回到太学以后，博士厅将全体国子监生集中在彝伦堂的露台之上，朔日（初一）由祭酒或司业讲四书，望日（十五）博士讲五经一次，这叫作“会讲”。

（2）每月上旬，由助教讲书义（注：《钦定孝经衍义》《御制性理精义》《大学衍义》《钦定四书义》等）。

（3）每月十五过后，由学正、学录各讲书义一次。

上述 3 种讲书都是由教学官员完成的。讲毕，再由肄业监生对各个官员讲书分别进行复讲、上书、复背的课程，约需 10 天。如此会讲—复讲—上书—复背，周而复始，每月需循环 3 次。

上述之外，每3天之内，肄业生还需写“读制义”（有如读后感）一篇，每日临摹晋、唐名帖楷书600字以上。所有这些学习活动和内容都必须记载在“日课册”上，每10天交本堂助教批阅，每半个月博士厅汇总交由祭酒、司业查验。

（4）大课：祭酒（与两名司业轮换进行）每月十五对全体内外班肄业监生的“大课”，就是进行考试（祭酒每三个月轮课一次，故为季考，司业则是月考）。考试的前两天，由绳愆厅对试卷弥封编号，“弥封”就是要把试卷卷首的考生姓名、籍贯都要封住或者裁去，以防评卷官徇私作弊。

考试要进行一天的时间。“大昕齐集，薄暮交卷。”考试当日，肄业内外班诸生清晨集合，参加考试。考试的内容有：四书文章一篇兼考诏（皇帝颁发的命令或文告）、诰（帝王对臣子的命令、告诫、勉励）、表（给皇帝上的表章）、策论（议论当前政治问题、向朝廷献策的文章）、判（裁决诉讼的文书）。

考试之前，国子监祭酒率领属下的各官到孔庙行释菜礼。礼毕，升彝伦堂面南就位，各属官及教习，肄业诸生，按照排次进入，行拱手礼，朝参堂上官。

各个学堂的监生进入所在堂号以后，向坐在堂内正中一间公座之上的助教、学正（或学录）行拱手礼，礼毕入座。东三堂的考题试卷由绳愆厅的文员发给；西三堂的由博士厅的文员发给。

由各堂官等官员负责巡场、监试、供给、收卷等各项事务。傍晚交卷。

交卷之后，四厅六堂官员坐在堂上阅卷，用蓝色笔批阅，每个监生的考试名次由祭酒、司业最后裁定；祭酒司业用墨笔复阅。课后三日诸生领卷详阅，阅后收缴存储。

每月初一，博士要对肄业监生进行考试，考试的内容为经文、经解、策论；

每月初三，助教进行考试；

每月十八日由学正、学录进行考试，每次各考四书文、五言八韵诗、经文、策论其中的一种。

大课（考试）以及奖惩结果分为如下几等：

一等：课试优通者，按差别分别予以奖励银两：

一等一名奖励银 1 两，二、三名 8 钱，四、五名 6 钱，六至十名 5 钱，十一名至二等一名 3 钱。

二等：只奖励第一名，奖励银 3 钱。

三等：都不给予奖励。

附三等：为劣者。给予扣除当月入监时间的惩罚（等于延长了坐监时间），也不发给当月膏火银，三次考试都是附三等者，予以退回原籍。按考试成绩劣差等级排列，由绳愆厅予以榜示姓名，传喻诸生知晓。并将他们的试卷发在堂上诸生传阅，堂上官当面训示，然后将他们的试卷存储于博士厅。

考为一等至二等第一名的试卷本人看完之后，一律各堂收回，转付博士厅，以备选刻。

（5）纠仪

肄业诸生当天所从事的学业活动完成以后，向两厢禀告“授业完成”，侍值、友长仍然执“整齐”“严肃”牌，禀告“下监纠仪”。号长领诸生到太学门内，背对墙壁立于太学门内，接受纠仪。

对于诸生大声喧哗，不按次序排列的，纠仪则摘掉其所带的佩牌，呈送两厢追究惩治；绳愆厅点名不到的（晚点名），绳愆厅礼生先禀西厢，查明真假，然后将此事告知两厢，追究惩治。

以上就是国子监监生们每天主要的学业过程。

除了上述讲书、考试之外，国子监还曾经实行过“历事”“拨历”制度。制度源于明洪武五年（1372 年），为满足当时官吏不足的需要，创立监生历事之制。历事即“历练政事”，是实习官吏的制度。凡在国子监肄业期满者，均派到中央政府六部诸司实习吏事，并考察其勤惰。清顺治初将这种实习制度改称“拨历”，监生坐监期满，即拨历各部院衙门实习吏事，每三个月考核 1 次，一年期满，送朝廷考察授官。

乾隆二年（1737 年），根据刑部尚书兼管国子监大臣孙嘉淦的建议，进一步扩大了国子监的教学内容。令国子监生在学习科举考试的相关内容外，又仿照宋代胡瑗的分斋教学法，明一经、治一事。“明经”的意思是要求在国子监肄业的贡监生钻研掌握一经或兼学数经，这些经义学说必须从由皇帝亲自编纂的《折中》《御制诗、书、春秋三经传说类纂》等书中学来，探求其中的原本意义，讲明人之

▲ 监生在率性堂考试

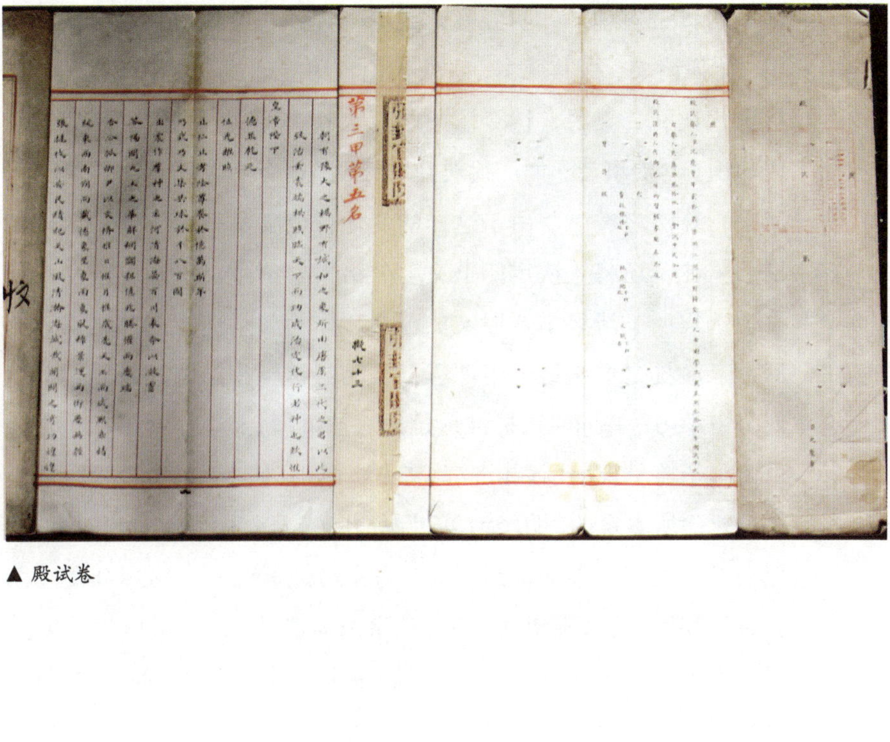

▲ 殿试卷

伦理的日常道理。“明经者，或治一经，或兼他经，务取御纂折中、传说诸书，探其原本，讲明人伦日用之理。”这里所谓的“事”指历代典礼、赋税、律令、边防、水利、天文、河渠、算法等实用知识。“治事者，如历代典礼、赋役、律令、边防、水利、天官、河渠、算法之类。”由于这样的变化，乾隆皇帝给予国子监以特别的关注，还将《钦定四书文》分给太学诸生。这是乾隆命侍郎方苞选集明、清科举八股文的范文，作为“举业指南”之作。祭酒孙嘉淦更是严格经、事课程，奖励与诱导相结合，鼓励贡监生们努力学习；并同时高标准地挑选六堂讲师（助教、学正、学录）。由此国子监呈现出“师徒济济，皆奋自镞砺，研求实学”的新景象。[1]由孙嘉淦所奏定的“明经治事”课程办法，虽然中间有过反对意见，但在形式上却一直奉行到清末。清光绪二十五年（1899年）《清会典》仍有“仿宋儒胡瑗经义、治事两斋遗义，设立课程”之规定，以作为国子监六堂的教法。但据陈康祺所著《郎潜纪闻》中描述，下至晚清，国子监六堂对贡监生的考试，“仍课时文外，无所事事。”国子监的六堂监生们除了抱着八股文（亦称“制艺”“时文”）不放之外，其他课程都早已不加理会了。实际上此时的“明经、治事”教法已经名存实亡。其中的深刻原因正如上书所言：“天下之习，不唯其教，而为其所取。”这是说，学习活动可不是教什么才学什么，而是为达到某种目的的索取过程。正是科举考试

[1] 引据详见《钦定国子监志》卷三十六、《清史稿》志八十一。

的政治制度需要绑架了国子监的教育，“八股文”才受到监生的热捧。

三、做官诱惑下的监生百态

国子监为国家观瞻所系，体尊位崇。在雍正和乾隆年间，孙嘉淦奏准设立南学和改革国子监课程以后，曾经有过一段气象更新的景象。道光末年与同治初年又有过几次整顿，但效果就大不如以前了，正如上面已经说过的那样“监规颓废已久，迄难振作”。这种现象的存在有其必然的原因，除了国家制度层面上的问题，也有教育制度本身存在的弊端。

首先多数是贡、监生不愿意以入国子监学习为自己的职业志向。以岁贡生来说，顺治二年（1645 年）开始，论资排辈地选送且不用坐监就可以直接参加廷试考官，那真是一个岁贡的“黄金时代”。但好景不长，从顺治十三年（1656 年）就开始挑选岁贡中的“年力强壮者，乃许送监”了，资深的年老体弱者开始受到排斥。一直到康熙二十六年（1687 年）坚持不让岁贡参加廷试考官，但对他们可以选授本省训导（地方儒学教官的副职，从八品），这种就近当官的办法，对于那些年老体衰的资深岁贡生来说，算是一个不错的结果了。“直省岁贡盖免来京廷试，著各学政挨序考准，咨礼部补授训导。”对于这个群体来说，到不到国子监里学习，已经没有任何吸引力了。但对于年轻力壮、上进心强的岁贡生，愿意入监肄业的，由学政开出证明，到礼部履行手续后也可入国子监肄业。至于例贡，则与上述人员同样对待。[1]

再以拔贡为例。拔贡本来就不常选，12 年才有一次（雍正皇帝曾经改为六年一次，后又改回）。乾隆元年又定朝考之制，将其中的一、二等的拔贡生予以录用官职，考列三等的拔贡生送国子监肄业，所以拔贡生也无须以入监为取士之途；对优贡来说，朝廷虽则规定实行朝考，但只是送监学习，并不录用为官。所以很多被选送的优贡生索性不来京报考了，对入监学习毫无兴趣。同治年间，虽然也定了一些录用优、拔贡为官之条，但为时已晚；副贡倒是允许“免其坐监，即与廷试”之规定，但那是针对廪饩生员（公费秀才）来说的，对增、附生员来讲只是送监学习，也没有什么诱惑力；剩下来的就是那些没有生员身份的监生了。恩监生与荫监生绝大部分是满洲、蒙古和汉军八旗子弟，本来就是仗着老子的身份来的，不愁将来没官做，学习兴趣可想而知。随同优贡选送的优监生三年一选，一省不过寥寥数名，各省合计到一起，“不过六七十人”，以至于乾隆四年（1739 年），国子监生肄业期满者只有 20 多人，乾隆无奈只好下令“将保荐引见之例暂停”。上述所云，绝不是偶然现象，早在康熙二十四年（1685 年），批复给礼部的朝旨中就已经指出“监生只有输纳一途，贫窭之士

[1] 《钦定国子监志》卷三十五。

无由观光”的现象存在。[1] 雍正元年（1723 年），礼部尚书陈元龙上疏请求严格国子监的学习规制。说礼部中都在议论，太学监生皆由捐纳，能文之士稀少，还是让有关教育官员按照过去的规定来选拔贡、监生。[2] 其实，那些以捐银而获得身份的例监生或是为了虚衔，或是为了将来获得参加乡试的应试资格，绝大多数人终身都没到过国子监。

即使是参加朝廷考试（廷试），国子监生中舞弊现象也是十分严重，最突出的是请人代考。雍正六年（1728 年）七月，刑部尚书励廷仪上奏，请求雍正皇帝下决心清除监生请人代考的弊端。雍正因此下旨整饬，我们不妨将这个谕旨引全文如下，以窥其中之弊重：

“各省监生，每于考职之时，或惮于跋涉，或不谙文理，常托在京之亲戚朋友，代为应考，而本人安坐原籍，滥窃职衔。此等陋习，相沿已久。是以数年来，朕特遣大臣等司考试之事及后访察。知考试之臣，亦只能校阅文艺，不能除假冒之弊。故于上年考试之后，朕令将一千一百余人，通行引见。彼时伊等自知顶冒情亏，不敢报名引见者九百余人，俱经降旨革退。其引见之二百余人，朕以为皆系正身。又见其中有人才可用者，因拣选七十余人，交部即用，或令外省督抚试用。且有加恩用至知县知州等官者，近闻此即用人

[1] 《钦定国子监志》卷三十五。

[2] 《清史稿》志八十一。

员之内，竟尚有顶冒之人。似此敢于欺罔，可谓愍不畏死者矣。今朕开恩，准其自行出首。若代考得官之人遵旨出首，朕酌量宽减其罪；其托人代考者，情罪较轻。若遵旨出首，但革去监生，不治其罪。倘仍前隐匿不首，一经查出，将与者受者，即行正法。其从前历来考职监生、有代考得官者，俱照此例行。”[1]

看来，对考试中舞弊的情形，雍正早已是心知肚明。就连自己亲自挑选出来那七十余人的所谓“人才可用者”，其中竟也有冒名顶替的，这简直是老虎嘴上去拔毛了！我们都熟悉的民国初年重要政治人物胡汉民，便是历史上著名的代考“枪手”，他为了参与孙中山先生的革命，拟留学日本，但苦于囊中羞涩。于是他在光绪二十七年（1901 年）代人应考乡试，中为举人，得金六千，才得以成行。[2] 乾隆二十一年（1756 年）为了严防文化发达的南方人冒充北皿（国子监的北方监生）、北贡（国子监的北方贡生）应试，（顺天府乡试中特设“南、北、中皿字号”为监生考场舍号并分别录取）就连乾隆皇帝本人也不得不承认“顺天府试，南人北皿中式者固多，而冒北贡（注：参试的北方贡生）中式者，更不可计数。”[3]

对监生中这样的舞弊现实，可以采取强硬的行政手段予以惩

---

[1] 《清世宗实录》卷七十一。

[2] 《中华民国名人传》第一册。

[3] 《钦定大清会典事例》卷三四〇。

罚，而对于制度本身的腐败，皇帝本人却难有回天之力。除了请人代考之外，国子监生也与地方考生一样，有许多营私舞弊的手段，再举二例：

夹带。夹带就是将有关考试内容的材料带入试场。举子把有关材料用蝇头小楷抄在衣服里层，或抄在纸上，或印成袖珍小书，放在竹篮、酒罐或靴里。有的买通差役，公然带进考场。这种情况在同治之后尤多。

合谋。考官与考生合谋。考生向考官行贿，在考卷中做记号。某科诗题为《所宝唯贤》，考官与考生商定以“水烟袋”三个字散见诗中作为关节。考生在卷子里写道：“烟水潇湘地，人才夹袋储”，考官轻易地认出试卷，判为佳作。

尽管清王朝对作弊行为严肃查处，但舞弊行为在整个清朝科举考试中不断出现。到了同治朝就更是明目张胆了。《异辞录·考试公然犯规》讲道，同治四年（1865 年）会试，有举人把携带入场的书掉在地上，有人捡起来交给检搜大臣。这位大臣把书放进袖里，竟说：“为什么带账本进场？”光绪年间，考生把满装书籍的藤箱拉进试场，这样公然地犯规都没有人禁止。

尽管国子监在重重的限制之下，和其他官学、地方儒学一样，一直继续着教育的功能，严守着严格的课程规制与形式，但其实质上却早已成为科举考试制度的附庸，这种禁锢人的聪明、束缚人的思想、扼塞其知识途径的教育制度，已经不可避免地走向了腐败。正如清人所言“国家设立学校，而以科举道之，故教化不成；教化

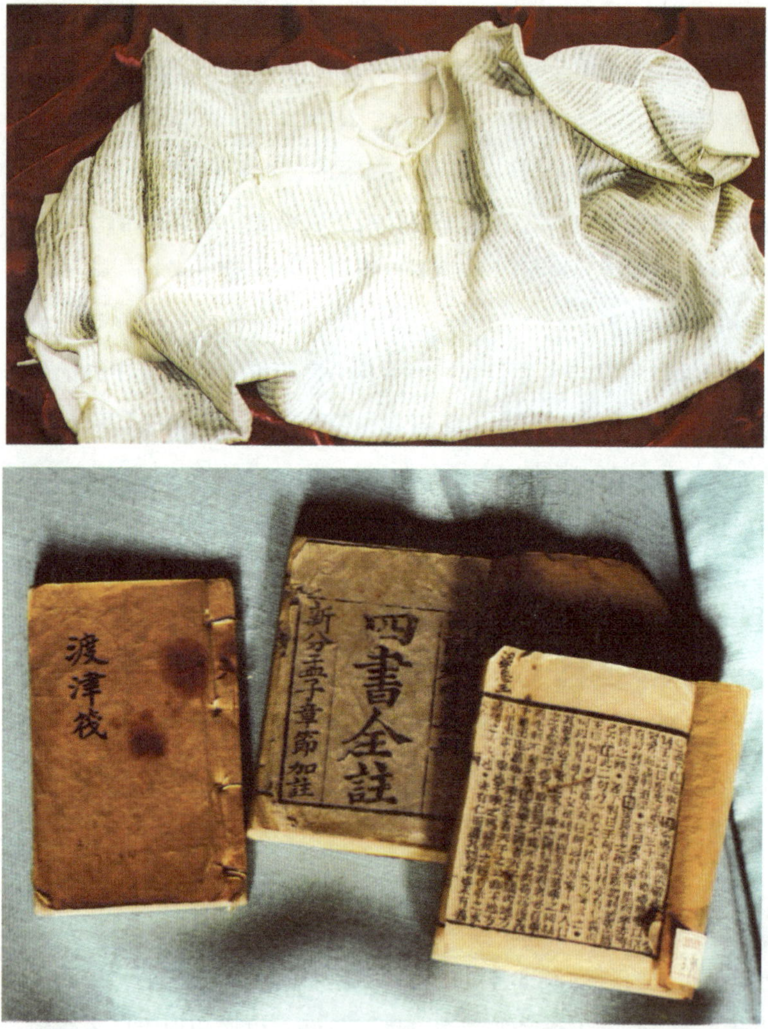

▲ 夹带袖珍书，夹带服

不成，故人不事学业……故曰，科举之法兴，而学校之业废矣”。其结果必然是“科举既不能造就人才，而人才的登进又出自科举，则人才消乏乃必至之势”。[1]

[1] 《经世文续编》卷六五。

制度层面上，儒家学说作为科举考试的国家规定内容，最直接有力地保证了儒家意识形态的霸权地位。儒家思想就是这样从思想与制度两个层面变成了中国传统社会文化的主体，因而塑造了中国文明的一个重要特征——政教一体化。

第十章　立监规重惩罚皇帝谕旨、定章程饬士子规划周详

▲ 率性堂监生跪听场景

元代官学体制自元世祖忽必烈在位时已基本建立起来，前边我们已经讲过，这种中央官学主要有两类：一是以汉文进行教学的儒学教育机构——国子学；二是以少数民族文字进行教学的教育机构——蒙古国子学、回族国子学。众多的官学建立以后都亟须规范，使之走上制度的轨道。为此，尚书左丞相劝忽必烈说：实行善政不能像走路那样慢慢地来，人才的获得不可能骤然之间一下子得到，一定要以德义教诲，以诗书磨炼，使他们知晓古人圣贤的行事方略，这样才可以人才辈出，使百姓感到帝王的恩惠。因此他建议“凡庙学规制条具以闻”[1]。意思是说，所有的国子学都应该设置完备的学规条款，让学生们知晓并遵守。忽必烈采用了这个意见，并颁布了相应的学规，对在官学中所有的蒙、汉国子监学官以及生员都提出了制度性的规定，是为“学规”。这部学规大体上可分为三部分。一是对国子监的蒙、

---

[1] 《元史》卷一百三。

汉学官升迁的标准，这就是看培养了多少合格生员的数量，对于其中的不称职者不仅要罢免除名，而且还要连累到推举的官员。二是对在国子学中生员的要求，这是学规的主要内容。其中列举了属于“责罚”的如下表现：悖慢师长、行礼失仪、言行不谨、讲颂不熟、功课不办、无故废学、有故不告辄出、告假违限、执事失误、忿戾斗争等诸多不良行为。三是属于罚分、累犯除名出学等惩罚措施的：越级升斋的行为；不认真学习的行为；一年累计坐斋学习不到半年的行为；累计三年年终考试连一经都通不过的汉人生员。

学规中规定，对于上述违背学规行为的纠治一般都由学正、学录施行，严重违规的交由“监察御史廉访司”查办。从这部学规所涉及的职官名称来看，应该是元文宗时再次修订的。虽然从元世祖忽必烈开始订立学规到元文宗已经经历了八任皇帝、68 年的时间了，但纵观学规的全部内容，仍显得比较粗糙和笼统，规范的目的指向也不十分明确。

明代国子监的学规与元代则大不相同，曾先后更定了 5 次。洪武十五年（1382 年）五月，明太祖朱元璋在南京鸡鸣山麓新建成国子监以后，立即着手制定国子监的监规。在这一年里曾经两次更定监规：为了使国子监监规更为严格，洪武十六年（1383 年）更定一次；洪武二十年（1387 年）更定一次，均载于《明会典》。洪武三十年（1397 年）再次更定，又订立 8 条监规。[1]

---

[1] 《钦定国子监志》卷三十。

洪武十五年（1382 年）的监规比较简单，共 9 条，针对监内不同职官及监生分别作了一些规定，对于监生的规定只有一条，也只是要求监生们明体适用，遵守学规。此外便是对于课程的具体安排：“每月背讲书日期：初一日假，初二日、初三日会讲，初四日背书，初五日、初六日复讲，初七日背书，初八日会讲，初九日、初十日背书，十一日复讲，十二日、十三日背书，十四日会讲，十五日假，十六日、十七日背书，十八日复讲，十九日、二十日背书，二十一日会讲，二十二日、二十三日背书，二十四日复讲，二十五日会讲，二十六日背书，二十七日、二十八日复讲，二十九日背书，三十日复讲。”[1]

除去背书，就是复讲、会讲，月月复始，这种学习生活实在是令人乏味。但是在这样的情况下，监生们在监读书一般至少 4 年时间，如果升到“率性堂”后一年，积分达不到要求的八分，就还要继续在监读书，最长的竟有长达十余年情形的。

同年再定的监规共 12 条，其中主要条款便都是针对监生了。例如其中第一条规定：“学校之所，礼义为先，各堂生员，每日诵授书史，并在师前立听讲解，其有疑问，必须跪听，毋得傲慢，有乖礼法。”第二条规定：“在学生员……敢有毁辱师长及生事告讦者，即系干名犯义，有伤风化，定将犯人杖一百，发云南地面充军。”再如第三条规定：“今后诸生，止许本堂讲明肄业，专于为己，日

[1] 《明会典》卷一百七三·《国子监·监规》。

就月将，毋得到于别堂，往来相引，议论他人长短，因而交结为非。违者从绳愆厅究察，严加治罪。”[1]

十六年的监规主要是一些具体的学习制度，如率性堂积分之法等。这三次监规的更定，对于国子监师生有了比较全面的要求，但其中亦有重复，又分为三规，不够统一，于是二十年再重定监规27条，白话表述，内容具体而详明，成为明代国子监遵承的规范。抄录如下：

一、各堂教官，所以表仪诸生，必当躬修礼节，正其衣冠，率先勤谨，使其有所观瞻，庶几模范后学。今后故妆阘茸怠惰，有失威仪者，许监丞纠举，以凭区处。

二、诸生衣巾，务要遵依朝廷制度，不许穿戴常人巾服，与众混淆，违者痛决（注：痛打，狠狠地处以杖刑）。

三、三日一次背书，每次须读《大诰》一百字，本经一百字，《四书》一百字，不但熟记文词，务要通晓义理，若背诵讲解全不通者，痛决十下。

四、每月务要作课六道，本经义二道，《四书》义二道，诏诰表章策论判语内科二道，不许不及道数，仍要逐月作完送改，以凭类进，违者痛决。

五、每日写仿一幅，每幅务要十六行，行十六字，不拘家格或羲、献、智永、欧、虞、颜、柳，点、画、撇、捺，必须端楷有体，合

[1] 《明会典》卷一百七三 ·《国子监 · 监规》。

于书法。本日写完，就于本班先生处呈改，以圈改字少为最，逐月通考，违者痛决。

六、朔望行释菜礼，各班生员，务要一名赴庙随班行礼，敢有怠惰失仪，及点闸不到者；痛决。

七、生员凡遇师长出入，必当端拱立俟其过，有问即答，毋得倨然轻慢，有乖礼体，违者；痛决。

八、生员讲解，如有疑难，即当再三从容请问，毋得轻慢师长，置之不问，蓄疑于心，违者痛决。

九、各班生员，凡有一应事务，先于本堂教官处禀知，令堂长率领赴堂禀覆，毋得径行烦紊，违者痛决。

十、每班给予出恭入敬牌一面，责令各班值日生员掌管，凡遇出入，务要有牌，若无牌擅离本班，及敢有藏匿牌面者，痛决。

十一、生员果有病患，无家小者，许于养病房安养，不许号房内四散宿歇。有家小者，只就本家，若无病而称病，出外游荡者，验闸得实，痛决，即令到班。

十二、生员于各衙门办事者，每晚必须回监，不许于外宿歇，因而生事。若画酉不到及点闸不在者，痛决。

十三、凡会食，务要礼仪整肃，敬恭饮食，不许喧哗起坐，仍不许私自逼令膳夫打饭出外，冒费廪膳，违者痛决。

十四、凡早晚升堂，务要各人亲自放牌点闸，及要衣冠严肃，步趋中节，不许搀越班次，喧哗失礼，违者及点闸不到者，痛决。

十五、凡坐堂生员，务要礼貌端严，恭勤诵读，隆师亲友，

▲ 出恭牌

▲ 入敬牌

讲明道义，互相劝免为善，不许燕安怠惰，脱巾解衣，喧哗嬉笑，往来别班，谈论是非，违者痛决。

十六、凡赴堂背书，务要各照班次序立，以凭抽签背诵，若前后搀越，喧哄杂乱者，痛决。

十七、生员每夜务要在号宿歇，不许酣歌夜饮，因而乘醉高声喧哄，违者及点闸不在者，各加决责（注：杖责）。

十八、朔望假日，毋得在外醉饮，倒卧街巷，及因而生事互相斗殴，有伤风化，违者痛决。

十九、内外号房，务要常川洁净，如是点闸各生号房前，但有作秽者，痛决。

二十、内外号房各生，毋得将引家人，在内宿歇，因而生事，引惹是非，违者痛决。

二十一、生员拨住号房，俱已编定号数，不许私下挪借他人住坐，违者痛决。

二十二、凡选人除授，及差使办事等项，敢有畏避躲闪，不行赴堂听选者，奏闻区处。

二十三、凡生员于各衙门办事完结，务要随即回监肄业，不许在外，因而生事，违者痛决。

二十四、凡生员省亲搬取已有定例，敢有不行遵守，辄自奏取者治罪。

二十五、丁忧成婚，人伦大节，假托诈冒，非惟明有定律，其人不堪教养可知。今后生员，如有丁忧成婚等事，许于本监告知，具呈礼部。除丁忧已有定制外，其成婚者，订立限期，给引回还，随即移文照勘，如有诈冒，就便依律施行。

二十六、生员所有一切事务，合先于本监告知，本监具呈礼部定夺，奏闻区处。所告是实，本监不准，方许赴礼部陈告，毋得隔越。

二十七、生员但有违犯前项学规，决毕，即送绳愆厅记过。若累犯不悛者，奏闻区处。[1]

这是一套相当完整的学校校规，从这一最终确定的校规中可以看到，这时候的国子监管理基本上都是针对生员而制定，其他如像洪武十五年（1382 年）初规中所定的那些学校礼仪等项，都已经约定成制，无须再行申明。这是明代学校管理趋于成熟的表现。

洪武、永乐两朝是国子监的极盛时期，在校人数经常可达数千人，永乐中最多时几近万人（南、北两雍）。洪武、永乐以后便逐渐衰退下来。

清代的太学和地方官学基本上承袭明代旧制，顺治元年（1644年）在京师置国子监。其间，有一段清初君臣对话很有意思，这段话可以有助于理解为什么在学校的制度建设上清沿明制的主要原因。摘录如下：

"顺治十年癸巳正月丙申，上幸内院阅《通鉴》，谕大学士范文程、额色黑、宁完我、陈名夏等曰：'上古帝王圣如尧、舜，

[1] 《明会典》卷一百七十三·《国子监·监规》。序号为作者所编，下同，特注。

固难与比伦。其自汉高以下、明代以前，何帝为优？文程等奏曰：'汉高祖、文帝、光武、唐太宗、宋太祖、明太祖俱属贤君。'上曰：此数君又孰优？名夏奏曰：'唐太宗似过之。'上曰：'朕以为历代贤君莫如明太祖，即唐太宗并数君德政皆有善者，有未尽善者，至明太祖所定制度章程，规划周详，历代之君实皆不及也。'文程等对曰：'诚如上谕'。"[1]

顺治皇帝按照重视制度建设的思路，仿照明朝给国子监制定监规的做法，于顺治九年（1652年）颁行了新的国子监监规，并刻于横石，故为"卧碑"，立于北京国子监太学门之左。这是清朝国子监和其他所有官学的"戒律"。全文共8条：

朝廷建立学校，选取生员，免其丁粮，厚以廪膳，设学院、学道、学官以教之，各衙门官以礼相待，全要养成贤才以供朝廷之用。诸生皆当上报国恩，下立人品。所有条教开列于后：

一、生员之家，父母贤智者，子当受教；父母愚鲁或有为非者，子既读书明理，当再三警告，使父母不陷于危亡。

二、生员当立志学为忠臣清官。书史所载忠清事迹，务须互相讲究，凡利国爱民之事，更宜留心。

三、生员居心忠厚正直，读书方有实用，出仕必作良吏。若心术邪刻，读书必无成就，为官必取祸患。行害人之事者，往往自杀其身，常宜思省。

[1] 《世祖章皇帝圣训》卷一。

四、生员不可干求官长，交结势要，希图进身。若果心善德全，上天知之，必加以福。

五、生员当爱身忍性。凡有司官衙门不可轻入。即有切己之事，止许家人代告；不许干预他人词讼，他人亦不许牵连生员作证。

六、为学当尊敬先生。若讲说皆须诚心听受，如有未明，从容待问，毋忘形辩难。为师亦当尽心教训，勿致怠惰。

七、军民一切利病，不许生员上书陈言。如有一言建白，以违制论，黜革治罪。

八、生员不许纠党多人，立盟结社，把持官府，武断乡曲。所作文字，不许妄行刊刻，违者听提调官治罪。[1]

这些由皇帝钦定的规矩，除了个别条款是鼓励接受教育之外，贯穿于其中的重要规范，就是禁止思想言论、出版和结社的自由，不许知识分子干涉和插手政治。

康熙二十五年时又作《训饬士子文》，刻碑立石于“敬一亭”之中，并要求国子监的学官“并傅集诸生，多方董劝，以副朕怀。否则职业弗修，咎以难逭，勿谓朕言之不豫也”。[2]召集监生予以宣传，按照训饬的要求多方督察劝导，以符合康熙皇帝的愿望和要求。否则职业、学业都别想再继续了，罪责难以逃脱。到那个时候可别说我事先没告诉你！

雍正时又演为“圣谕广训”。其精神与卧碑大致相同，但规

[1] 《皇朝文献通考》卷六十九，条规序号为笔者所列。

[2] 《圣祖仁皇帝圣训》卷十二。

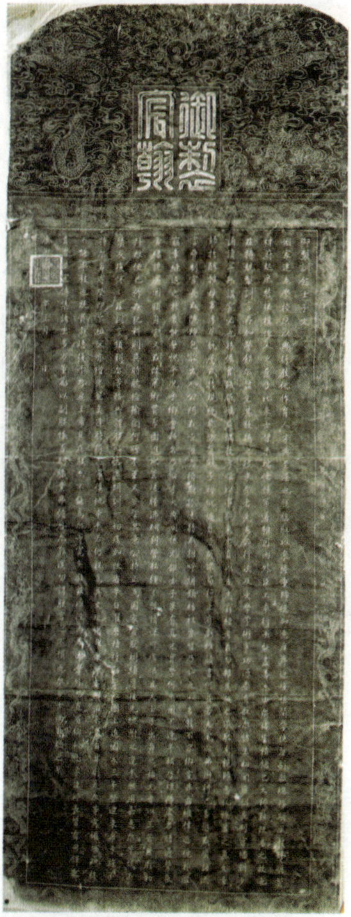

▲ 康熙训饬士子文碑

制的范围更为广泛。不仅科举考试要默写，府、州、县学各级生员必须达到人手一册。“圣谕广训”还要求每月初一、十五两日“令儒学教官传集该学生员宣读，令遵守，违者责令教官并地方官详革治罪”。[1]

清代学校制度在清末举办“新学”之前大体梗概如此，其具体措施也有繁多的变更。从顺治时颁行的《训示生员》卧碑文，康熙时颁行的《训饬士子文》，雍正的《圣谕广训》、乾隆的《训饬士子文》等，都有一个不变的宗旨，那就是钳制思想，为封建皇权政治培养奴才。诚如顺治所言：“养成贤才，供朝廷之用。”纵观元、明、清三代国子监的监规内容，我们可以清晰地看到这些监规所发挥的历史作用，主要表现在：

（一）强化儒学教育的制度保证

汉初时的“文景之治”虽然在一定程度上给了人民休养生息的机会，社会得到了一定程度的发展，但在发展之中也蕴藏着各种尖锐的矛盾。而“以史为鉴”是古代所有统治者制定基本国策的基本参照系。到了汉武帝时期，作为具有雄才大略的君主，首先希望有凝聚全体社会成员的精神力量，其中包括了共同的社会理想和道德规范。正是在这种情形下，董仲舒作为一代大儒，迎合了汉武帝

[1] 《畿辅通志》卷二十八。

的这一需求，提出了“罢黜百家，独尊儒术”的主张：

“《春秋》大一统者，天地之常经，古今之通谊也。今师异道，人异论，百家殊方，指意不同，是以上亡以持一统，法制数变，下不知所守。臣愚以为诸不在六艺之科、孔子之术者，皆绝其道，勿使并进，邪僻之说灭息，然后统纪可一，而法度可明、民知所从矣。”[1]

他认为，《春秋》里所说的“大一统”者，是天地之间的规律，古今道义所在。现在为师的传播各种政治主张，人们都议论纷纷，百家治国方略各有不同，指责和怀疑也是纷纷扬扬。这是因为皇帝没有坚持统一的纲纪法式，法纪多变，百姓也就无从遵守了。因此，凡是不属于教育弟子的礼、乐、射、御、书、数的六艺和孔子思想的，一律断绝其传播渠道，不能任其发展。只有杜绝了邪僻之说，才可一统天下，彰显法纪，百姓才知道有所遵从。汉武帝毅然采纳了他的建议，把儒家学说之外的其他各派学说，全部“绝其道”“罢黜百家，独尊儒术”，将儒家学说提到了空前的地位。

作为诸子百家的一个学派，汉朝以前的儒家学说与其他学派一样，并没有取得高于其他学派的地位，也并不为统治者所看中。在先秦，尽管孔子和他的弟子们极力向各国的君主们宣传儒家的思想和主张，但那些好大喜功，各自怀着极大野心的君主们，竟没有一个采纳的。孔子和他的学生们所到之处，“惶惶不可终日，累累

[1] 《前汉书》卷五十六。

若丧家之犬”，可见其窘迫的情景。只是在上述的历史背景下，儒家学说才在汉武帝手上取得了国家意识形态的地位，成为名副其实的“国教”。远的暂且不谈，就北京国子监自元代立监以来，元、明、清三代诸多的皇帝亲自为国子监制定监规，一个共同的指导思想，都是要保证孔子的儒家学说得以灌输和传播，用儒家的思想学说教育后人，以维系共同的社会道德和共同规范，凝聚人心，笼络士子。

以师生关系为例，在儒家思想中，孔子早就提出了“仁”的主张，“仁者，爱人”。但孔子心目中的“人”，是“君君、臣臣、父父、子子”式的人，除了具有各自的名分之外，还有一个更重要的内容，那就是人与人的关系是由礼制秩序规制的，而不是强调那种具有独立人格和自由意志的人。这种人际关系，体现在国子监中的师生之间，实际上是官本位的尊卑等级关系。在官师面前，学生必须绝对服从，官师的教育行为是绝对不容置疑的。上述明代洪武十五年颁布的国子监学规中，就规定：学生“各生员每日诵授书史，并在师前立听讲解，其有疑问，必须跪听，毋得傲慢，有乖礼法”“敢有毁辱师长，及生事告讦者，即系干名犯义，有伤风化，定将犯人杖一百，发云南充军”。官师在学生面前具有绝对的权威，是个高高在上的指挥者，容不得生员在他们面前生动活泼地、主动地进行学习活动。礼制所要求的这种师生关系上下有别、尊卑分明，贯穿其中的就是已经固化的官本位等级观念，几千年来顽固不化，神圣不可侵犯。

（二）培训封建官吏的制度规范

历史上，太学生学的是儒家经典，走的是"学而优则仕"的道路，所以大都很关心社会政治。他们不仅以发表言论、褒贬人物的形式来影响政治，有时还直接干预朝政。如西汉哀帝时，司隶鲍宣被诬下狱，太学生王咸为营救鲍宣，在太学聚集千余人向政府请愿，终致鲍宣获救。"下廷尉狱。博士弟子济南王咸举幡太学下，曰：'欲救鲍司隶者会此下。'诸生会者千余人……又守阙上书。上遂抵宣罪减死一等，髡钳。"[1]东汉桓帝年间，朱穆因得罪宦官而下狱，太学生刘陶等几千人上书请愿，皇帝迫于压力，最终将朱穆赦免。

这样的历史事件发生在西汉和东汉时期各有着它特殊的历史原因，这里不再赘述。但到了朱元璋手里可就绝对不行了。

明朝建立初期，由于管理官员十分缺乏，朱元璋对于监生的选用极为重视。《明史·选举志》中披露了这样的史实：在和元朝军队作战的年代中，人们还不太了解国子学时，朱元璋就派遣了国子生林伯云等366人到各郡去进行教学，以后推及其他省份，将那些年轻力壮且能文者委以"教谕"等官，大力普及教育。国子学在当时不仅是全国的最高学府，而且还是明太祖选才任官的重要机构。派到各地为官的人里"太学生最盛"。当时监生出身而授官要

[1] 《汉书·鲍宣传》。

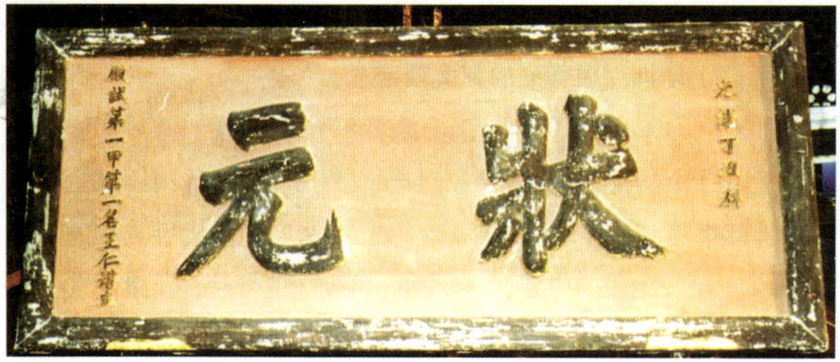

▲ 状元匾

▲ 五朝圣谕复原碑

职者甚多。洪武二十六年（1393 年），提拔监生刘政、龙镡等 64 人为行省布政、按察两使，及参政、参议、副使、佥事等官，并一律予以重用。这还没算太学出身的四方封疆大吏。大批的太学生出任官吏，相当程度上解决了明初官员缺乏的局面。太学生既然是日后即用的后备官员，因此对于在太学读书的学生，朝廷也便给予极优厚的待遇，优厚的待遇是为了将来的为官，为了提醒监生们不要忘记这一点，《监规》中规定："诸生衣巾，务要遵依朝廷制度，不许穿戴常人巾服，与众混淆，违者痛决""凡早晚升堂，务要各人亲自放牌点闸，及要衣冠严肃，步趋中节，不许搀越班次，喧哗失礼，违者及点闸不到者，痛决"。清朝的国子监监规更是直言不讳，"朝廷建立学校，选取生员，免除丁粮，厚以禀稍。设祭酒、司业及厅、堂各官以教之，各衙门官以礼相待，全要养成贤才，供朝廷之用"。[1]

正因为国子监是培训官吏的基地，所以像西汉、东汉那样的太学生事件是绝对不可以发生的。尤其是在洪武十五年（1382 年）新落成的南京国子监，实际上是一所管理制度严明、"养其德器至老成（注：老成，意为丰富阅历而练达世事）"[2] 的新官吏培训基地。

明洪武三十年（1397 年）有一篇对国子监生的训辞："恁学生每听着：……敢有抗拒不服、撒泼皮违犯学规的，若祭酒来奏着恁呵，都不饶，全家发向烟瘴地面去，或充军，或充吏，或做首领

---

[1] 见此前引文。
[2] 《南雍志·事纪一》。

官。今后学规严紧，若无藉之徒敢有似前贴没头帖子、诽谤师长的，许诸人出首或绑缚将来，赏大银两个。若先前贴了帖子，有知道的，或出首或绑缚将来呵，也一般赏他大银两个。将那犯人凌迟了，枭令在监前，全家抄没，人口迁发烟瘴地面！钦此！”[1]这里面有一个血淋淋的故事：由于朱元璋制定的监规异常苛刻，加上祭酒宋讷的残酷管理，学生曾有饿死、吊死的。学生受不了这样的迫害和饥饿，曾经闹过两次学潮。第二次学潮起事的是学生赵麟，出了一张壁报（“没头帖子”）。太祖闻之大怒，把赵麟杀了，并在国子监立一长竿，把他的脑袋挂在上面示众（照明太祖的语言，是“枭令”）。这个故事我们在前边就已经讲过了。十年之后，朱元璋在召集国子监学官和监生训话时，又一次地提到了这件事情。执行时说是“枭首（砍头）”，训话时就顺口扯成“凌迟”了。这个凌迟可是有严格规定的，一共3357刀，每10刀一歇一吆喝。这事儿光想想就能把监生们吓晕的，谁还敢当刺头！

现在太学门左边的那块复制的《五朝圣谕碑》上，就刻有这次训话的原文。这篇白话训词比历朝皇帝的“崇儒重道”之类的话都要真实得多，严厉得多！值得看一看。

（三）为科举选官服务的制度

肇始于隋、成型于唐的科举制度，对我国一千多年来学校教

[1] 《南雍志·卷十·谟训考》。

育的影响,是深刻而长远的。严格说来,科举制并不是一种教育制度,而是选官制度,作为一项官员选拔制度,它在世界上首次确立了“考试面前人人平等”的理念,为许许多多出身寒门的读书人提供了晋身官阶的台阶,激发了读书人发奋读书,努力求学的上进之心。读书为什么?宋真宗的《劝学篇》说得再明白不过了:

当家不用买良田,
书中自有千钟粟。
安居不用架高堂,
书中自有黄金屋。
出门莫恨无人随,
书中车马多如簇。
娶妻莫恨无良媒,
书中自有颜如玉。
男儿欲遂平生志,
六经勤向窗前读。

科举考试,一直是学校教育的最大的和唯一的目标。金榜题名,也成为所有读书人一生所梦寐以求的事情。为此,他们可以忍受任何困难,“孤村到晓犹灯火,知有人家夜读书”。[1]“十年窗下无

[1] 晁冲之:《夜行》。

人间，一举成名天下知。”[1]都是对那些在漫漫求学路上攀登者的鼓励与描述。为了能“金榜题名”，他们宁愿忍受许许多多学习中的痛苦。正如监规中所规定的那样，“三日一次背书，每次须读《大诰》一百字，本经一百字，《四书》一百字，不但熟记文词，务要通晓义理，若背诵讲解全不通者，痛决十下。”“每月务要作课六道，本经义二道，《四书》义二道，诏诰表章策论判语内科二道，不许不及道数，仍要逐月作完送改，以凭类进，违者痛决。”“每日写仿一幅，每幅务要十六行，行十六字，不拘家格或羲、献、智永、欧、虞、颜、柳，点、画、撇、捺，必须端楷有体，合于书法。本日写完，就于本班先生处呈改，以圈改字少为最，逐月通考，违者痛决”。监生在监学习的时间里，日复一日地背书，复讲、会讲，月月复始，十足的枯燥乏味！但是在这样的情况下，明朝的监生们在监读书还必须至少四年时间，实行“积分制”以后，考试不合格还要更长的时间。从这些规定所描述的学习要求来看，不论是课程内容，还是课程形式，甚或是教学方式方法乃至学习的方式方法，都无不体现着科举考试的影子。钦定的教材，钦定的内容，逼得天下所有的求学者都不得不把所有的精力放在记与背之中；也逼得教师不得不以单向的灌输方式进行教学。在国子监里，教和学的内容，记和背的内容，都是儒家的经义学说。为了培养封建社会的“文武之材”，“俾能出入将相，安定社稷”，历代统治者规定五经或四书为国子

[1] 关汉卿：《陈母教子》头折。

监的主要教材。唐代生徒修“大经”（《礼记》《春秋左传》）、“中经”（《诗经》《周礼》和《仪礼》）、“小经”（《易》《尚书》《春秋公羊传》和《春秋穀梁传》）。兼习时务策、《论语》和《孝经》。宋代习四书、五经。明太祖圣谕定“以孔子所定经书诲诸生”，下令删除孟子一书中有关“民贵君轻”等思想的论述85条，规定所删条文在考试的时候不能以此命题，科举也不能以此为取士标准（课试不以命题，科举不以取士[1]）。另钦定170多条的孟子节文刻板颁行国子监等学校。清代监生每日功课仍是四书五经、性理通鉴。乾隆二年（1737年），曾命“仿宋儒胡瑗经义斋、治事斋法，严课诸生”[2]，也没有脱离旧的经学轨道。最高统治者的“圣谕”当然要由各种各样的监规予以贯彻执行，这就必然导致了思想层面上把儒家学说经学化，从一种普通的学说强化为教育圣典；制度层面上，儒家学说作为科举考试的国家规定内容，最直接有力地保证了儒家意识形态的霸权地位。儒家思想就是这样从思想与制度两个层面变成了中国传统社会文化的主体，因而塑造了中国文明的一个重要特征——政教一体化。

[1] 《经义考》卷二百三十五。

[2] 《皇朝文献通考》卷六十七。

来自各地的国子监生自到了国子监肄业以后，就面临着毕业以后去做什么的选择。国子监生一般来讲需要坐监36个月，才算是满期，很像我们今天所说的“毕业”。满期之后的去向，就要这些国子们费尽心机地加以考虑了。

第十一章　肄业满考职忙争相谋衔、入科举选拔贡各路神通

▲ 午门旧照

来自各地的国子监生自到了国子监肄业以后，就面临着毕业以后去做什么的选择。国子监生一般来讲需要坐监36个月，才算是满期，很像我们今天所说的“毕业”。满期之后的去向，就要这些国子们费尽心机地加以考虑了。

一、监生的拨历与考职

雍正朝之前，国子监贡、监生参加考职的前提条件是必须坐满所要求的肄业监期：

恩贡生、享受廪饩的副贡生坐满6个月；

岁贡生，出身增、附之副贡生、优贡生坐满8个月；

拔贡生（廪生出身）及例贡生（廪生出身）坐满14个月；

拔贡生（增、附出身）和例贡生（增、附出身）坐满16个月；

例贡生（监生出身）与长辈是四品官阶的荫监生坐满24个月；

例监生坐满 36 个月。[1]

到了雍正五年，计算国子监贡监生的肄业坐监期就没有这么复杂了，一律改为三年期满，包括闰年。

顺治十一年（1654 年）由给事中孙柏龄奏请，顺治皇帝决定在国子监贡、监生期满拨历合格之后，由吏部、礼部共同考试，以定职衔。[2] 这是清代对国子监生进行廷试考职授衔的开始。

根据《清史稿》卷一百六记载，清代顺治三年（1646 年）在国子监中开始执行“积分”和“历事”的方法，不过这个时候的“积分法”仅对国子监中汉监生而言。顺治十五年（1658 年），由祭酒固尔嘉浑奏请顺治皇帝批准，在所有监生中实行积分法。参加朝廷考职的时候，凡是积分满分的优先录用。评为“上上卷”的可录用为通判，“上卷”的可录为知县。每百名考生中录取正印官（府州县官，这里主要的是县官，正七品）8 名，其他的用为州、县副职官员。国子监生一年中积分达到满分的很少，只有十来个人，加之考职录取人数的比例又很高，这就显得在与监积分高低的关系不大了，所以，效果不明显的积分法只实行了一年就停止了。康熙元年（1662 年），“拨历”的措施也被废止。国子监生坐监期满后参加相关部考职，在州同、州判、县丞、主簿、吏目等诸多个职衔内选用。

考职的地点最初设在午门内，雍正七年（1729 年）后改在贡院。乾隆三十四年（1769 年）后恢复在午门内的考点，当参考人数多于

[1] 《清史稿》志八十一。

[2] 《钦定国子监志》卷十三。

50人的，换在贡院“聚奎堂”考试。乾隆五十年（1785年）又以百人为限变换这两个考场。

顺治十一年（1654年）以前，国子监的岁贡生主要通过廷试考取教职。各级地方儒学的正教职为府学教授（正七品）、州学学正，县学为教谕（均为正八品）、训导（府州县副教职）、顺天府的大兴、宛平两县学满训导（正七品）。从顺治十三年开始，根据朝廷的需要，考职的范围开始扩大到内阁撰文中书、内阁办事中书、办事中书舍人、八旗景山、觉罗等官学教习（有使用期）、誊录。

雍正朝开始增录内务府笔帖士（有使用期）、理藩院笔帖士、顺天府训导（满）、八旗官学的满汉助教。

乾隆朝增录太常寺的陵寝读祝官、赞礼郎、鸿胪寺名赞、武英殿录书（有使用期）、盐场藩库大使、直隶州州判、内阁贴写中书舍人、翰林院孔目。乾隆三十八年，应刘统勋（刘墉之父）之请，前后共录选了664名（其中4名为绘图）国子监贡监生和在京举人参与《四库全书》和《四库全书荟要》的誊录（有使用期）。

乾隆五十六年（1791年）“停止贡、监生考职。如将来不敷录用，再行酌奏”。

嘉庆朝四年（1799年）曾进行过一次“特恩”的贡、监生考职。“考定职衔，送部注册。”之后，嘉庆一朝再没有进行过国子监贡监生规模性的考职，只是增加了一些方略、国史两馆的誊录和各官学的教习补缺。

以上各种职衔（正七品到从九品）的考取，均由国子监咨送，乾隆元年（1736年）决定，逢乡试之年五月考试，与乡试考试时间错开。其中不在监学习的例监、例贡生需要在当年三月将个人籍贯所在地书面证明送到国子监，还要有同乡的六品以上京官具结（证明身份的文书）二份，一份交到国子监，一份交部。国子监肄业的恩、拔、副、岁、优贡生以及例贡（在监的例贡生）只取同乡六品京官具结即可，交绳愆厅查验执照与文结相符即可呈祭酒司业注册参选，扣满肄业期限，吏部方准收考。

国子监生考职的政策一直延续了137年，乾隆五十六年（1791年）曾经停止，嘉庆四年（1799年）虽又复用，仅考了一次没有再继续下去。但就考职授官政策来说，它却一直延续到清朝灭亡为止。

光绪三十一年（1905年），直隶总督袁世凯等奏停科举折中谈到了设法拓宽举、贡、生员（秀才）出路问题。建议"每十年中的三科（注：这里是府一级的岁试）中要多录取优贡生，每隔三年照此录取，经过朝考后用做京官、知县。各省督、抚、学政在这十年三科内考选那些学习并掌握算学、地理、财政、军事、外交、铁路、矿务、警察、外国政治法律之一者向朝廷贡送，三年一次，保送若干名，人数上仿照过去会试定额的两三倍选送。凡来京考试录取者，用主事、中书、知县"。光绪皇帝批准了这个意见。当年政务处经过研究又决定：每隔三年考选拔贡，要按照以往的数量加倍，本年（光绪三十一年，1905年）、丙午年（光绪三十二年，1906年）考优贡生。以后三年一考，参加考职人员数额要达到以往的四倍。部、院考试可按举人、五贡（恩、拔、副、岁、优）、生员（秀才）三类人员选用“誊录”职务，试用二年期满奖励晋级。举人、优、拔贡生中选择表现突出的改用七品小京官。五贡中的其他人以直隶州州判，按察、盐运经历，各州州判、经历，县丞，分别选用或试用[1]。

没承想这些建议和决定只是空话一箩筐，第二年（光绪三十二年，1906年）府一级的岁试和科试就废止了，没过多久，各省掌管教育的钦派大臣学政一职被废止，各个学校的教官选送“文理畅达、事理明晰者”的业务也因此而停止。按照科举制度设计的整个教育制度的各个链结被滚滚向前的历史潮流冲得七零八落，溃如决堤。

二、极佳的荫监生仕途

上边讲的仕途渠道，细心的读者一定会发现，里边谈到最多的是岁、恩、副、优、拔、例贡、优生贡、监生，很少说到荫监生。这是因为荫监生的仕途有着其他贡监生无法比拟的官场优势，这就是“朝廷有人好做官”的规则，其他贡监生难以望其项背。据《钦定大清会典（卷五）》记载：

凡长辈为蒙古官一品的荫监生，以员外郎用（六部所属各司的副长官，从五品）；八旗汉军官居一品的荫监生以大理寺寺正兼用（从六品）；

凡长辈为二品侍郎、巡抚的荫监生以各部院主事用（各司的

[1] 引文引据详见《清史稿》志八十一。

属官，正六品）、都察院经历（监察机关——都察院的属官，正七品）、大理寺寺正（复审案件的机关——大理寺的属官，从六品）、光禄寺署丞（从七品）、京府通判（正六品）用；

凡长辈为尚书、左都御使、总督官居二品的荫监生以员外郎用（从五品）；

凡长辈为从二品的荫监生以光禄寺的署正（从六品）、大理寺寺丞（正六品）用；

凡长辈为三品的荫监生以中书科中书舍人（从七品）、大理寺评事（正七品）、太常寺主簿（正七品）、博士（正七品）、通政史司经历（正七品）用；

凡长辈为从三品的荫监生以光禄寺典簿（从八品）、銮仪卫经历（正七品）、詹事府主簿（从七品）、京府经历（从七品）、部、院笔贴式（因其出身不同而有差别，七品至九品）用；

凡长辈为四品的荫监生以鸿胪寺主簿（从八品）、部院笔帖式（因其出身不同而有差别，七品至九品）用，本人也可以做“荫监生”，与一般贡监生一起考取官职。

上述荫监生以各种官职身份为六部所用之后还不是正式官员，具有“试用期”的性质，二年期满，届时予以鉴定。表现优秀者奏请皇帝留部补用。这与康熙朝前国子监的“拨历”制度是有区别的。“拨历”是国子监生以监生身份到六部实习，届时取得学业的合格证明；而这里所说的“学习”是国子监生肄业期满取得官职身份经过试用后取得正式职务的过程，两者是有明显区别的。

这是荫监生用为“京官”的规定。

乾隆元年(1736年)奏准，鼓励荫监生到地方上做官，即用为“外官”，若长辈为正一品官，则该荫生可以做同知（各府的副职，正五品）；若长辈为从一品官，则该荫生可以做知州（从五品）；若长辈为二品官，则该荫生可以做通判（各府的属官，正六品）；若长辈为三品官，则该荫生可以做知县（正七品）。看起来，荫生得官的品级全在于长辈的官衔大小。我们都知道，那些在科举考试费尽千辛万苦才脱颖而出的状元也不过授个翰林院修撰（从六品），榜眼、探花授翰林院编修（正七品，修撰和编修均为翰林院的属官），其余多授知县（正七品）等。由此可见，非但其他贡生不如荫生仕途发达，进士、举人也不能与其平分秋色。对荫生如此优遇，反映了满洲贵族对高级官员的笼络政策。皇帝以此来换取高级官员对满洲贵族的衷心拥护，使得高级官员们感恩戴德、勤恳地为其服务，同时也对政局的稳定起到一定的作用。高级官僚多来自读书人，即“士”这个阶层。清初名臣范文程在给顺治皇帝的上疏中明确指出，“治天下在得民心，士为秀民，士心得，则民心得矣”。[1]笼络了汉族中的“士心”，也就笼络了汉族各阶层中的绝大多数人，从而得以巩固清廷对广大汉人的统治。

除了上面讲的荫监生以外，有一种贡生做官极快，这就是乾隆五十五年（1790年）时的拔贡生。这一年乾隆给内阁发布谕旨说，

[1]　《钦定八旗通志》卷一百八十九。

▲ 正大光明匾

拔贡生参加朝考考职，到京师聚齐以后，礼部马上奏请，定期在贡院考试。以前经过朝考以后，一向是派诸王和大臣挑选，免不了在下面互相请托，瞻顾徇情“走后门”。乾隆皇帝本人心里很清楚，这样朝考选官的好处实在是太明显了，“较之进士归班，举人截取铨选更速。是拔贡一途，尤为士子捷径”。为了真正选拔到人才，乾隆皇帝着即停止了由王公大臣挑选朝考优秀拔贡生的权力，改为在乾清宫举行复试，由钦派大臣阅卷，按成绩取定后，按照等第名次带领引见，由皇帝本人亲自挑选录用为小京官、进入六部学习或是七品知县或教职。以此来减少朝廷用人的舞弊现象。[1]

另有一种贡生也曾得到用人政策上的优惠，那就是优贡生。前边我们已经说过，优贡生在朝考后一直没有立即录用为官的规矩，与普通贡监生一样肄业期满朝考授官。嘉庆十九年（1814年），御史黄中杰曾经奏请，将优贡与拔贡一起直接予以廷试录用为官，但遭到礼部的反对，说不让优贡参加朝考授官，是为了体现朝廷对他们的“关心体贴”。皇帝让他们参加朝考录用为国子监贡生，合乎将人才贡献于朝廷的本意，否则就不能算作“贡”于朝廷，黄御史给皇上奏请的意见不能算数。礼部的官员尽可以在那里胡说八道，优贡生可是要讲实惠，所以多不去参加朝考去争做国子监的贡生，有的甚至连国子监也不来，而去直接参加科举考试。由于优贡素质很高，大略与拔贡同，不允许优贡参加朝考，不免引起他们的不满。

[1] 《钦定国子监志（光绪本）》卷十二。

同治二年（1863年）议准，从同治三年（1864年）的甲子科开始，允许优贡参加廷试，为了平衡全国各地优贡生的录取比例，仿照祖上乾隆皇帝老前辈将国子监生参加顺天乡试分做南皿、北皿、中皿的做法，将优贡生分南卷、北卷、中卷三类。凡考列一、二等者，由礼部官员带领引见后，以知县、教职选用，三等用训导。“同治二年，议定甲子科始廷试优（贡）生，仿顺天乡试例，分南、北、中卷。八旗、奉天、直隶、山东、山西、河南、陕西、甘肃为北卷，江苏、江西、浙江、安徽、福建、湖北、湖南为南卷，四川、广东、广西、云南、贵州为中卷。考列一、二等用知县、教职，三等用训导。”[1]政策和策略制定得不错，但就是来得太晚了，此时的清朝统治已经是日薄西山，危机四伏了。

近代朱彭寿著《旧典备征》一书，详细列出了有清一代举人和贡监生做到一、二品大员者的姓名。据此统计，在这些一、二品大员中，来自举人的有95名，来自国子监生的有87名，其中拔贡23名、荫生16名、副贡5名、岁贡5名、优贡3名、恩贡2名、例贡和例监33名。由此可知，国子监生的仕途与举人略同。

三、南学优秀生留监深造直接为官

前面的章节中曾谈到的“南学”，那里居住着国子监六堂内

[1] 《清史稿》卷一百六·志八十一。

班生中的优秀生。在这些南学肄业生中挑选那些3年期满，能“经明事治”“学问人品可观”者，经过国子监祭酒或者是司业的保荐，经皇帝批准，可以再留监3年以期深造，期满考试，符合要求的将以知县（正七品）直接提拔使用[1]。

四、监生参加科举考试而得官

明太祖朱元璋开国之初虽然也偶尔举行过科举，但政府中的众多官员，还是以国子监监生和荐举参用人员为多。所以当时“布列中外者，太学生最盛”。随着明政府统治的巩固和科举大规模地推行，进士的身份逐渐受到重视和重用，自明英宗天顺二年（1458年），严格规定不是进士出身的不能升迁到翰林院，非翰林院官员不能入内阁。明南、北礼部（注：南京为陪都，北京为京师，故有南、北之分）尚书、侍郎及右侍郎，非翰林不仕。国子监的监生们如果不中科举的金榜成为进士，即使再努力也是枉费无成。从洪武十五年（1382年）复设科举，三年一试，定为制度；到十七年（1384年）规定科举程序，充分反映了明朝廷对科举选官的重视程度。明代如此，清代亦然。“非科甲正途，不为翰、詹及吏、礼二部官。惟旗员不拘此例。”[2]国子监的贡监生们只有考中进士，才有可能任翰林院修撰、编修、检讨、庶吉士、六部主事、内阁中书、鸿胪寺行人、

[1] 《钦定国子监志》卷四十。

[2] 《清史稿》卷一百六。

▲ 贡院考场旧照

▲ 科举考试中的江南贡院

大理寺评事、国子监监丞、博士、助教、太常寺博士等炙手可热的官职。如果仅仅是乡试中为举人的，授予的官职就要低一个品级了，且不能入翰林为官。至于那些仅凭国子监贡监生的身份通过考职而获得的职衔，更是等而下之。当然，这样的制度规定对八旗子弟是例外的，他们不受这个规定的束缚。试想，在这样的“光明前景”诱惑下，国子监的贡监生们对待科举该是怎样的一种亢奋心态！

明朝规定，科举每隔三年举行一次科举考试，乡试的第二年举行会试。具体的考试年份按地支排序，每逢子、卯、午、酉年八月举行乡试，也称为“秋闱”；丑、辰、未、戌年二月举行会试，由礼部主试，固又称为“春闱”或“礼闱”。科举考试分为三个阶段，即乡试、会试及殿试。凡参加乡试的，必须要经过资格考试：各省的秀才们要参加由中央派遣“钦命提督某省学政”在各省主试的“科试”；国子监内外的贡、监生则要参加由国子监主试的“录科”考试。这两种考试的性质都是一个目的，那就是选拔参加当年乡试人员的资格。只有考中前一、二等的才能获此资格。

乡试前的录科考试对国子监来说是一项很繁重的工作。除本监监生的录科考试外，还有相当一部分不是国子监的人员也要参加录科考试。清代时参加顺天府乡试的在京候补、候选的官员、武英殿的校录、誊录、各官学的教习、小京官、笔帖式、天文生、算学生，还要组织文职各京、堂、科、道、翰林院庶吉士以上、詹事府中赞以上、外官藩臬以上、武职京外二品以上官员的子孙、同胞兄弟、同胞兄弟之子都要进行录科考试。

为了组织“录科”考试，乡试的前一年，国子监就要预先通知各旗和各省总督、巡抚，并转知各府、州、县，通知参加乡试并不在监学习的贡、监生，带着本旗或本籍的身份证明，在乡试年的二月到国子监报到并参加“录科”资格考试。由于国子监内外的贡、监生在南学“率性堂”进行“录科”的资格考试（从乾隆二十三年在此地考试），考试后取列第一等的对参加乡试最为有利，故被人们称为“监元”。[1]

湖南、贵州、四川、云南、福建、广东等道远省份的监生，参加录科考试可以宽限到四月中旬。考题由国子监诸堂上官（兼管监事大臣、祭酒、司业）轮流出，考试仿照乡试，内容为四子书艺一篇，五言八韵诗一首，策一道。通过录科者才有资格参加八月的乡试考取举人。[2]

乡试在省举行，清朝国子监的贡监生是在京师贡院参加顺天府乡试。考试分三场，每场三天：初九为头场，十二为第二场，十五为第三场。举子须于前一天进场，第三天交卷出场。第一场考八股文7篇；第二场考论1篇，五言八韵诗一首；第三场考经、史、时务、策5道。录取后称“举人”，第一名称“解元”。虽然乡试是科举考试的第一级，但这是最难考中的一级。这是因为乡试各省都有录取名额，而参加考试的各地生员和国子监生人数众多，所以录送应试的人员也有限额。乾隆九年（1744年）定为大省中式举人与录送

[1] 《钦定国子监志》卷六十二，四库本。

[2] 《钦定国子监志》卷三十九，四库本。

比例为 1 ：80；（参加考试的 80 人中录取 1 名，下同）副榜与录送比例为 1 ：30；中省每举人 1 名录送比例为 1 ：60；副榜 1 ：30，小省分别是 1 ：50 和 1 ：20。台湾省录送比例更是悬殊，每中额 1 名举人和录送的比例为 2 ：300，可见乡试中举机会的艰难。

清朝直省乡试额定录取人数增减略表

（摘自《政典类纂·卷一百九十八》）

直省	年份							
	顺治		康熙		乾隆	嘉庆	同治	
	二年	十七年	三十五年	五十年	九年	二十五年	元年	九年
顺天	168	105	141	192	135	185	185	187
江南*	163	63	83	99	114	144	152	178
浙江	107	54	71	99	94	124	129	133
江西	113	57	75	90	94	124	127	128
湖广	106	53	70	99	93	123	135	137
福建	105	53	70	84	85	115	128	128
河南	94	47	62	74	71	91	96	99
山东	90	46	60	72	69	89	89	89
广东	86	32	57	69	72	92	102	103
四川	84	42	56	67	60	80	92	93
山西	79	40	53	63	60	80	84	88
陕西	79	40	53	63	61	81	81	81
广西	60	30	40	48	45	55	55	59
云南	54	54	57	57	54	64	64	64
贵州	40	20	40	47	36	46	47	48

* 江南为江苏、安徽两省合编

看到这个乡试录取名额的表格，我们可以想象到参加乡试的秀才与监生数量之巨！

清光绪乙未年（1895年），梁启超参加会试。这次会试的正总裁为徐桐，副职为启秀、李文田、唐景崇三人。会试的“策论”试题是李文田采用自己作注的《西游记》中的话语发策题。如此怪题，满场的举子都蒙了！唯独梁启超条对甚祥，显示了这位大才子博学多闻的才智。李文田看到此卷喜爱有加却不知是谁，一心想要提拔这位才华出众的梁启超，但此时录取名额已满。于是，他邀请唐景崇去见徐桐，请求以公额（科举中为八旗子弟预留的额缺）录取。徐桐是一位身居高位的礼部、吏部尚书、协办大学士、体仁阁大学士，顽固守旧，只认皇帝，嫉恶西学。而梁启超的经艺、策论试卷尽为新论异说，徐桐反感，不予公额。在李文田不敢争的情况下，唐景崇愿自请撤去一卷，以梁启超补之，商量好之后静候徐回复，等到天快亮时却等来徐桐的一份信函：“我阅过的广东试卷文章很多都严重背离大清法度，如此答卷的不是好士子，绝对不可取。李文田在这上面袒庇同乡，不避嫌。”词甚厉。景崇将此函示文田，文田默然。遂取启超卷，批其尾云：“还君明珠双泪垂，恨不相逢未嫁时。”（载《国闻备乘·卷一》）有了切肤之痛的梁启超后创设《时务报》，乃痛诋科举。这一科的康有为卷也是李文田所拔，但廷试后不得馆选，失去了进入翰林为官的绝佳机会，故渐萌异志。

梁启超在请变通科举的公车上书中写到：“邑数千数百童生，

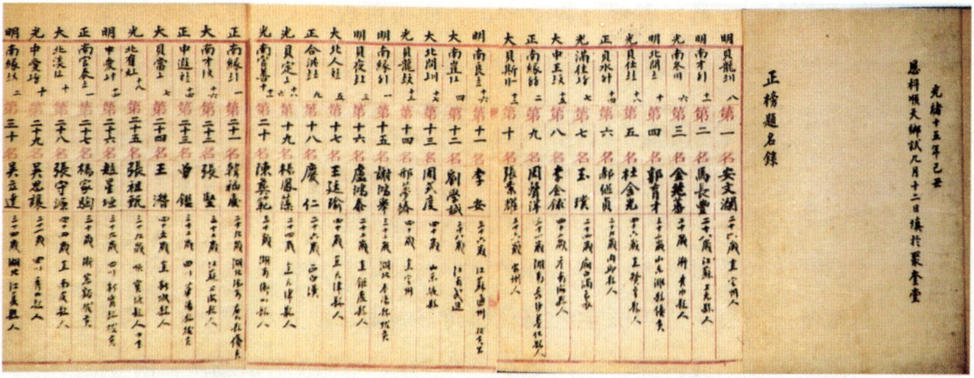

光緒十五年己丑
恩科順天鄉試九月十二日填於聚奎堂
正榜題名錄

▲ 顺天府乡试榜

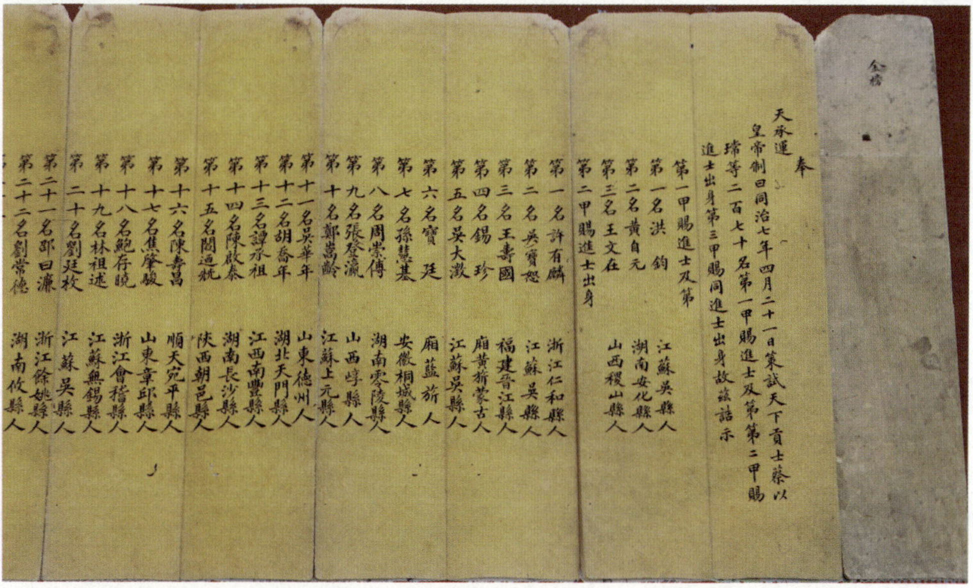

金榜

奉
天承運
皇帝制曰同治七年四月二十一日策試天下貢士蔡以
瑺等二百七十名第一甲賜進士及第第二甲賜
進士出身第三甲賜同進士出身故茲誥示

第一甲賜進士及第
第一名洪　鈞　江蘇吳縣人
第二名黃自元　湖南安化縣人
第三名王文在　山西稷山縣人

第二甲賜進士出身
第一名許有麟　浙江仁和縣人
第二名吳寶恕　江蘇吳縣人
第三名王壽國　福建晉江縣人
第四名錫　珍　廂黃旗蒙古人
第五名吳大澂　江蘇吳縣人
第六名寶　廷　廂藍旗人
第七名孫葆基　安徽桐城縣人
第八名周崇傅　湖南零陵縣人
第九名張登瀛　山西崞縣人
第十名鄭嵩齡　江蘇上元縣人
第十一名吳華年　山東德州人
第十二名胡喬年　湖北天門縣人
第十三名譚承祖　江西南豐縣人
第十四名陳啟泰　湖南長沙縣人
第十五名閻迺竹　陝西朝邑縣人
第十六名陳壽昌　順天宛平縣人
第十七名焦肇駿　山東章邱縣人
第十八名鮑存曉　浙江會稽縣人
第十九名林祖述　江蘇無錫縣人
第二十名劉廷枚　江蘇吳縣人
第二十一名邵曰濂　浙江餘姚縣人
第二十二名劉常德　湖南攸縣人

▲ 小金榜

擢十数人为生员；省聚万数千生员，而拔百数十人为举人；天下聚数千举人，而拔百数人为进士；复于百数进士，而拔数十人入翰林。”然而士子出入场屋，头白而锲而不舍者，无他，因为“科举为利禄之途”“得之则荣，失之则辱”。[1] 乡试的第二年二月举人齐集京城参加会试，参加的考生必须是举人。为防止假冒举人参加，顺治十四年（1657 年）后，举人在会试前要复试。会试有礼部主持，大总裁（主考官）为内阁学士或六部尚书。副总裁为六部侍郎、江南贡院的考棚郎或内阁学士，监考官叫“知贡举”。考试场次、内容、规矩、阅卷方法等与乡试的大体相同。会试取中的叫“贡士”，第一名称“会元”。四月十五日张榜于礼部大堂前，此时正是杏花烂漫的时节，故此榜还有一个挺浪漫的名字叫“杏榜”。会试及格者参加殿试。康熙五十一年（1712 年）参加顺天府会试的乡试“解元”查为仁因被发现乡试舞弊而逃跑失踪，康熙皇帝怀疑本科新中进士有假，于是亲赴畅春园复试现场，罢黜 5 人。从这时开始，又有了会试复试的制度规定[2]。到了咸丰、同治朝，会试复试的规定因战乱参试路阻而停止执行。

殿试是科举最高级的考试，由皇帝主持，考策问。策问是以政事、经义等设问，举子作答。内阁拟题，皇帝选定，答题要求千字以上，四月二十一日举行。考试 3 天后读卷官送前 10 名考卷呈献皇帝，由皇帝确定第一、二、三名名次，并召见这 10 人，叫“小

[1] 《戊戌变法档案史料》：宋伯鲁请变通科举折。

[2] 《清史稿》志八十三。

传胪”。余下的考试名次基本上按照阅卷大臣的意见排列。内阁中书 4 人填写金榜，二十五日殿试名次揭晓，大金榜张贴在长安街东侧宫墙上。二十六日在礼部举行“恩荣宴”。考中者为进士，一甲第一名为状元，第二名叫榜眼，第三名叫探花，这三名称“进士及第”；二甲若干人，称“进士出身”；三甲若干人，称“同进士出身”。科举本身以进士考试为最高阶段。

殿试后中选者除前 3 名外，其余的进士还要在保和殿举行朝考。由皇帝命题、钦定大臣阅卷，分别等次。明英宗朝的状元、榜眼、探花直接授予翰林院修撰和编修。其他新进士由掌院学士带领引见，由皇帝派遣任官；另外，还要从其他新科进士中选择有潜质者担任“庶吉士”，在翰林院学习（选馆），三年后再授予官职。清雍正朝以后，“选馆”更为严格，由皇帝主持之朝考决定。庶吉士一般为期三年，其间由翰林内经验丰富者为教习，授以各种知识。三年后，在下次会试前进行考核，称“散馆”。成绩优异者留任翰林，授编修或检讨，正式成为翰林，称“留馆”。其他则被派往六部任主事、御史；亦有派到各地方任官。一般的授予六部主事、国子监博士或县令。有清一朝，从“顺治三年丙戌科”到“光绪二十九年癸卯经济特科”历年录取的进士数统计，清朝进士共有 27178 名。[1]

根据《清史稿》志八十五记载：清政府通过科举挑选入官人选，举人与进士同为正途，但举人比起进士来所受到的待遇却相差甚多，

[1] 朱保炯、谢沛霖：《明清进士题名碑索引》。

▲ 明仇和《观榜图》

▲ 故宫保和殿

顺治朝甚至有举人虽考选为做通判（从七品）的候补资格，但却终生未得官的事情发生；乾隆年间，乡试中举并挑选做知县候补人选的，有的竟然等了30年才授官。正如朝廷大臣屡屡奏言：举人中补授或提升官职的候补人员现在已经严重壅滞。以举人参加会试每科1200余人计算，10年举行四科，当有5000人之众，而其中能选作官员候补资格的不过十分之一。现在应该想办法为这些壅滞的候补官员找出路才是。乾隆十七年（1752年）始定“大挑”制，于会试榜后举行，意在使举人出身的士子有较宽的出路。“大挑”六年一举行，三科以上会试不中的举人参加，挑取其中一等的以知县用，二等的以教职用。“钦派王大臣司其事，十取其五。一等二人用知县，二等三人用学正、教谕。”实在没有位置了，就下降一个品级予以授官，如原用为知县候补人选的，可以补为府经历、直隶州州同、州判、县丞、盐库大使。用学正、教谕候补人选的，可以补作训导。“届期吏部堂官先过堂验看，然后请旨派王公大臣于各省举人内公同挑选，重在形貌与应对……所谓人文并选，身言之试也。”[1]挑选的标准重在形貌与应对，须体貌端正，语言表达能力强，对时事吏治素有研究之人为用。但在实际执行中挑选标准却多看重形貌，相传有“同、田、贯、日、气、甲、由、申”八字诀，合于前四字形貌者为合格。例如长方脸型为“同”，方脸型为“田”，身体高大为“贯”，身体匀称为“日”。等了十年的举子们竟遭此“标准”

[1] 商衍鎏《清代科举考试实录》。

获职，真是令人哭笑不得。

科举既是“利禄之途”，舍此不能参与政治，做官致富。明朝一代内阁高官大员170余人，由翰林者居十之九。清政府规定，非科甲正途出身，不得授翰林院、詹士府和礼部、吏部二部为官；非科举及没参加科举的国子监恩、拔、副、岁、优贡生、恩监生出身者，不授京官和正印官。[1]明、清两代，举人与进士虽同称“科甲出身”，然而两个朝代的政府皆有部分职位唯进士才能充任；举人与进士的区别使得获得提拔和升迁的机会相差悬殊；两朝皆重翰林，进士之中一甲前三名直授修撰、编修进入翰林与获“馆选”而为庶吉士进入翰林学习并“留馆”者，为科举全程中最高的殊荣，因为明、清两代非进士不入翰林，非翰林不入内阁，宰辅重臣大都由翰林选出，故庶吉士有“储相”之称。但庶吉士也不是官运亨通的“保险箱”。如清雍正时期的江苏昆山人徐骏，他是康熙朝刑部侍郎徐乾学之子，顾炎武的甥孙。雍正八年（1730年），翰林院庶吉士徐骏在奏章里，把“陛下”的“陛”字错写成“狴”字，雍正皇帝马上把徐骏革职。这还不算，接着又查抄徐家。在徐骏的诗集里发现了诗句“清风不识字，何必乱翻书”“明月有情还顾我，清风无意不留人”，雍正认为其存心诽谤，“于诗文稿内造为讥讪悖乱之言”，照“大不敬”律将徐骏“斩立决”，并将其诗文稿“尽行烧毁”。活生生的一个庶吉士生命，就这样毁于文字狱的暴政之下。

[1] 《清史稿》卷一百一十。

▲ 翰林院绘图

▲ 提着书箱的会士参加殿试旧照

清代进士累官至内外高层官吏人数略计表

大学士	协办大学士	内阁学士	尚书	侍郎	都御史	大理寺卿	总督	巡抚	布政使	按察使	顺天府尹
正一品	从一品	从二品	正二品	从二品	从一品	正三品	正二品	从二品	从二品	正三品	正三品
87	25	81	178	481	32	17	96	131	133	76	12

清朝科举制度最早在皇太极时期就已举行了，但不经常，考试的方式方法也比较简单。入关后，首次科举考试是在顺治三年（1646 年）丙戌科，从国子监考生中录取举人 86 名，以后不断增加。到乾隆年间，国子监生参加乡试，八旗中额 34 名，汉族中额超过 72 名。政府不仅鼓励贡、监生应科举，而且惩罚不应科举的贡、监生，凡肄业生在乡试之年不录科应试的，就被认为没有上进心，要受到勒令退学的严厉处分。从乾隆晚年到清末，通过科举考试而做到六部侍郎（从二品）一级官员中，国子监贡生出身的有 16 人，监生出身的有 29 人，荫生出身的有 32 人。这个统计虽然不够完整，但却反映了国子监对于清政府的重要性。

综上所述，国子监生通过科举考试是清代士人走上仕途的一个重要途径。明初、清初国子监生的仕途最好，顺治十年（1653 年）以后因进士、举人日益众多，仕途壅滞，然而贡监生中有能力做到高官者亦大有人在，成为清代官僚群体的一个重要组成部分，并在历史上起到了不容忽视的作用。

由于科举考试形式上系公开的竞争，所以除了若干可见的限制（如最低经济生活条件的缺如、少数特殊的社会身份关系）外，科举制度确实为社会提供了有效的阶层流动的途径。社会阶层流动性的存在，使得传统社会统治机构的成分不时更新，有利于社会和政治稳定的支持。这是我国科举制度千余年存在的重要理由之一。

科举考试固然为公开的考试竞争选官提供了一条路子，但其优越的地位基础是皇帝的权力，其服官从政也是为皇朝服务，最大的弊端就是摧残知识分子。它把千千万万的知识分子束缚在四书五经里面，思想僵化，学非所用，脱离实际。科举制度的设计和确立，就是把人限制在“学而优则仕”的唯一道路上，最后造成官宦壅滞，腐败堕落的局面。鉴于科举考试的种种弊病，清末康有为等有识之士纷纷要求废除科举。统治集团中袁世凯、张之洞、刘坤一等要员也强烈建议废除科举考试。光绪三十一年（1905年），慈禧太后宣布停止一切乡试、会试。千余年历史的科举考试终于寿终正寝。同年十一月初十这一天，光绪皇帝谕准设立学部。谕旨中说：

“……前经降旨停止科举，亟应振兴学务，广育人才，现在各省学堂，已次第兴办，必须有总汇之区，以资董率而专责成，著即设立学部。荣庆著调补学部尚书，学部左侍郎著熙瑛补授，翰林院编修严修著以三品京堂候补，署理学部右侍郎。国子监即古之‘成

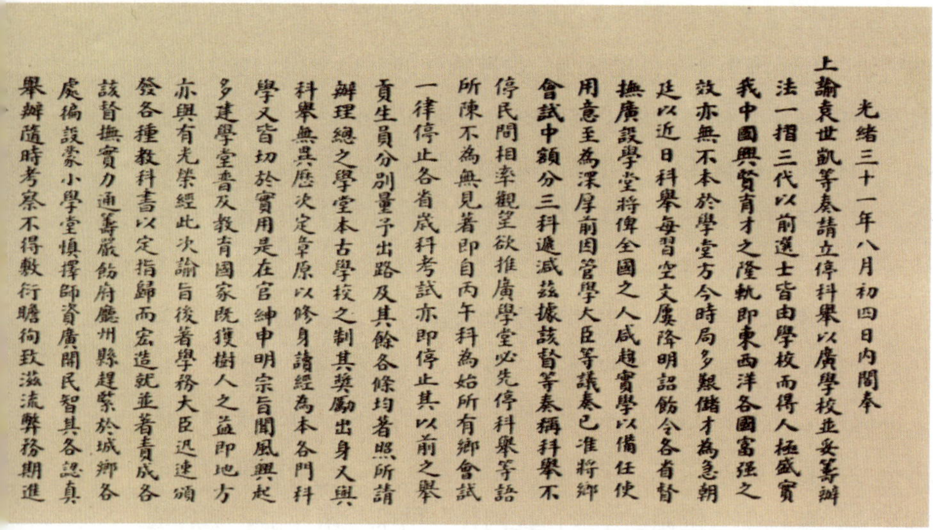
光绪三十一年八月初四日内閣奉
上諭袁世凱等奏請立停科舉以廣學校並妥籌辦
法一摺三代以前選士皆由學校而得人極盛實
我中國興賢育才之隆軌即東西洋各國富强之
效亦無不本於學堂方今時局多艱儲才為急朝
廷以近日科舉每習空文屢降明詔飭令各省督
撫廣設學堂將俾全國之人咸趨實學以備任使
用意至為深厚前因管學大臣等議奏已准將鄉
會試中額分三科遞減茲據該督等奏稱科舉不
停民間相率觀望欲推廣學堂必先停科舉等語
所陳不為無見著即自丙午科為始所有鄉會試
一律停止各省歲科考試亦即停止其以前之舉
貢生員分别量予出路及其餘各條均著照所請
辦理總之學堂本古學校之制其奬勵出身又與
科舉無異歷次定章原以修身讀經為本各門科
學又皆切於實用是在官紳申明宗旨聞風興起
多建學堂普及教育國家既獲樹人之益即地方
亦與有光榮經此次諭旨後著學務大臣迅速頒
發各種教科書以定指歸而宏造就並著責成各
該督撫實力通籌嚴飭府廳州縣趕緊於城鄉各
處徧設蒙小學堂慎擇師資廣開民智其各認真
舉辦隨時考察不得敷衍瞻徇致滋流弊務期進

▲ 光绪停止科举的谕旨

▲ 清末甲辰科题名碑

均’，本系大学，所有该监事务，着即归并学部。学部其余未尽事宜，着该尚书等具行妥议具奏。”[1]

此时的国子监，教官滥竽充数，学校管理混乱，学风败坏，校舍业已破败不堪，学生只有几十人，完全失去了培养人才的作用，早已名存而实亡。

国子监归并学部以后，设国子丞一人（正四品），总司文庙、辟雍殿一切礼仪事务；典簿四人（正七品），分掌关于祀典、临雍、视学、案牍；典籍四人（正八品），分掌庙内祭品宝器及一切乐器品物；奉祀官六人（七、八、九品各二人），分掌预备祭器一切事宜。另有正副通赞官各二人，二、三等书记官各三人等。[2]到此为止，作为科举制度附庸的古代最高学府国子监终于走到了历史的尽头，终结了它作为最高学府的地位。

国子监并入学部以后，学部改国子监南学为“初级师范学堂”，1906年开学。招生约300人，有教师10人，另聘日本教师2人。学堂设有优级师范科和简易师范科。宣统元年（1909年）9月9日，清廷奏准学部张之洞的《筹建京师图书馆折》，任命四品翰林院编修缪荃孙为京师图书馆首任监督（馆长），徐坊为副监督，杨熊祥为提调，筹建“京师图书馆”，将国子监南学的全部藏书转藏于该馆。1914年，“国家博物馆筹备处”在国子监成立。同年10月，

[1] 《光绪三十一年上谕档》。

[2] 《清代中央国家机关概述》第三章第四节。

由于京师图书馆初建地什刹海广化寺地处偏僻、潮湿，不宜藏书，经教育部批准，由该地移至国子监。1915 年，定以国子监南学旧址为京师图书馆。1917 年 1 月 26 日，京师图书馆在昔日国子监南学重新开放，国家博物馆筹备处迁至故宫午门端门。其间，鲁迅供职于教育部社会教育司第一科任科长兼教育部佥事，曾为京师博物馆、图书馆的建设付出极大精力，因为有鲁迅的积极斡旋与奔走，《四库全书》、国子监南学与内阁大库的旧藏，成为这里珍贵的馆藏基础。届时，鲁迅与教育部同人还出席了开馆活动并留影纪念。

南京国民政府时期，北京改称北平，1928 年，京师图书馆改称“国立北平图书馆”，迁往中南海“居仁堂”。

下篇　孔庙

▲ 关帝庙旧照

在上篇《国子监》中，我们简要追溯了北京孔庙的建成史，即元世祖至元四年（1267年）"划定庙学基"，大德六年（1302年）开工修建，大德十年（1306年）竣工。这可以形象记忆成一个算式：4（至元四年）+6（大德六年）=10（大德十年）。以后的明、清两代又对北京孔庙进行了扩建、装饰升级和多次的修葺，使这座庙宇成为北京建都史上最为显著的文化标志之一。历数700多年的风风雨雨，有必要对北京孔庙了解得更多一些。

庙宇的建立在我国具有极为悠久的历史，对于上了一些年纪的人来说，实在是太熟悉不过的建筑了，就我们所熟悉的大大小小的庙，几乎每个人都能说出几种或者几十种来，如"火神庙""土地庙""娘娘庙""关公庙"等，真是数不胜数。康熙五十年（1711年）纂修的《御定佩文韵府》中就"庙"韵单立一卷，详述了在那个时代所存立过的各式各样的庙宇就达260多种。

在汉族居住的广大地区，几乎到处都有庙宇，尤其是广大的农村，至今还可以看到庙宇的存在，许多庙的香火甚至还很兴盛。这些庙宇的种类繁多，被敬崇的各路神仙也很广泛。这种崇拜大致包含两个部分：一是对自然神的崇拜。《礼记·祭法》说："山林川谷丘陵，能出云，为风雨，见怪物，皆曰神。有天下者祭百神。"对于云、风、雨和其他一些怪异现象的自然力、自然现象不能理解，如地震、洪水、雷击等，以及由此而引发的自然灾害、伴随而来的恐怖使得人们将这些不能理解的自然现象归结为神的力量。敬之诸神，就是为了求得保护和平安，于是就有了山神、水神，有了山神庙、龙王庙、三官庙（天、地、水）。二是庙里供奉的神是由名人圣贤而来的。如人们所熟知的鲁班庙、岳飞庙、李冰庙、关公庙，等等，这些神都是来自人间，他们或以身殉国而得到百姓的尊敬，或生前曾给百姓带来好处，或带领百姓抗御自然灾害而被尊为神灵。对他们的崇拜主要是为了表达底层庶民的诉求和苦难的申诉，于是庙宇处处香火不断。这是所谓的"圣贤崇拜"。主宰着汉民族的泛神崇拜一般来说都有着明确的实用目的，无非是避祸求福，保佑平安，祈求在生产、生活上顺顺利利。人们在自己建造的乡村和城市环境中生活，当然希望河山永固，趋利避害，建造各类神庙的目的也在于此，希望被供奉的神灵能够有求必应。人们乐此不疲地建庙，从来都是借此凝结情感与宣泄情感。第一个作用就是人们通过奉祀神灵来表达自身的各类希望，用神灵的形象常态警示人们的忧患意识，这显然是神庙的一种标识作用。第二个作用就是在不可抗拒的灾害面前，尤其在束手无策之际，需要有一个特定的场所用以释放内心驱除灾难、获得解救的愿望，在无可奈何的境地中祈盼得到神灵的庇佑。第三个作用就是它的政治作用，历代封建统治者热衷修坛建庙，定期举行祭祀外，同时也借神庙的民间影响力在灾害发生时逃避救助不力的责任，把灾害归结于不可抗拒的“上天惩罚”，以减轻乃至摆脱人们对政府的责难。

在敬奉着数也数不清的各路神灵的庙宇群里，有一种庙宇与众不同，与前面所讲的泛神崇拜的场所有着根本的区别。这里少有其他庙宇整日缭绕的香火，祈祷膜拜的萦萦人声，但处处弥漫着一种高贵的文化气息，庙宇中供奉的不是神仙，而是一位真实的大思想家、大教育家。人们在这里祭祀，表达的不是对神灵的膜拜，而是一种怀念和敬仰，是一种文化传承的诉求。这就是在我国延续了两千多年专为孔子修建的庙宇——孔子庙。

孔庙又称仲尼庙、文庙、文宣庙、宣圣庙、先师庙、先圣庙、夫子庙，等等。遍布中国广大地区的孔庙可分为四类：一是曲阜本庙；二是流散在各地的孔子后裔所建的家庙；三是京师孔庙；四是地方孔庙。前两类都属于家庙，后两类被人称为官庙。在官庙举行释奠礼的时候，往往又与习礼仪、讲经籍、议文事等一定的学术活动相伴随，这样的孔庙属于所谓的“礼制庙宇”。礼制庙宇与其他庙宇最大的不同之处在于，这种建筑必须由国家的力量予以倡导和推行，建筑模式、体量、色调以及祭祀的内容、等级等，都必须遵循国家认可的规范和准则。各地孔庙无论级别高低，但精神如一；形式各异、风貌不同的孔庙虽然有地域差异和时代差异，但祭祀活

▲ 衢州孔庙

▲ 台北孔庙全景

动都依循一套共同的原则。

官员在地方举建礼制孔庙，据能查考到的历史文献记载，最早的是南朝的宋孝武帝刘骏（453—464 年）朝发生的，“孝建元年(454年)……冬十月戊寅开建仲尼庙，制同诸侯之礼，详择爽垲，厚给祭秩”。[1] 在距我们近 1600 年前，孔子就得到诸侯地方的高度尊重。

---

[1] 《通志》卷十一。

北京孔庙现存建筑30多座，经过了元、明、清三代统治者的建造、修葺和完善，都是典型的北方官式建筑。由于礼制中对建筑规模、屋顶形式、屋瓦颜色、彩绘、图案、色彩等方面的种种规定，形成了孔子庙建筑的多姿多彩。

第一章　初建庙封谥至圣、改祀典清施大礼

▲ 北京孔庙

现在的北京孔庙历经元、明、清三代的修建才形成了今天的规模，为封建国家最高等级规制的官庙。庙内前后三进院落，南北中贯轴线，建筑左右对称，是非常典型的大型官制建筑布局形式。北京孔庙现存建筑30多座，经过了元、明、清三代统治者的建造、修葺和完善，都是典型的北方官式建筑。由于礼制中对建筑规模、屋顶形式、屋瓦颜色、彩绘、图案、色彩等方面的种种规定，形成了孔子庙建筑的多姿多彩。全庙建筑高低错落，大小有致，瓦色斑斓，红墙、绿树、黄瓦交相辉映，非常雄伟壮观、庄严肃穆，其历史价值和艺术价值是我国历史文化遗产中最为闪亮的资源之一，其至尊地位在历史上一直居各地孔庙之首。

1988年北京孔庙被国务院公布为“全国重点文物保护单位”。

元朝

元代初，燕京之地刚刚从战火中平定下来，

当时的重臣宣抚（受皇帝委派传达皇帝命令和安抚军民的大臣，类似明、清钦差职）王楫向元太宗窝阔台建议，将金朝的枢密院旧址改建成“宣圣庙”（即孔庙），以便春、秋两季能有地方进行释奠礼，为了彰显孔子释奠礼仪的久远历史，还把旧岐阳石鼓列在草创的宣圣庙两庑檐下。当时的窝阔台汗远在边塞忙于打仗，对于孔庙的重要作用还来不及细细思量，王楫的上疏很容易就得到了窝阔台的同意。根据耶律楚材的记述[1]，乙丑年（1205 年）二月八日率诸士大夫到宣圣庙行释奠礼。这些被当时战争搞得灰头土脸的诸位儒生，参加了释奠礼以后，都高兴得不得了：“这下可是看见儒道的希望了！”

就是这个宣圣庙，在元太宗登基以后的第五年（1233 年）冬十二月、第六年（1234 年）八月经过两次整修，在此开设了国子学（见国子监篇第一章），教授蒙古贵族子弟学习汉语和其他的一些实用知识。世祖忽必烈当上蒙古大汗的第二年即中统二年（1261 年）下诏要求倍加爱护宣圣庙，要求各官员、使臣、管工匠官，严禁在庙内有亵渎行为。国家岁时祭奠、诸儒月朔之日释奠一定要沥扫清洁，违反了规矩要严加治罪。第三年，忽必烈对宣圣庙又加以整修。之所以这样，忽必烈是有一个思考过程的。据《元史·张德辉传》透露，在忽必烈还没有当皇帝之前，在他的潜邸召见张德辉时，问张：“孔子去世已经很久了，到现在他还有什么生命力吗？”张对答：“圣

[1] 《湛然居士集》。

人就像天地一样始终，无处不在。殿下能行圣人之道，孔子的生命力就会显现出来。”戊申年（1248 年）春释奠时，忽必烈看到祭祀孔子时所用的肉祭品，就问：“孔子庙的祭品礼应该符合怎样的标准呢？”言语之中似乎觉得祭品用肉大可不必。陪伴他的张德辉说：“孔子为万代王者师，国家的统治者都很尊重他，所以严整孔庙，及时修整庙堂以备祭祀。对孔子崇拜的程度如何，对圣人毫发无损，但可以从中看出来一位国君崇儒重道的诚意来。”忽必烈听了之后，说了一句意味深长的话：“从今往后，此礼不可废。”

至元四年（1267 年），元世祖忽必烈重建都城，“画地宫城之东为庙学基”。[1] 在重建都城和规划庙学的这两件事上，是忽必烈的深思熟虑使然。在上篇《国子监》曾有过分析不再赘述。需要说明的是，忽必烈的深思熟虑在以后得到了有效的执行，有两位历史人物是做出了重大贡献的。这就是汉族的刘秉忠、蒙古族的哈喇哈斯。

刘秉忠是元大都的主要设计者，生于 1216 年。17 岁时进邢台节度使府中做令史，即秘书。不久弃职隐居，后拜虚照禅师，出家为僧，法名“子聪”。1247 年，蒙古朝廷把京兆地区赐给成吉思汗的孙子忽必烈并封藩王。海云禅师闻知刘秉忠“博学多才艺”，把他推荐给忽必烈。刘秉忠有经世致用之才，精通天文历法、地理和儒家经典，因而深得忽必烈的重用。中统五年（1264 年）八月参与

[1] 《雪楼集》。

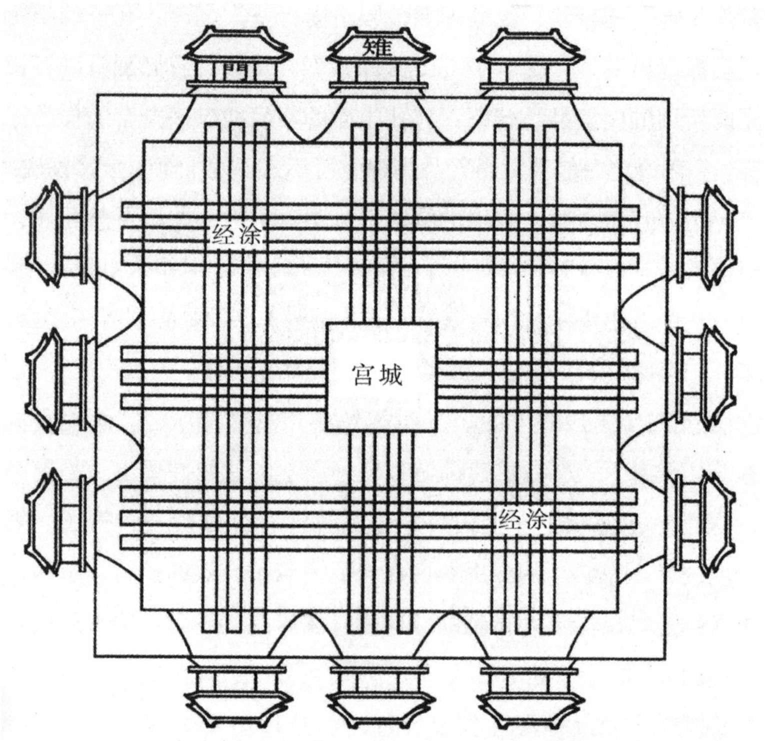

▲《考工记》九经九纬绘图

枢密院议事，被赐名“秉忠”，官至太保。同年，刘秉忠建议忽必烈定都于燕京（金中都故地，今北京地区），并为忽必烈设计了新的年号“至元”。“元”的汉语意思是“发端、起源”，在《易经》中，“元”指的是“宇宙之始”或“原始力”。因此，这个年号与儒家观念有着直接和密切的联系，也与忽必烈平时所想一拍即合，于是下诏改“中统五年”的下一年为“至元元年”。令刘秉忠赴燕京作整体规划，张柔、张弘略父子及行工部尚书段天佑等人负责施工。刘秉忠规划的新都城，参考了儒家经典《周礼·考工记》中“匠人营国，方九里，旁三门[1]，国中九经九纬[2]，经涂九轨[3]，左祖右社，面朝后市”的理想描述。据《日下旧闻考》记载：“至元四年（1267年）作都城画地，宫城之东为庙学基。”从那时起，孔庙就有了确切的规划位置。至元二十四年（1287年）设置国子监，“元贞元年（1295年）命立孔子庙”。[4]大德三年（1299年）正月，刚上任不久的中书左丞相哈喇哈斯奏请元成宗铁穆耳皇帝，他说：京师里很长时间缺少孔子庙，而现在的太学又与国子监衙署合署办学，设施简单又拥挤，因此向皇帝奏请修建孔庙、扩建太学，并选拔著名的儒士作为庙学的学官，让官员子弟入学接受教育。当时的元成宗皇帝批准了这个请求，同意在元世祖规划的位置上筹建宣圣庙，这就是今天

[1] 每边的城墙开三门。
[2] 城中干道九纵九横。
[3] 纵向的干道可并行九辆马车。
[4] 《吴文正公全集》。

孔庙的前身。

提出修建孔庙的哈喇哈斯是怎样的一个人呢?

哈喇哈斯,蒙古族威拉诺尔氏。其曾祖曾救过元太祖成吉思汗,使之得以逃脱被暗杀之谋,因是赐号“达尔罕”。史载哈喇哈斯“不妄言笑,善骑射,工国书,又雅重儒术”。因作战有功,被允因袭前勋“达尔罕”号。忽必烈曾对皇太子评价哈喇哈斯说:“达尔罕非常人比,可善遇之。”大德二年(1298年),哈喇哈斯上书给成宗皇帝,要求建造孔庙。大德三年(1299年),开始了对孔庙的规划和设计。可是却因为种种原因一直拖延了近四年没有开工,最后还是在哈喇哈斯的直接督促和指挥下,于大德六年(1302年)六月,修建文宣王庙的工程才在京师正式动工。大德十年八月,即公元1306年,京师孔庙终于建成。以后又由哈喇哈斯亲自挂帅,于大德十年春正月丁卯,开始扩建国子学于文宣王庙西,即现在的北京国子监原址。

在建设孔庙的工程中还有一位汉族官员在其中发挥了至关重要的组织管理作用,这个职位很像我们现在所熟悉的工程“项目经理”。担任这个职位的就是贾驯。修建孔庙之前,贾驯因其能力出众刚升任为工部奉正大夫不久,出色的表现深得太保右丞相的器重和“同僚仰成”。元成宗铁穆耳下诏修建孔庙以后,主管大臣专设“国学丞相”一职授予贾驯担当此任。贾驯笑答:“此政化之本,敢不敬成。”意思是说,修建孔庙是朝廷教化天下之根本,我要专心负责地做成这个工程。每天忙碌的贾驯“入理曹务,出营庙事”。

不管是风吹雨打，还是烈日寒风，贾驯一直坚守施工现场亲自组织指挥。无论是涂墙墁地，还是砍削梁材，他都亲自谋划、指点。最后，“构缔宏丽，庙学俱兴”，纷纷表示贾驯是对元朝文化建树的有功之臣，建议朝廷提拔为工部侍郎。元武宗海山登基之后，拜贾驯为工部尚书加少中大夫。[1] 为了表示对孔庙竣工的重视和庆祝，元成宗铁穆耳皇帝决定要行“释奠”大礼：要用猪、牛、羊作为祭品；以乐器合奏、乐师登堂合唱的“登歌”形式颂扬孔子；还给参与祭祀的萨满法师新制了全身缝缀有几百件饰物的“法服”三套；并且命令翰林院确定乐名、乐章。由此看来，这个释奠礼节在当时来讲已经是非常虔诚和隆重的了！京师孔庙建成以后的规模仅次于当时的山东曲阜孔庙，很是宏伟壮观。

吴澄作《草庐文集·贾侯修庙学序》中对新修建的宣圣庙做了描述，使我们今天仍得以了解当时的概貌：首先，孔庙处于交通方便的地理位置，“庙在东北纬途南北，东经途之东”，“途”是走车的道路，纬途就是东西向的大道，经途则为南北大道。这个方向的确定显然是从位于中轴线的皇宫中辨别的，文中所指的“北纬途”和“东经途”与我们现在东西走向的二环路以及南北走向的安定门大街相差不多。

孔庙内的正殿为四阿屋面，就是我们现在所能看到的明清时的庑殿式屋顶，为四面坡顶。建筑“崇十有七仞”，合元尺 119 尺，

[1] 以上据《中庵集·卷十七·贾驯诏先碑铭》。

按元代一尺相当于31.2厘米计算，高度达到37.12米；南北进深40尺，约为12.48米[1]；殿内空间很大，东西长为130尺，合现代长度40.56米。两庑自北向南有70步长到达中门（“大成之门”）。中门高18.72米，长度是高度的一半，面阔约9.36米，进深十一步长。中门之东侧、西侧庑房（面北）各七间，均为52步长，用为神厨、神库。外门（棂星门）内左右为斋宿居室，各有15间。从正殿开始经过两庑到达中门，走过斋宿之室回到中门内的神厨神库，共计478间。至此，这个“肇谋于大德三年（1299年）之春，讫工于大德十年（1306年）之秋”的巨大工程，在元成宗左丞相哈喇哈斯任上，终于完成了一件“克继先志”的历史任务。

大德十一年（1307年）正月，元成宗铁穆耳去世。在哈喇哈斯的策划下，海山的同母弟弟爱育黎拔力八达三月带兵入京政变。五月间在上都召开了一次“忽里台”大会，公推海山为可汗，这就是继元成宗皇位的元武宗。嗣位以后的元武宗效法他的哥哥铁穆耳，也到孔庙去做文章。庙已经修好了，释奠礼也做过了，还应该做什么“文章”才能达到影响广泛并借此表达尊孔的心意呢？除了给孔子献上洁净的祭牲，甘美的醇酒和碎肉之外，聪明的武宗决定给孔庙的正殿和殿前的中门赐匾。这就是给孔庙的正殿赐“大成之殿”的名匾，为殿前的中门挂匾命名为“大成之门”，以表示自己“俾

[1] 注：吴澄这个数字可能有夸张。按后来程钜夫写的另一碑文《雪楼集·先师庙碑文》讲“殿四阿，崇尺六十有五，广倍之，深视崇之尺加十焉”比较合理。

尊慕先圣”，使得“入其门升其堂者得所瞻仰焉”。[1]中国传统建筑的做法有一特殊之处，这就是于建筑内外挂匾。这样的装饰，往往可以达到意境深远、义理深邃的目的，同时也言简意赅地注明了建筑的人文意义，对建筑本身可以起到独特的画龙点睛的作用。看来元武宗是深得其中之奥秘的。为了使这次赐匾的行为具有礼制的色彩，元武宗还为新命名的“大成之殿”专门作了“登歌乐”。乐师是一位江南人士，可是奏乐的诸生却都是北方人，“情性不相能”，意思是说北方的奏乐诸生难以奏出歌曲的韵味和意境。为此专门请了时任教授的虞集专门对这些人进行训练，达到标准以后，又按照虞集的安排，在乐队里特别专设了一位“司乐”负责，以保证登歌之乐的纯正不走样。

七月，还没有改元的元武宗又下诏，为孔子加封谥号为“大成至圣文宣王”，立碑于曲阜孔庙。用以表彰为中国古代文化做出的“集大成”贡献。这就使得孔子所得到的封号达到了历代前所未有的高度。这篇封号的“制诰”，实在胜过历代敕封孔子的“诏书”，文辞大气、华美。碑文如下：

上天眷命：

皇帝圣旨盖闻先孔子而圣者，非孔子无以明；后孔子而圣者，非孔子无以法。所谓祖述尧舜、宪章文武、仪范百王、师表万世者也！

[1] 《国子学告揭大成殿新匾文》。

朕纂承丕绪，敬仰休风，循治古之良规，举追封之盛典，加号为“大成至圣文宣王”，遣使阙里，祀以太牢。于戏！父子之亲，君臣之义，永唯圣教之尊。天地之大，日月之明，奚罄名言之妙，尚资神化，祚我皇元。主者施行。

大德十一年七月十九日

奉训大夫国子司业潘迪书亚中大夫国子司业谢瑞篆臣茅绍之刻

上述的种种做法，明显地看出元武宗利用孔子的影响来维护统治目的的用意，那真是做足了“文”功夫。

在元朝入主中原后50年间，一直没有举行科举选仕，正式的科举考试方案长期在朝廷议而不决，其主要的原因是元世祖忽必烈在实际行动上不愿意恢复科举制度，因为这种制度的结果必然是大量的汉人得到任用，或者说至少要启用更多汉人充当政府官员。忽必烈想在政治、人事和文化上有更多的自由度，因而也就不愿意被科举制度束缚住自己。直到元仁宗皇庆二年（1313年）十一月，才下诏开科取士。延佑一年（1314年）八月开考，延祐二年（1315年）殿试进士，“呼图克岱尔、张起岩等五十六人及第出身有差”。[1]元代的科举制度基本沿袭宋代，用“经义”“经疑”为题述文。科举分为地方的乡试、在京师进行的会试以及殿试三级。元代科举分成左、右榜：右榜供蒙古人、色目人应考，乡试只考两场，要求较

[1] 《元史》卷八十一。

简单；左榜供汉人、南人应考，乡试时考三场，要求相对较严格。乡试、会试中名单要按种族分配。殿试考取后“择日进士诣先圣庙，行舍菜礼，第一人具祝文行事，刻石题名于国子监”。[1] 从这个时间开始，开科进士题名刻石立碑就成了国子监孔庙的例行规矩，也为我们留下了极为珍贵的历史遗存。

元末期，泰定帝之后，一年之内（1328 年）就换了天顺、明宗、文宗三朝皇帝，虽经几朝皇帝修葺孔庙，但随着元代走向衰落，孔庙终将逃脱不了荒废的厄运。

明朝

明太祖朱元璋打败元朝，定鼎南京以后，和历史上其他的帝王一样，遣使去曲阜孔庙拜谒孔子，行祭祀大礼。临行时对派去的使者阐述了他对孔子思想的看法：“孔子之道包罗万象，历史悠久，与天地共存。凡是取得天下的人没有不虔诚地进行祭祀对他表达敬意的。当今我为天下之主，也期盼着用孔子之道教化大明朝，以使孔子的学说畅通无阻。今天我去太学实行释奠之礼，派你去阙里孔庙祭祀孔子，你一定要心存敬意。”随后又规定，每年的仲春和秋季的上丁日，以皇帝的名义进香，派使者前往太学前去祭祀。以丞相、翰林学士、国子学祭酒为释奠“三献官”。在遣使祭祀的前一

[1] 《五礼通考》卷一百七十五。

▲ 明代皇帝皮弁服饰画像

天，皇帝本人着皮弁朝服到奉天殿降香，并先行斋戒一天。其他祭祀官员两日分散、一日集中地也行斋戒之事。这位刚刚登基不久的皇帝把自己祭祀孔子的礼仪搞得很是隆重，但他却有一个不讲理的规定，那就是只有自己拥有对曲阜孔子庙祭祀的特权，别人是搞不得的。这是洪武二年初的规定："孔庙春秋释奠，止行于曲阜，天下不必通祀。"[1] 于是，朱元璋手下的刑部尚书钱唐和侍郎程徐坚决反对，劝导朱元璋说："孔子的思想教育了世世代代，天下都遵守着孔子的教诲，所以大家都来祭祀孔子，这个国家的根本之礼可不能废除呀！"侍郎程徐讲的道理更多："从古到今的祭祀典礼，只有社稷、三皇（燧人、伏羲、神农）与孔子通祀。如果没有社稷和三皇，天下的百姓就不会存在，没有孔子之道人们就不会树立志向。虽然尧、舜、禹、汤、文、武、周公都是圣人，但是一直发挥作用的却是'三纲五常'之道，这早已记载于经书之上，因此百代帝王才具有了仪容风范，万世子民才有了榜样和典范。世风虽降而人不堕落，那都是孔子的力量。孔子以自己的学说教育天下，故而天下纪念他，这并不是纪念这个人，而是信奉他的学说，牢记他的教育。今使天下之人读其书，奉其教，行其道，而不让祭祀孔子，这不是维护人心、扶持社会正统礼教的办法。"[2] 不管他们怎么说，朱元璋就是不听，还是坚持自己的主意。但这一番掰开又揉碎了的劝导，还是起了作用的，经过一段时间的思考，最终朱元璋还是听

[1] 《明史》列传第二十七。

[2] 引文同上。

从了他们的规劝，诏告天下，通祀孔子。当年十月，“令天下郡县皆立学，学皆立孔庙，礼延师儒教授生徒”[1]。天下所有的郡县都要建立学校，所有的学校都要建孔庙，邀请儒士给学生们教授礼仪。既然要通祀，那还需要有个统一的祭祀标准。洪武四年（1371 年）朱元璋批准礼部的奏章，改定祀物礼器，将以前规定的 8 个笾、豆改为 10 个；笾用竹制；以前的簠、簋、登、铏及豆均为木制品，现在一律改为瓷制品；将太牢祭牲换成煮熟的祭牲。原有的乐生增加到 60 人，舞生 48 人，引舞为 2 人，共 110 人。礼部建议选用京民之秀者充当乐、舞生，朱元璋不同意：“乐舞乃学者的事情，何况释奠是为了表达崇师之意，最好选择在学的国子生及公卿子弟，事先训练以熟练掌握。”在自己的王朝天下中通祀孔子的道理，作为一个极端的专制皇帝，68 岁的朱元璋才算是比较彻底地明白了。二十九年（1396 年），他对工部右侍郎秦逵说：“春秋之时人纪废坏，孔子以至圣之资删述《六经》，使先王之道晦而复明，万世永赖，功莫大焉。夫食粟则思树艺之先，衣帛则思蚕缫之始，皆重其所从出也。孔子之功与天地并立，故朕命天下通祀，以致崇报之意。”朱元璋对所要祭祀的对象也很在意，他曾经对孟子很是恼火，曾下令删除《孟子》一书中有关“民贵君轻”等思想的论述 85 条，规定所删条文“课试不以命题，科举不以取士”，并且把孟子从孔庙的配享位置拿下（洪武五年）。过了一年又认为孟子“辨异端，辟

[1] 《春明梦余录》卷二十一。

邪说，发明孔子之道”而予以“解放”，恢复了孟子的配享位置。

洪武十五年（1382 年），在朱元璋数次现场的督促下，鸡鸣山下新建的南京国子监建成，将元代的京师国子监改为“北平府学”。南京国子监的孔庙建在新的太学东边，中为大成殿，左右两庑，前大成门，门左右列戟二十四。门外东侧为牺牲厨，西为祭器库，又前为棂星门。南京孔庙落成之后，朱元璋亲诣释奠，又诏令天下通祀孔子，并颁释奠仪礼的详细规定。

南京孔庙建成以前和以后，朱元璋显然并不熟悉和掌握孔庙一类建筑的规制。因为孔庙建成十几年之后，他又嫌孔庙窄小了，于是在洪武三十年（1397 年），朱元璋又下命令工部改建孔庙。这次由年迈的朱元璋亲自动手规划孔庙。在他的规划中，孔庙大成殿和大成门各面阔六间（注：以下都是面阔尺寸），棂星门三间，东西廊庑七十六间，神厨、神库都是八间，宰牲所六间。中国向来是京师的做法具有价值引导取向，何况又是老皇帝亲自挂帅做孔庙规划，自此的孔庙建设都以“朱记”孔庙为蓝本，相沿成制了。

朱元璋去世五年后的永乐元年（1403 年），朱棣遣派重要官员去北京国子监孔庙举行释奠礼。这次到北京孔庙来，朱棣首先是将“北平府学庙”改称“国子监孔子庙”，而且此时的明成祖还有一个目的，那就是想在原北京孔庙的故址上重新建造北京孔庙。他曾设想“中为庙，南向，东西两庑，丹墀西为瘗所。正南为庙门，门东为宰牲亭、神厨，西为神库、持敬门。门正南为外门，正殿初

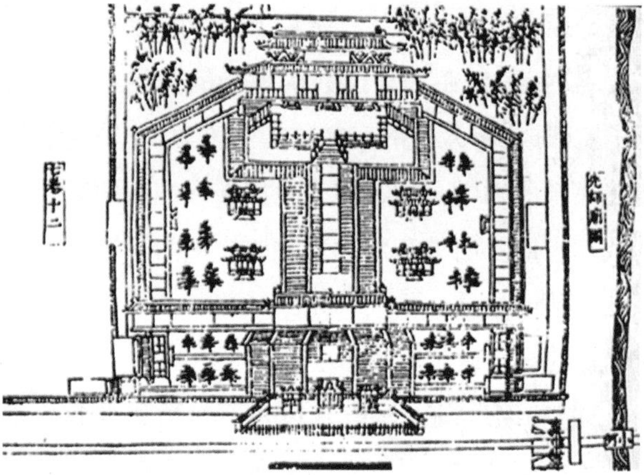

▲ 古籍南京孔庙画图

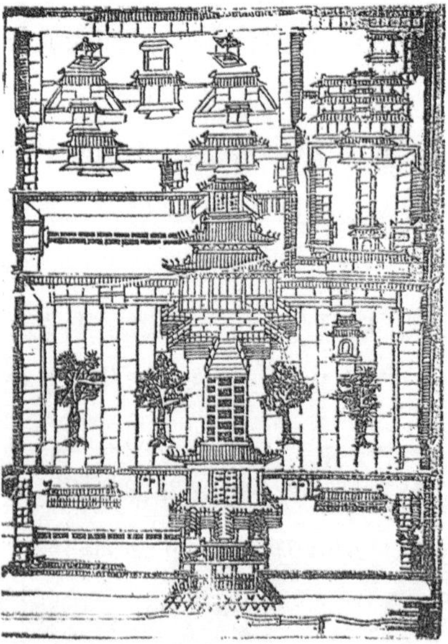

▲ 明典籍中北京孔庙绘画

名‘大成殿’。”[1]据《钦定国子监志（卷十）》（四库本）记载，永乐皇帝的这个设想是在永乐九年实现的，实际情况完全不是这样的。根据权威的《明实录》文献记载，《明实录·太宗文皇帝实录卷》在纂写之前，曾确定了《修纂实例》，也就是我们所说的纂写原则。“车驾视学礼仪，恩赉，备书，修曲阜先圣庙、两京国子监，皆书。各处学校增设或罢革皆书，公、侯、伯有年少特旨送监读书及四夷遣子入学皆书，每科京府乡试、礼部会试、廷试，皆书。廷试‘制策’悉录全文。”这就是说，倘若永乐皇帝在频繁的战事中能按照明太祖规定的建筑程序将北京孔庙翻建一新，这样事关朝廷礼制的大事在文献中是必须要记载下来的。但我们阅遍《明实录》中所涉及永乐九年这一年时间内的记载中，却没有任何记载谈到北京孔庙的新建或翻建。除此之外，只有永乐十二年（1414 年）春正月至永乐十五年（1417 年）八月将山东曲阜孔庙修葺一新的大段文字记载。竣工后，永乐皇帝亲制洋洋八百字碑文，刻石立碑，以彰显“圣道日崇，礼乐治平”[2]之世。故“永乐初，建庙于太学之东”并不是真实的史载，充其量也不过是以讹传讹。永乐十八年（1420 年）“十一月戊辰，以迁都北京诏天下”[3]，十九年（1421 年）迁都北京后，将“行部国子监”改称“京师国子监”，北京国子监的孔子庙也自然升格为国家最高级别的孔子庙。至于原来的南京孔

[1] 《五礼通考》卷一百二十。

[2] 《大明太宗文皇帝实录卷》一百四十七。

[3] 《明史》卷七。

子庙，明成祖朱棣则指派给南京国子监的祭酒去完成每年的祭祀任务了。

永乐二十二年（1424 年），率兵作战的朱棣病逝于外地，其子仁宗朱高炽登基一年也去世。破烂不堪的北京孔庙只是到了宣德四年（1429 年），才得到一些修葺。主要是孔庙“大成殿”及两庑。

正统八年（1443 年），明英宗修缮国子监、孔庙。九年（1444 年）重修国子监落成，英宗命刻《御制新建太学碑》，此碑原立于孔庙中院东庑内，清乾隆朝修葺孔庙时被移到前院东南。

孔庙棂星门临街，门前常有污物堆积，明孝宗弘治十四年（1501 年）在门外路南专门购买了地皮，添建屏墙以遮挡灰尘。

嘉靖九年（1530 年），明世宗的大学士张璁对嘉靖皇帝建议修改对孔子的祀典。为什么要这样做呢？张璁认为，“叔梁纥乃孔子之父，颜路、曾皙、孔鲤乃颜、曾、子思之父，三子配享庙庭，纥及诸父从祀两庑，原圣贤之心岂安？请于大成殿后别立室祀叔梁纥，而颜路、曾皙、孔鲤配之。”意思是说，儿子在庙堂中享受配享，他们的父亲却在外边的两庑被从祀，这很不合理。他附和着嘉靖皇帝的意思还建议，孔子宜称“先圣先师”，不宜称“王”，所以应当把祭祀的屋宇称为“庙”而不称为“殿”，孔子的塑像容易毁坏，宜用木主（也就是今天我们说的木制牌位）代之；对于两庑中从祀的先贤先儒都削掉“公、侯、伯”的封号，只称“先贤先儒”；依然沿用自朱元璋以来规定的祀器数量和祀典规格，“笾豆用十，乐用六佾”。嘉靖皇帝批准了这些建议，因而在大成殿

▲ 先师庙匾额

▲ 孔子牌位

后增建“启圣祠”以祭祀孔子五代先祖，这就是嘉靖年间为什么在孔庙修建“启圣祠”的缘由。除此以外还改正孔庙祀典，将孔子谥号去掉王号，由“大成至圣文宣王”改为“至圣先师”，孔庙大成殿改称“先师庙”，大成门改称“庙门”；孔子的塑像改为南京孔庙时朱元璋所规定尺寸的木主（即木牌位）。这次围绕着对孔子去王号、撤塑像的问题，朝廷上还闹了一场不小的争论，质问最为严厉的要算是御史黎贯，他说：明太祖朱元璋登基之初，天下岳渎之神号都被取消，唯有先师孔子谥号如故。陛下敬天尊亲，不应独疑孔子王号，以免僭越之疑。黎贯的意思很明白，就是指责嘉靖皇帝借用改孔子名号想超越他的祖先朱元璋。这一下说得嘉靖皇帝勃然大怒，将黎贯下狱审讯，褫官职。争论的结果，自然是那些持反对意见的大臣没有好下场，翰林编修徐阶被谪官，给事中王汝梅被斥。至此，由张璁发端而引起的祀典争论算是平息了，孔子的祀典做了很大的改变。改变的还有：四配称为“复圣颜子，宗圣曾子，述圣子思子，亚圣孟子”。孔子门弟子以下均称为“先贤某子”，左丘明以下均称为“先儒某子”，不再称为“公、侯、伯”。启圣祠中叔梁纥被题为“启圣公孔氏神位”，以颜无繇、曾点、孔鲤、孟孙氏为“先贤某氏”从祀之。[1]万历二十八年（1600年）明神宗下诏将孔庙建筑的灰瓦全部换成绿色琉璃瓦（或周围一圈为绿色琉璃瓦的“绿剪边”屋顶），提高了

[1]　《五礼通考》卷一百二十。

孔庙的建筑级别。

明代经过了16位皇帝，277年，诸多的皇帝在位时间有长有短（最短的是明光宗，在位时间仅一个月），从明成祖开始，不同程度地对北京孔庙施以一定的物力和财力，使得孔庙的建筑布局和建筑功能得以维持并臻于完善。从古籍记载的情形来看，当今孔庙的雏形已经基本具备了。

清朝

清代以少数民族入主中原、武力统一全国后，力争正统，大兴文治。文治的原则性内容，便是儒教所谓的礼、乐、政、刑。孔子是儒家教义的创立者，其删述六经，垂宪万世，在文化融合的历史过程中，俨然成为正统文化的象征，所以清代极力推崇孔子，最终把祭孔仪制提高到大祀标准，这可是国家级的祭祀大典，将孔子的地位推向历史的最高峰。从清人入关定都北京开始，北京孔庙又经历了268年的历史，见证了中国最后一个王朝从辉煌走向灭亡的历史进程。

清朝定都北京以后，北京孔庙迎来的第一位皇帝是十三岁的顺治皇帝。为了迎接清朝第一位释奠的小皇帝到来，提前一年要求礼部对“圣庙作速修理”[1]，这算是清代对孔庙进行的首次修缮。

---

[1] 《钦定国子监志》卷一。

待到顺治皇帝十九岁时（1657 年），情况就有所不同了。顺治皇帝给工部下的谕旨是这样讲的："文庙崇祀先师孔子，所关典礼甚重。今已年久倾圮，若不速为整理，后渐颓坏，葺治愈难。因尔部钱粮匮乏，所需工料未能措办，朕发内帑三万两，特加修葺。尔部即传谕行。"从这个谕旨中可以感觉到，清初的孔庙此时已经是破烂不堪了，急需进行彻底的整修。而清入关之初，致力于消灭大顺、大西农民政权及黄河、淮河以南的明朝残余力量，连年兵火，财政紧张，工部以"钱粮匮乏，所需工料，未能措办"上禀，顺治帝筹措再三，发内帑银三万两，"特加修葺"，并发下谕旨："诸王、贝勒、大臣及在京满汉官员，愿捐资者许令协助"。历经三年，清代第一次大规模修葺孔庙告罄，从这以后，清代的历朝皇帝对孔庙进行了大大小小不少于十次的维修工程，分别是：

康熙六年（1667 年），为筹皇帝举行释奠大典修缮孔庙。

康熙十八年（1679 年），修大成殿西庑及启圣祠（即崇圣祠）。

康熙四十二年（1703 年），特发内帑修孔庙，命和硕理亲王监理其事。

康熙五十二年（1713 年），祭酒徐日暄奏请修葺庙庑，皇帝谕发广善库帑办理。

清雍正元年（1723 年），修孔庙以备皇帝即位后的释奠大典。同一年雍正皇帝又追封孔子五代先人为王。在祀典开始之前，先行上祭。孔子五代宗祖为：木金父：肇圣王木金公（太高祖）；孔祈父：裕圣王祈父公（高祖）；防书：诒圣王防叔公（曾祖）；伯夏：昌圣王伯夏公（祖）；叔梁纥：启圣王叔梁纥公（考）。以后，启圣祠改称“崇圣祠”。

雍正八年（1730 年），诏太常寺经理修缮孔庙。

雍正十一年（1733 年），修葺孔庙东西庑。

清乾隆二年（1737 年），高宗认为“皇考世宗宪皇帝，尊师重道，礼敬尤隆，阙里文庙特命易盖黄瓦，鸿仪炳焕，超越前模”，又“思国子监为首善观瞻之地，辟雍规制，宜加崇饰”。特命北京孔庙的大成门、大成殿，着用黄瓦，崇圣祠沿用绿琉璃瓦，以昭展敬至意。

乾隆三年（1738 年），北京孔庙着用黄瓦工程告竣，乾隆帝亲诣孔庙行礼祭先师孔子。

清道光二年（1822 年），修葺孔庙殿庑。

清光绪三十二年（1906 年），清廷升祭孔之礼为大祀，这当然是一件非同小可的事情，这意味着皇帝要像祭奠祖宗、祭祀社稷一样地祭祀孔子了。几位廷官奏议将大成殿扩展为九间五进，并全面修缮孔庙。谁承想这个改建孔庙规制的工程经过争论、修改和施工，一直拖到了十年才竣工，形成了现今我们看到的建筑布局和建筑规制。在历次对孔庙的修缮过程中没有哪一次比得上这次争论激烈而费工费时的。这是怎么一回事呢？

原来，光绪三十二年（1906 年）将祭祀孔子升为大祀规格以后，三十四年（1908 年）五月，山东巡抚袁树勋以祭祀先师孔子既升为大祀，“文庙体制，自应展拓”为由上奏。光绪皇帝对此要求：“敬以实不以文，查勘曲阜文庙，择要兴修。”要求参照曲阜孔庙的主要样式兴修北京孔庙。九月，估修文庙工程大臣协办大学士荣庆等奏，文庙工程“拟采九楹三阶五陛之制，以期备礼”，帝从之，并颁旨，各省文庙规制，并视太学。但谕旨下达后却迟迟没有动工，大学士张之洞和朝廷修建估修大臣会同礼部学部曾经复议，认为按照面阔九间、三层石基、五出陛的形制改造，工程耗资巨大，一时难以办到。一直拖到宣统二年（1910年）十一月，礼部才做了改建孔庙的详细方案。方案中是准备这样实施大成殿改建工程的：

首先是否定了改建大成殿台基和再加设两组台阶（出陛）的方案。认为殿前阶墀是孔庙大成殿神所的基础，应当“敬尊典守”，改建固然可以显示隆重的礼仪，但遵守现状却可以稳妥孔子圣灵。大殿的台基若要改为三阶五陛，势必要拓展地基，损坏台基下的古树，于心不忍；如果临时架设木制台陛，台基剩下的地方狭隘，祭孔时的悬乐佾舞展不开。所以最好不用改建，仍采旧制。“伏念先师神牌移奉彝伦堂，为时已久，亟应恭奉还御，以妥神灵。”[1]总之，就是不同意原来的方案，不过是用“孔子圣灵”的借口说事而已。

其次是将原来的小夹室扩展和大殿融为一体。“虽敬考会典通礼诸书。并无大祀必须正殿九楹明文。即就该御史原奏所称九楹而论。其数亦适相符。”意思是说，大成殿已“隐具九楹之象”，

[1] 详见《清实录·宣统卷》。

▲ 国子监志中孔庙绘图

▲ 大成殿改建后的局部

稍加改建即可，不必大动土木。原来的大成殿是一层台基三出陛，正殿七间，外有檐廊，大殿东西两侧各有一间非常小的夹室，原来是放置闲物所用，与大殿用板壁相隔。这次改建是计划将板壁撤掉，与大殿七间相通。大殿正面的大小开间统一为隔扇的装饰，共成九间。把原来的七间三门变成五门，以合周礼“九间五门之制”。

为了符合“九五”规制的进深要求，还将檐廊包进大殿，增加殿内进深。原来大成殿为“正殿七楹，外加行廊”，而现在却不见了大殿的行廊，这就是说，檐廊在改建的时候被包进了正殿之中，也就相应增加了大殿的进深，从名义上达到了周礼的“九五至尊”规制。这一大规模的修缮，将原来七间三门的大成殿改为九间五门五进，连同其他相关的改建工程，一直进行到民国五年（1916 年）才最后竣工，形成了今天我们所看到的的规模和布局。从光绪三十四年（1908 年）批准改建孔庙的奏请开始，到民国五年（1916 年）竣工，这次北京孔庙的改建工程共进行了 8 年，时间之长是前所未有的。

经过历代修葺的北京孔庙坐北朝南，占地约 23800 平方米，三进院落。古建筑面积约有 7400 平方米，房屋 286 间。中轴线上的建筑顺次为先师门、大成门、大成殿、崇圣祠。第一进院东面有碑亭（明英宗）、宰牲亭、井亭、神厨；西面有碑亭（清乾隆、道光）、致斋所、神库，持敬门与国子监相通。院内南北两侧排列着 198 座元、明、清三代进士题名碑。

大成门面阔五间，台基前后有汉白玉护栏，前后三出陛，海石榴望柱双钩花石栏板，中陛有雕龙御路，黄琉璃筒瓦单檐庑殿顶，

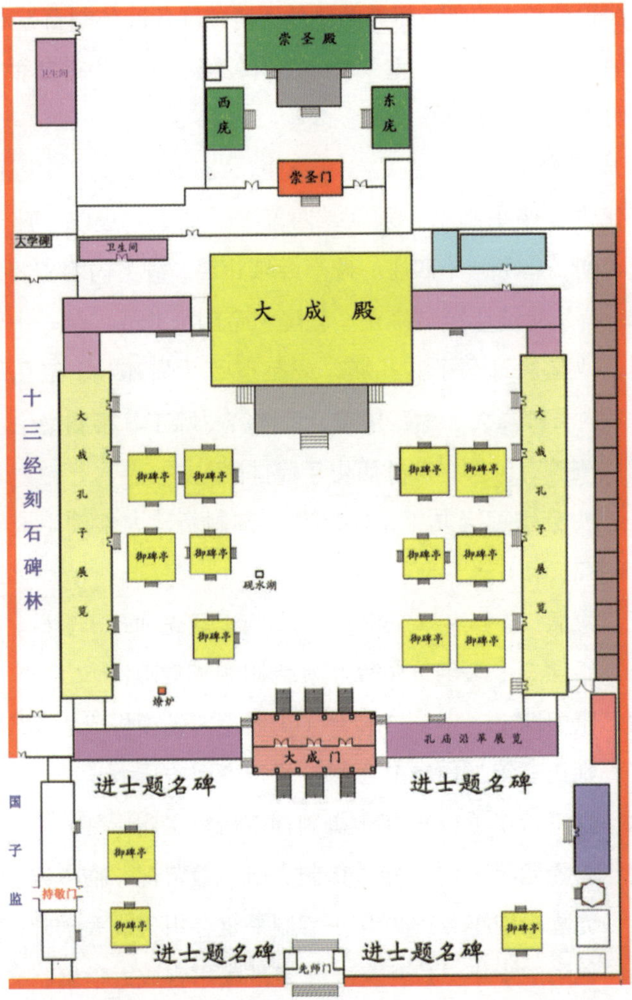

崇圣殿
卫生间
西庑
东庑
崇圣门
卫生间
大成殿
十三经刻石碑林
大成孔子展览
大成孔子展览
御碑亭
砚水湖
燎炉
大成门
孔庙沿革展览
进士题名碑
进士题名碑
国子监
持敬门
进士题名碑
进士题名碑
先师门

▲ 孔庙平面图

门内两侧置戟二十有四，门外两侧放置清乾隆年间仿制石鼓10枚，石碑两通，东为音训碑（重刻），上有乾隆五十五年御制手书刻石经过，西为张照草书韩愈诗碑。

大成门台基之下，左右各有一座仪门通向中院，中院甬路两旁有清代十一座御碑亭（东六、西五），加上一进院三座（明朝一座，清朝二座）共十四座。碑亭巍峨壮观，碑上内容主要是明、清两代，特别是清康熙、雍正、乾隆三帝南征北战、统一中国的重大史实，或是修葺国子监孔庙，或是皇帝“临雍”、祭孔的纪事题诗。亭内石碑高大、龟趺精美，碑体穷尽雕工，精制绝伦。

这些刻碑有（按立碑的历史年代排序）：

一、明英宗正统九年（1444年）御制新建太学碑（该碑现立于第一进院东南）；

二、康熙二十五年（1686年）御制至圣先师孔子赞碑；

三、康熙二十八年（1689年）御制四子赞碑；

四、康熙四十三年（1704年）御制平定朔漠告成太学碑；

五、雍正三年（1725年）御制平定青海告成太学碑；

六、雍正六年（1728年）御制仲丁诣祭文庙诗刻；

七、乾隆四年（1739年）御制文庙易盖黄瓦、临雍记事碑；

八、乾隆十四年（1749年）御制平定金川告成太学碑；

九、乾隆二十年（1755年）平定准噶尔告成太学御制文；

十、乾隆二十四年（1759年）御制平定回部告成太学碑；

十一、乾隆三十二年（1767年）敕修文庙碑（该碑立于第一进院西侧）；

十二、乾隆三十四年（1769 年）御制重修文庙碑记；

十三、乾隆四十一年（1776 年）平定两金川告成太学御制文；

十四、道光九年（1829 年）御制平定回疆剿擒逆裔告成太学碑（该碑立于第一进院西侧）。

按照大祀规格改建后的大成殿坐落在高 2.24 米单层三出陛的石质露台之上，整体通高 33 米。大殿面阔九间，进深五间，合“九五至尊”规制。丹红涂墙，屋面为四坡五脊，黄琉璃筒瓦重檐庑殿顶；大殿屋顶正脊两端龙形大吻尾部上卷，张口吞脊，神采奕奕；檐下单翘双昂七踩斗拱，蓝绿相间；前檐下装修为正交六宛菱花格扇门窗，大小额枋和玺彩画。大殿前露台周围护以汉白玉雕云纹石柱护栏，海石榴望柱头。露台前、左、右砌有石阶，正中御路嵌有一块长 7 米、宽 2 米的大青石浮雕（螭陛），上下两龙戏珠，中间盘龙吞云吐雾、宝珠火焰、云水波涛、栩栩如生。这是中国第一所按照国家大祀规制建造的孔庙大成殿，是整座孔庙的中心建筑，是孔庙内最神圣的殿堂，逢祭孔大典便钟鼓齐鸣，乐舞升平，仪仗威严。

殿内正中木龛置“至圣先师孔子神位”木牌，龛前置祭案，案上陈设尊、爵、笾、豆、登、铏、簋、簠、篚、三牲俎（牛、猪、羊）等祭品器皿，以及陈设的鼓、瑟、编钟、编磬等乐器，为祭孔典礼所用。

在孔子牌位正前方两侧的朱漆圆柱上，悬挂两幅醒目的楹联，一幅的上联为：“齐家治国平天下信斯言也布在方策”，下联为：“率

▲ 大成门全景

▲ 御碑亭群

▲ 大成殿

▲ 大成殿内

性修道致中和得其门者譬之宫墙”，集中体现儒家的待人处世哲学，是为乾隆皇帝所题；另一幅也是乾隆所题：上联是：“气备四时与天地日月鬼神合其德”，下联是：“教垂万世继尧舜禹汤文武作之师”。

殿内正上方悬挂的牌匾“道洽大同”出自民国大总统黎元洪之手。清代皇帝登基后，照例要到国子监“临雍”讲学（“诣学”），并在视学之前一定要到孔庙来进行释奠典礼，然后在大成殿悬挂匾额一方。因而，大成殿内集积了自康熙至宣统九位帝王之匾。依序为：

康熙：“万世师表”；
雍正：“生民未有”；
乾隆：“与天地参”；
嘉庆：“圣集大成”；
道光：“圣协时中”；
咸丰：“德齐帱载”；
同治：“圣神天纵”；
光绪：“斯文在兹”；
宣统：“中和位育”。

此外，除了上面说到的民国大总统黎元洪所题之匾，还有袁世凯的一块“大总统告令”题匾：

中国数千年来，立国根本在于道德。凡国家政治、家庭伦纪、社会风俗，无一非先圣学说，发皇流衍。是以国有治乱，运有隆污，唯此孔子之道，亘古常新，与天无极。经明于汉，祀定于唐，俎豆馨香，为万世师表。国纪民彝，赖以不坠。隋唐以后，科举取士，人习空言，不求实践，濡染酝酿，道德浸衰。近自国体变更，无识之徒，误解平等自由，踰越范围，荡然无守，纲常沦弃，人欲横流，几成为土匪禽兽之国。幸天心厌乱，大难削平。而黉舍鞠为荆榛，鼓钟委于草莽，使数千年崇拜孔子之心理，缺而弗修，其何以固道德之藩篱，而维持不敝。本大总统躬膺重任，早作夜思，以为政体虽取革新，而礼俗要当保守。环球各国，各有所以立国之精神，秉诸先民，蒸为特性。中国服循圣道，自齐家、治国、平天下，无不本于修身。语其小者，不过庸德之行，庸言之谨，皆日用伦常所莫能外，如布帛菽粟之不可离；语其大者，则可以位天地，育万物，为往圣继绝学，为万世开太平。苟有心知血气之伦，胥在范围曲成之内，故尊崇至圣，出于亿兆景仰之诚，绝非提倡宗教可比。前经政治会议议决，祀孔典礼，业已公布施行。九月二十八日为旧历秋仲上丁，本大总统谨率百官，举行祀孔典礼。各地方孔庙，由各该长官主祭，用以表示人民，俾知国家以道德为重。群相兴感，潜移默化，治进大同。

本大总统有厚望焉。此令。

中华民国三年九月二十五日

民国五年（1916年），教育总长范源濂将清代帝匾全部取下，

▲ 崇圣门

▲ 崇圣祠近照

移交当时的历史博物馆保存，改悬“道洽大同”匾。1984年，大成殿重新对外开放，除康熙“万世师表”匾移悬至大成殿外前檐正中，其他匾额原样未变。大成殿外的东西南北均以廊庑和掖房连接，东、西廊庑是供奉和祭祀先贤、先儒的所在。

第三进院落中的崇圣祠是用来供奉和祭祀孔子先人的地方，这一进院落最具特色，由崇圣门、崇圣殿和东西配殿组成独立完整的院落，与前二进院落分割明显而又过渡自然，反映出古人在建筑布局上的巧妙构思，同时在很大程度上显示了孔子在封建社会中所拥有的较高地位。这组建筑称为“崇圣祠”，是祭祀孔子五代先祖的家庙，建成于明嘉靖十年（1531年），当时称为“启圣祠”。雍正元年（1723年）改为“崇圣祠”。清乾隆二年（1737年）重修，并将灰瓦顶改为绿琉璃瓦顶。崇圣殿又称“五代祠”，面阔五间，进深七檩，殿前建有宽大的月台，月台三面建有垂带踏步各十级。殿内供奉孔子五代先人的牌位及配享的颜回、孔伋、曾参、孟轲四位先哲之父的牌位。东西配殿各三间，灰瓦悬山顶，一斗三升斗拱。建筑等级是本组建筑中最低的。配殿坐落在砖石台基上，面阔三间，进深五檩，单檐悬山顶，内奉程颐、程颢兄弟、张载、蔡沈、周敦颐、朱熹等六位先儒之父。

至此，孔庙建筑规格尊崇至极盛，并一直延续到今。元、明、清三代孔庙一直被列为“禁地”，民国十七年（1928年）始对外开放。

1988年孔庙被国务院公布为第三批“全国重点文物保护单位”。

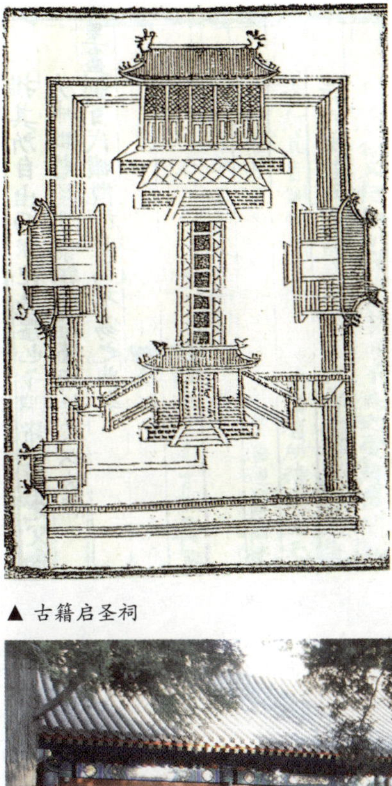

▲ 古籍启圣祠

▲ 崇圣祠东配殿

孔庙作为儒家文化最具代表性的物化象征，它里边一块碑、一道门、一块匾额，都是有想法、有讲究的，可以说文庙处处藏玄机。文史专家郑孝燮曾说：“托物寄人，托物寄史，文庙历史文化价值在于它们是孔子思想文化的象征和寄托。”

第二章　下马碑礼敬圣贤、镌题名托物寄史

▲ 下马碑

孔庙作为儒家文化最具代表性的物化象征，它里边一块碑、一道门、一块匾额，都是有想法、有讲究的，可以说文庙处处藏玄机。文史专家郑孝燮曾说：“托物寄人，托物寄史，文庙历史文化价值在于它们是孔子思想文化的象征和寄托。”

下马碑

离北京孔庙先师门的东西两侧牌楼不远，各立有一通高约四米的石碑，为康熙二十九年（1690年）立。碑身下为抱鼓石雕碑座，碑身正背两面用汉、满、蒙、回、藏、托忒（回鹘式蒙古文，在新疆等地蒙古族中通行）六种文字镌刻：“官员人等至此下马”，故俗称“下马碑”。孔庙下马碑是昔日皇家设立的谕令碑，是最高等级礼仪的标志。为了表示对孔子的尊崇，凡经过或者进入孔庙“先师门”的人，无论文官、武官地位多么显赫，都必须下轿下马，步趋而行，以示对圣贤的恭敬。走过另一端牌楼外的下马碑后方可上马。除了这通下马碑以外，北京城内还尚存下马碑七通：东华门外一通，西华门外两通，阜成门内历代帝王庙门外两通，午门外两通。

元代风格的孔庙大门

一般孔庙大门均称“棂星门”。帝王祭天时要先祭棂星。北京孔庙大门于清乾隆三十三年（1768年）重修后，定名为“先师门”。此后，“棂星门”三字就很少被用了。这个门的形制和规制与旁边的国子监大门完全不一样，为黄琉璃筒瓦单檐歇山顶，明、次间三间，面宽11.2米，檐下每间平身科斗拱（每间额枋之上的斗拱）为单翘单昂五踩形制，既大且疏，只有两攒；而明清两代的斗拱既细且繁，做工精致。明间额枋之上的平身科斗拱一般都是奇数，在斗拱和梁架结构的处理上仅起到装饰作用，不承重。而孔庙先师门斗拱的这种形制和结构与明清斗拱有着显著的区别，这在北京是极其罕见的，元代建筑风格显而易见。

元代孔子封号碑

汉武帝“独尊儒术”以来，孔子被历代帝王尊为先师、先贤、先圣，尊号不断加封，冠以最神圣、最智慧的头衔。

大成门前东侧立加号碑一座，内容为元大德十一年（1307年）七月，元武宗诏命孔子加谥为“大成至圣文宣王”，以表彰他为中国古代文化做出的“集大成”的贡献。这是孔子在历代所获得的最高称誉。碑文中有“谴使阙里，祀以太牢”等句。石碑立于元惠宗至元二年（1336 年），是研究元代思想、政治、文化的实物，是极为珍贵的历史遗存，具有很高的史学价值。西侧是“加封先圣父母及圣配夫人颜曾思孟四子碑”，元惠宗至正十六年（1356 年）立碑。这两座石碑都是以龟趺为底座的形式，这样的底座形式迄今为止已经有了近 1800 年的历史，此前汉碑的底座都是方形，从六朝（三国吴、东晋和南北朝的宋、齐、梁、陈，相继建都于建康即今南京，史称为“六朝”）始，凡立碑必有龟趺垫底，到唐代时的龟趺还基本上是以写实作品为主。河南省偃师发现的“升仙太子碑”（圣历二年即公元 699 年则天武后所立）的龟趺底座就是如此。孔庙大成门前的这两座元代石碑龟趺底座值得注意的一个现象是，龟的脸谱开始摆脱龟脸的写实手法而向兽脸的方向发展，虽然技法上稍逊一筹，但这是一种值得研究的改变工艺历史现象。

元明清进士题名碑的由来与存失

走进孔庙，我们第一眼就会看到，在大成门两侧古树参柏之中，整齐地排列着一排排的石碑，这些石碑样式不尽相同，高低也是错落不一。近距离地观看，这些斑驳的石碑上镌刻着许许多多的人名、籍贯，这就是我们所熟悉的、也是中外闻名的“进士题名碑”。

孔庙现存有进士题名碑 198 通，其中元代 3 通、明代 77 通、

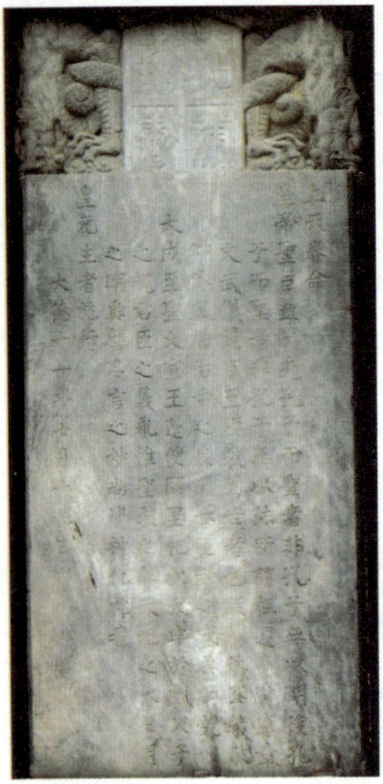

▲ 元加封孔子为“大成至圣文宣王”的诏书碑文

▲ 进士题名碑照

清代118通，碑上刻有榜期、次第、进士姓名与籍贯。明、清两代科举考中的进士总计51624人（含状元、榜眼、探花）。历史上元碑仅存3块，其余的被明代官员磨去碑上原有字迹而刻上当朝进士姓名了。明朝初年，“进士题名碑”就在南京国子监落建，“永乐二年三月命工部建‘进士题名碑’于国子监”。[1]明朝北京国子监进士题名碑的首碑为永乐十三年（1415年）乙未科陈循榜的题名碑。有明一朝的进士题名碑至崇祯十三年（1640年）“特用碑”止（注：这是一块比较特殊的题名碑，按《钦定国子监志（光绪本）》引用史惇《杂记》云“崇祯庚辰，上有厌薄进士之意，故将下第举人与廷士贡生尽留特用。惇等请援进士例，谒文庙，行释菜礼，并立石题名。阁臣张四知以为不可，上命如所请，立石国学。”也就是说，这是一块“非进士题名碑”），共77块立在北京孔庙内（崇祯十六年未立进士题名碑）。清代的进士题名碑自顺治三年（1646年）至光绪三十年（1904年）甲辰科止，共存118块。这些极为珍贵的历史文物，对于研究我国的教育史、科举史、政治史等极具重要的价值。

为进士题名刻碑立石这一做法源自唐代进士在长安慈恩寺塔下题名的行为。根据清代国子监祭酒吴苑的《皇清进士题名碑记》一文记述，唐代新科进士在长安慈恩寺塔下的题名行为，不过是一些进士中举之后参加曲江杏林宴时“飞文斗酒，时聊以志”“朋友

[1] 《钦定日下旧闻考》卷六十七。

相与之乐事也”，是一时兴致所为，并非国家行为。

宋朝的进士题名碑记载比较分散。据《宋宝祐四年登科(卷一)》记载，南宋理宗四年(1256年)，“五月二十四日皇帝御集英殿唱名，赐进士文天祥以下及第同出身共六百一人，当日赴期集所（注：新科进士聚会的地方）……七月二十五日，立题名碑石于礼部贡院”。再早一些是宋代赵升写的《朝野类要》，作者详情不可考。该书成于宋理宗端平三年（1236年），比上述早一些时候的做法是“进士及第各集乡人于佛寺作题名”。赵升因此还解释：“若官司州县厅事各立题名碑者，盖被遗忘尔。”清王士祯所著《池北偶谈》文中亦引云：“本朝（指宋朝）进士题名皆刻石于相国、兴国两寺”，讥讽此种所为“予按进士题名列诸梵刹，于意无取”。由于宋代进士题名碑的刻立和修建没有统一的规制和约定，所以保留下来的进士题名碑散见于各处，不易见到。

元仁宗皇庆二年(1313年)十一月，下诏开科取士，分蒙古、色目人一场，汉人、南人为一场分场考试，分榜录取。“择日进士诣先圣庙，行释菜礼，第一人具祝文行事，刻石题名于国子监。”[1]这块进士题名碑的书写还是大书法家、集贤学士赵孟頫书写的。[2]从此以后，开科进士题名刻石立碑就成了国子监孔庙的例行规矩了。元代起始的这块和以后的进士题名碑可惜早已不存。其原因据王士祯叙述，明代时内官阮安督工建太学时，“悉取前元进士碑磨去刻

[1] 《五礼通考》卷一百七十五。

[2] 《春明梦于录》《钦定国子监志》卷四十八，四库本。

字，今三年一立石，皆是物也”，为此惋惜万分！[1]

康熙三十一年（1692 年），当时的国子监祭酒吴苑在启圣祠修建工程中，从土中发现了三块元代题名碑。这三块元碑分别是：

一、至正十一年（1351 年）辛卯科，碑刻有蒙古色目一甲图烈图（《元史》记为朵列图），二甲五人，三甲二十七人；汉人南人一甲文允中，二甲五人，三甲三十九人，祭酒王思诚题记。

二、至正十九年（1359 年）己亥科，正榜乌兰等六人，副榜人数字皆磨灭，难辨，故无记载。（注：至正十九年未行科举，应为国子监内举行的考试即“公试”的题名碑）

三、至正二十六年（1366 年）丙午国子监“公试”题名碑，正榜蒙古（字缺）等七人赐正六品，色目（字缺）等六人赐从六品，汉人蔡元等七人赐正七品，副榜六人俱蒙古人名，史料无载。

明代初始，朱元璋将元代的南京国子学改造为太学，又在洪武十五年（1382 年）五月在鸡鸣山下新建国子监。在这一时期里，朱元璋开始并不是重视科举的，自然进士题名碑一类的事情还顾及不到。《五礼通考》记载，当朱元璋看到历科进士多出于太学，而这一年的科举（戊辰科，1388 年，洪武二十一年）中，太学生任享泰殿试中又考为第一名，明太祖召国子监祭酒宋讷进行褒奖，并撰题名记立石于南京国子监大门，这是史载朱元璋首次立石题名碑的记录。三年之后的辛未科（1391 年，洪武二十四年），廷试第一人

---

[1] 《池北偶谈・卷三》。

▲ 特用出身题名碑局部

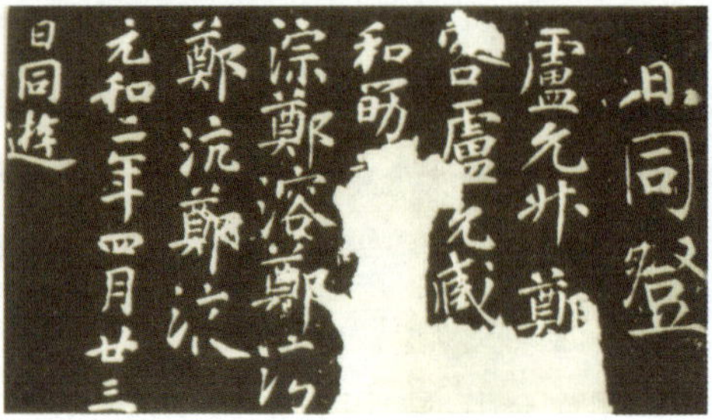

▲ 大雁塔下进士题名残拓

▲ 三块元碑

▲ 明永乐朝进士题名首碑

又是太学生许观所得，于是又立题名碑。从此以后，在国子监里立石题名碑“相继不绝”。

永乐元年（1403 年）始设北京国子监，二年（1404 年）三月，命工部建进士题名碑于南京国子监，命侍读学士王达撰记题名碑，“有记始此”。

“永乐十三年，令立石北京国子监。”从此以后，明代的进士题名碑原在国子监孔庙大成门下。正统年间（1436—1449 年）曾被移出至太学门外。景泰二年（1451 年），国子监司业赵琬呈奏明代宗，要求为这些“风雨飘淋易于损坏”的题名碑加盖房屋，“以图经久”，代宗应允。好在那时的进士题名碑数量还不多，也就十几块的规模，就是盖房也用不了几间。天顺七年（1463 年）八月，久日的大雨将这些遮雨挡风的碑亭毁坏，坍塌的碑亭梁架大木将亭内的 5 通石碑压倒，英宗急令主管官员修葺碑亭，重新将题名碑竖正。现在，太学门外的进士题名碑早已都移回到孔庙大成门外，何时将进士题名碑移到了孔庙内的大成门外？那些遮风挡雨的碑亭又去往何处？已无可考。

关于进士题名碑的沿革，雍正八年（1730 年）的国子监祭酒孙嘉淦撰写了一篇《续刻进士题名碑录序》文章，简明扼要地阐述了这一过程。文章中写到：“考唐进士自神龙（注：唐中宗 705—707 年）以来，杏园宴后皆于慈恩寺塔下题名，他时有将相者则朱书其下。宋世进士诸科放榜，后缀行期，集列叙名氏、乡贯、三代书之，谓之小录，俱未镘诸石也。明自永乐二年命工部建进士题名碑于南京国子监，十三年会试天下贡士于北京登科考谓是年即命立石国子监，然今无有，有之自宣德五年林震榜始。”

查《宋宝祐四年登科录卷二》（四库本）载“第一甲第一人文天祥”名下，记载了文天祥的字、小名、小字、出生年月日、曾祖、祖父、父亲、母亲、籍贯诸项，甚是详细，确如孙嘉淦所述。《钦定日下旧闻考》则详尽地记载了明时题名碑的存失及补刻情况，该书成于康熙二十七年（1688年）。孙嘉淦文写于雍正八年（1730年），关于明代进士题名碑则采用了《日下旧闻考》的记载，与事实是有出入的。乾隆四十六年（1781年）完稿的《钦定国子监志》（四库本）中，则是根据明代进士题名碑在北京孔庙中的实际位置予以记录，应该是可信的史料。明代进士题名碑存碑从永乐十三年乙未科陈循榜始，至崇祯十三年史淳、吴康侯“特用出身题名碑”止，共计77通。

明代这77通题名碑，其中有永乐二十二年甲辰科邢宽榜为宣德九年补刻立石；嘉靖十一年壬辰科林大钦榜为嘉靖三十一年补刻立石；嘉靖十四年乙未科韩应龙榜、嘉靖十七年戊戌科茅瓒榜、嘉靖二十年辛丑科沈坤榜、嘉靖二十三年甲辰科秦鸣雷榜、嘉靖二十六年丁未李春芳榜均为嘉靖三十年补刻立石；万历十一年癸未科朱国祚榜为万历十八年补立。在书写格式内容上，从万历十四年丙戌科唐文献榜开始，由于朝廷之中士大夫论资排辈之风日甚，撰文和书写题名碑的官职和姓名不再碑记（除崇祯十五年的那一块例外）。

清代的进士题名碑始建于顺治丙戌（1646年）科，满汉进士

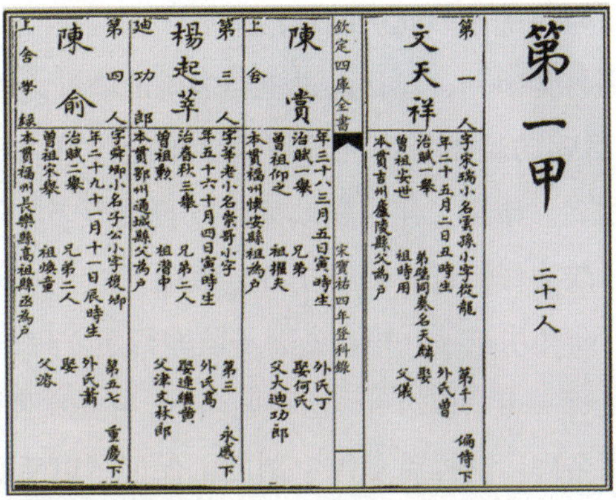

第一甲 二十一人

第一人 文天祥
字宋瑞小名雲孫小字從龍 第千一 偏侍下
年二十五月二日丑時生 外氏曾
治賦一舉 弟璧同奏名天麟 娶
曾祖安世 祖時用 父儀
本貫吉州廬陵縣父為户

欽定四庫全書 宋寶祐四年登科録

陳賞
年三十八三月五日寅時生 外氏丁
治賦一舉 兄弟 娶何氏
曾祖仰之 祖擢夫 父大迪功郎
本貫福州懐安縣祖為户
上舍

第三人 楊起莘
字莘老小名崇哥小字 第三 永感下
年五十六十月四日寅時生 外氏高
治春秋三舉 兄弟二人 娶連繼黄
曾祖勲 祖潛中 父津文林郎
本貫鄂州通城縣父為户
迪功郎

第四人 陳俞
字舜卿小名子公小字積卿 第五七 重慶下
年二十九十一月十一日辰時生 外氏蕭
治賦二舉 兄弟二人 娶
曾祖宋舉 祖煥章 父潞
本貫福州長樂縣高祖縣丞為户
上舍學録

▲ 宋记有文天祥登科录书影

▲ 顺治丙戌科碑

▲ 光绪甲辰科末一碑

题名同碑，每科一碑。但此后的顺治壬辰（1652 年）、乙未（1655 年）翻译科则另为碑刻，亦计入进士题名碑的统计之中。

本来顺治朝的规矩是由礼部提请工部给建碑 100 银两，交与国子监立石题名。康熙三年，辅政大臣欺负康熙当时年少无知，裁省此种做法，改为每科进士捐资立石。雍正二年（1724 年）将此作法废止，由工部动用正项钱粮，令国子监即行建立雍正癸卯（元年，1723 年）、甲辰（二年，1724 年）两科题名碑，补建康熙辛丑科（六十年，1721）题名碑。这样就从国家制度上保证了以后历朝进士题名碑的顺利建成。[1]

清光绪三十年（1904 年）甲辰科。是年正逢慈禧七旬大寿，本来是正科，但为庆贺慈禧太后寿诞改为恩科。此科也是自隋大业年间开科举试以来的最后一科。在“戊戌变法”的影响下，光绪帝颁诏“废科举兴学校”，从而结束了 1300 余年的科举制度。

原来立碑均由国家拨银刻石，而此时清王朝已近衰亡，无钱支付，中式进士只好自筹银两建碑。这科进士有著名学者商衍鎏（一甲第三名），著有《清代科举考试叙录》，新中国成立后曾在南京博物馆任职。还有王庚（王揖唐，二甲第五名），民国时先后任参、众院议长。谭延闿（二甲第三十四名）国民政府主席。汤化龙（二甲一百零六名）北洋政府教育总长、众议院议长。中华人民共和国第一任最高法院院长沈钧儒也是本科进士（二甲第七十五名）。

[1] 《世宗宪皇帝上谕内阁》卷二十七。

触奸古柏

此柏位于“大成殿”右前方，苍劲高耸，与彝伦堂古槐的传说一样，相传也是元代教育家、国子学祭酒许衡所植，至元年间，曾有甘露降于此树，《元史》记为祥瑞。相传，明代天启年间，御前太监魏忠贤（一说严嵩）无恶不作，祸国殃民。有一年他代皇帝前来祭祀，当路过院西北一棵古柏树下时，突发一阵狂风，一根下垂枝干狠狠地摔打在魏的头上，帽子被掀，魏即刻鼻青脸肿，口吐鲜血，不久便乌乎身亡了。人们认为此系古柏有灵，是有意为民铲除奸臣国贼的，因而就有了“触奸柏”“辨奸柏”的美名，这个传说反映了儒家文化“忠诚正直”的价值取向。古柏虽然已经 700 多岁了，但仍青翠挺直，威风不减当年。

燎屋

乾隆四十八年（1783 年），乾隆帝令工部建造了燎屋，亦称“燎炉”或“焚炉”。它是祭孔时焚烧祝笏版、丝帛、贡品等的地方。清宣统二年（1910 年）进行孔庙大成殿规制改建时将此燎炉的表面“改用绿色琉璃”。古人认为圣人之神灵系于上天，将祭祀物品焚烧后就能上达于天，为圣人所享，因此每次祭孔大典行礼毕，都由祭祀官员将祭品送往事先挖好的土坑中焚化，皇帝或主祭官还要亲

▲ 燎炉

▲ 砚水湖古井

▲ 清石鼓石刻文字

▲ 清石鼓和张照书韩愈《石鼓歌》碑

自查看，以防有人偷拿贡品，这即是所谓的“望瘗”礼仪。此后该仪程改为用固定的“燎炉”焚烧祭品，这是一种措施上的进步，后被各地孔庙效法亦设燎炉。孔庙中院西北角原有“坎瘗”遗址一处，所谓“坎瘗”就是掩埋那些燃烧未尽祭品的土坑。

这里还有一个问题需要提出来，那就是明代的“燎屋”原是设置在大成殿前甬道之东边的。其位置与后来清乾隆四十八年修建的燎屋位置隔甬道而立。清编纂的《钦定国子监志》中北京孔庙的绘图表明（注：此图为乾隆三十二年谕旨大修孔庙时绘制），清乾隆三十二年时，明代的这个旧燎屋已经不复存在，而新的燎炉也不见踪迹。这至少说明近二十年间孔庙又沿袭了旧的“望瘗”，直到乾隆四十八年修起这个燎炉。

孔庙古井——砚水湖

“砚水湖”之称始见于山东胶州市北关镇麒麟山下砚水湖。此山有一“庸生祠”，为纪念汉代著名学者庸谭所建。庸谭系西汉初年大学问家，受学于都尉朝。秦始皇焚书坑儒，庸谭以其特殊的记忆力，将《尚书》《论语》《孟子》等文献整理再现，为古文化典籍传世做出了重要贡献。为此，汉宣帝曾下诏为其建祠。麒麟山中有泉瀑奔涌而注入砚水湖中，湖畔繁花似锦，砚水湖亦因庸生祠而闻名。清乾隆帝慕名前来，竟流连忘返。我国许多地方的庙学都以庙中古井或水面称为“砚水湖”，如清代榆次县学凤鸣书院中的湖面、天津蓟县金代文庙中的古井等都称作“砚水湖”。

北京孔庙的“砚水湖”在大院甬道西侧有一口小古井。由青石板组成的花瓣形井台，石质井圈。由于坐落在德胜门、安定门内一带水线上，当年井水常溢到井口，水质清纯甘洌。相传如臣民喝了此井水，便有求知若渴且安心健神之功效。如果前来祭孔的仕子学人喝了“圣水”，就可精神振奋，文思焕发，落笔生花，取得科举考试之佳绩。由于该井形似一小砚台，传说乾隆帝因此赐其“砚水湖”之美名。

这眼深约 5 米的井，已经干枯了 30 多年。而 1998 年 7 月两场大雨，井中却又涌出大量水，水位离地面只有 2 米。对于这件奇事，当时来察看的国土资源司水文地质专家认为：这种情况叫上层滞水，与降水量大有一定关系。此外还与孔庙周边的环境有关。孔庙内的地下可能有一个含水层，由于附近植被保护较好，地面是透水砖，因此才会出现这种情况。因为从北京市区的其他地下水位观察孔观测，1998 年的两场大雨过后城区地下水位只上涨了几厘米。而这口井的水位却上涨了 3 米，的确罕见。

乾隆清代石鼓

孔庙大成门两侧各有五枚石鼓，共计“十鼓”。东西两侧的石鼓旁各立有一碑，东侧碑阴为音训碑文（重刻），碑阳镌刻了乾隆五十五年（1790 年）重刻石鼓的经过；西侧碑是清代大书法家张照手书唐代韩愈所写的《石鼓歌》。这里需要说明的是，做“石鼓歌”的作者很多。其中著名的“石鼓歌”作者不仅有唐代的韩愈，还有宋孝宗时擢著作佐郎，历国子司业兼权礼部侍郎、直学士院、《易老通言》之大学问家程大昌，唐代大诗人韦应物，“唐宋八大家”之一的苏轼，明代的少师兼太子太师、吏部尚书、华盖殿大学士李东阳等著名大家也曾做过不同内容的“石鼓歌”。这些人中，韩、苏诗皆认为石鼓渊属周宣王，韦诗则又认属文王，独程大昌据《左传》“杜预注”谓鼓当刻于成王。显然，张照以行草手书韩愈诗是秉承乾隆皇帝的意愿进行的。

手书韩诗的张照是清代一位立朝三载、命运起伏且堪具奇才的名臣。他是康熙四十八年（1709年）进士，改庶吉士。雍正十一年（1733年）官至刑部尚书，以预修《大清会典》书成，加一级。十三年（1735年），为抚定苗疆大臣，无功，革职拿问谕斩。乾隆登基后惜才赦之，命在武英殿修书处行走。乾隆七年（1742年）二次官至刑部尚书，供奉内廷。九年（1744年）十二月，丁父忧，他奔丧至徐州卒于途中，时年五十五。谥“文敏”。张照是乾隆朝的大书法家，常为乾隆皇帝代笔，擅长行楷书，又是书“馆阁体”能手。其书法初从董其昌，继乃出入颜真卿、米芾，天骨开张，气魄浑厚。此碑是难得的书法珍品刻石。

孔庙中现存石鼓是清乾隆年间制品[1]，一共有两套，另一套“石

[1] 见《钦定国子监志》卷六十一，光绪本。

鼓”现存放在承德避暑山庄。石鼓上所镌刻的文字称“清高宗重摹本”。石鼓的“复制品”在外形上和先秦珍贵文物——石鼓，并无相似之处。真石鼓出土于唐朝初年，历经宋、金、元、明、清，抗战初期迁徙西南，现存故宫，堪称国宝；石鼓文是中国历史上最为著名的石刻之一，素有“石刻之祖”的美名。它是将10篇东周秦国时的四言古诗每鼓一诗，镌刻在了10个鼓形圆顶平底的黑色花岗岩石块上。因其形似鼓而刻有诗文，故发现它被最早的唐初文人称为“石鼓文”，内容为古代帝王游猎生活古诗，所以这些文字又被称为“猎碣”。郭沫若《石鼓文研究》序中说“石鼓呈馒头形”“它所象征的是天幕，就如北方游牧民族的穹庐，今人所谓蒙古包”。所以，石鼓并不真如鼓形而似蒙古包。元大德十一年（1307年），虞集在王宣府宅大兴府学后附近的草丛之中发现了被金军士兵掠走丢弃的先秦石鼓。他将这尚存386个字每个重达一吨的十枚石鼓洗净，却无法挪动。五年后的皇庆元年（1312年）任为国子助教后，才求助于兵部用十辆大车将石鼓拉回到孔庙大成门。为了保护好这极为珍贵的国宝，虞集以砖砌成平台，将石鼓置放于上，大成门内左右壁下各五枚，并且用木栅栏围挡，以铁环锁住。自此，这十枚珍贵的石鼓在北京孔庙的大成门内存放了三代王朝。清乾隆五十五年（1790年），于石鼓外再设重栏围护，另选贞石摹其诗文，供人椎拓，自此石鼓文就有了新、旧两种。所以，现在孔庙之石鼓与原石鼓有很大差异，是清代文物，具有一定的价值。

读大成门侧旁韩愈《石鼓歌》诗碑，从诗文中可以看出，自唐初以来，一直认为石鼓文是西周宣王（前827—782年）时代文字，此说一直占据着统治地位。虽然杜甫、韦应物、韩愈、苏轼、程大昌等大家纷纷歌咏并存歧，但终以韩愈《石鼓歌》影响最大。此说盖因东汉许慎《说文叙》有“宣王太史籀著大篆”之说。韩诗今日看来，很有些“想当然”，并无科学依据。清高宗也深受韩愈影响，一代风雅天子乾隆对石鼓为周宣王时物说，深信不疑。宋代郑樵是位了不起的学者，他主张石鼓为秦器。后来证明郑樵之说是对的。1929年，前故宫博物院院长马衡发表了著名的《石鼓为秦刻石考》[1]。文中指出，北京孔庙现存石鼓“最可笑者，莫过于清高宗之重摹石鼓。夫既曰‘重摹’，必依其形制矣，而彼则不然。其形类今之鼓，冒革施钉，无不毕肖；其文又不在四周而在顶上”。自南宋以来，石鼓为东周秦国刻石（我国最早的刻石）已成定论，否定了石鼓作为周宣王时之说。在这个前提下，石鼓文有作于秦文公、秦穆公、秦襄公、秦献公等诸说，近几十年来，对石鼓文字究竟作于何时的研究和考证一直没有停息。据陈平先生所著《关陇文化与嬴秦文明》一书“华夏石刻之祖——石鼓文”文认为，最新的成果当属1997年学者王辉所做的结论。王氏以秦景公大墓（1985年陕西凤翔出土）石磬铭中新出土的古文字确凿资料为依据，与石鼓文所述的气氛和文字结构、安排布局，甚至运笔方法作了详细的比较，认为石鼓文大体上可看作与石磬铭同一时代（秦景公之世）

[1] 收入《凡将斋金石丛稿》。

▲ 石鼓文拓片之一

▲ 石鼓文拓片之二

▲ 先秦石鼓旧照

▲ 万世师表匾

文字。陈平先生认为："王氏的证据确凿，论证也合理，结论是基本可靠的。它是迄今为止石鼓文年代诸说中最晚出、同时也是最为贴近历史真实的一家之说。"

秦石鼓文较小篆字体古拙，而又比商周金文工整。石鼓文字不仅具有史料价值、文学价值，在书法史上也占有一席之地。我国出了几位擅写石鼓文的大家，以吴昌硕最出名。

"万世师表"匾

康熙皇帝于二十三年（1684年）十一月到曲阜孔庙祭祀，在"诗礼堂"听完监生（例监生）孔尚任讲完《大学》首节后，对大学士王熙等人宣谕："欲加赞颂，莫能名言，特书'万世师表'四字悬额殿中。"并将所带的曲柄黄盖留下，用于孔庙庙廷飨祀之用。以后，又将这块匾额的榜书颁发给全国各地的孔庙，统一刻匾恭悬。

北京孔庙祭孔的仪式称为“释奠礼”，在漫长的历史过程中，这个祭祀仪式延续了两千多年，很多关键的礼仪内容被保留和传承下来，堪称祭祀礼仪的“活化石”。

第三章　敬先师四圣配享、释奠礼丝竹歌舞

▲ 大成殿内全景效果图

历朝历代在各类学校内修建孔庙，奉祀孔子以及历代儒家代表人物的目的就是为读书的士子们进行尊圣成贤的教育，以期将他们培养成忠君扬亲、爱国惠民的官吏。孔庙主祀孔子，并以历代先贤、先儒配享从祀。孔庙大成殿内，正中南向的正位为孔子牌位，全称为“至圣先师孔子之位”。“至圣先师”是孔子的谥号。

一、孔子的历代谥号

孔子在中国历史上获得的谥号最多，时间最长，谥号的内容更是最智慧、最尊贵。这样的待遇在我国历史上仅此一人。什么是“谥号”呢？简单说，就是古人故去后依其生前行迹而为之所立的具有评价意义的称号。一般情况下帝王的谥号由礼官议上，由新即位皇帝批准；臣下的谥号由朝廷赐予。一般文人学士或隐士的谥号，则由其亲友、门生或故吏所加，称为“私谥”，与朝廷颁赐的不同。孔子的第一个不太正式的谥号是在战国时期鲁哀公的诔文中称其为“尼父”。

以后，孔子的谥号世有更定：

汉平帝元始元年（公元 1 年），始加谥曰“褒成宣尼公”。
北魏孝文帝太和十六年（491 年），乃改谥“文圣尼父”。
唐太宗贞观十一年（637 年），尊孔子为“宣父”。
唐玄宗开元二十七年（739 年），始进谥“文宣王”。
宋真宗大中祥符元年（1008 年），加谥孔子为“元圣文宣王”。
宋真宗大中祥符五年（1012 年），改谥孔子为“至圣文宣王”。
元武宗大德十一年（1307 年），加谥“大成至圣文宣王”。
明初因之。嘉靖九年（1530 年），谥号改为“至圣先师孔子”。[1]
清初承明制，孔子神位上仍书“至圣先师孔子之位”。

清顺治二年（1645 年），国子监祭酒李若琳奏请更孔子神牌为“大成至圣文宣先师孔子”，世祖从之。

十四年（1657 年）二月，吏科给事中张文光上奏顺治皇帝说：孔子生前不曾经为王，死后却追加“王”的称呼，似乎讲不通。最适改为“至圣先师孔子之位”。先前的国子监祭酒李若琳奏称孔子为“至圣”，没有什么不应该的，称“先师”，也名正言顺，不可改变。但我认为，追加王号却是对圣人的玷污，就是加上了“大成

[1] 以上均见《五礼通考》卷一百二十一。

文宣”四字，也不能足以完整地表述孔子，不过是元代武宗皇帝用过的旧谥号而已。唐臣柳宗元有言：赞扬孔子之圣比作天地一样的广袤，奉承为日月之明的说法，不是愚蠢就是蛊惑人心。还是改为“至圣先师孔子神位”为宜。“是时，顺治帝事事稽古，议礼制度考之于文，务求至当。因而从其请，复‘至圣先师孔子之位’旧称，颁诏天下，悉为更改。”[1]经过详细的考证，顺治皇帝听从了这个意见，恢复了孔子牌位的旧称，并且颁布天下，让大家都知道更改后的孔子牌位称呼。

二、四配圣、十二哲

中国历史上的祭典来源于上古时代，有这样一段对话能说明这种礼制存在的意义。鲁国的季桓子问孔子：“《尚书·盘庚》上讲‘兹予大享于先王尔，祖从其顺与享之’，这是怎样一回事呀？”孔子给他讲：“上古的时候，有功的大臣死去后一定要把他祭祀在庙里，以表彰他的功绩，鼓励后来的人忠诚和勤奋。盘庚这样做的目的就是激励他的世臣。”季桓子又追问：“天子之臣立下大功可以这样做，那些诸侯大臣立了功也可以这样对待吗？”孔子肯定地说：“劳能定国，功加于民，大臣死去后在公庙里祭祀他们，当然可以了。”桓子接着问：“祭祀的时候怎么排列他们的位次呢？”孔子解释道：

[1] 《清世祖实录·卷一〇八》《钦定大清会典事例（光绪）·礼部·中祀四·先师庙制》。

▲ 四配神龛

▲ 大成殿内十二哲的牌位

“天子诸侯的大臣们活着的时候，在朝廷里有他们的排列位置，死后在庙里也有他们各自的位次。他们的等级顺序是一样的。”

清乾隆朝的刑部尚书秦蕙田评论此道：“配享之典国家所以报功而勤忠也。周礼祭于大烝（zhēng）并及禘祫（dì xiá），后世不废焉。”这段话的意思是说，周代将祭牲放在俎之上的“大烝”祭礼，用在天子诸侯三年大祭典（禘）、五年合祭祖先（祫）的礼仪上，那些配享的功臣因此而得到表彰，后人得到激励，所以能够流传下来。[1]祭祀的祀位之中有主有从，处于“从”的位置就是“配享”之位。这种形式也为祭孔礼仪所运用，孔庙内以四位最杰出的孔门弟子颜渊、曾参、子思、孟轲为“四配享”，文庙大成殿内的“配位”就是这“四圣”的神位。

复圣颜子、述圣子思子位，在殿东，西向；

宗圣曾子、亚圣孟子位，在殿西，东向。

四人中颜渊、曾参是孔子弟子，子思是孔子的孙子，孟轲为子思的门人。这四位孔门弟子进入配享的时间是不一样的。

最早得到配享殊荣的是颜渊。颜渊名回，字子渊，习称颜渊，他是孔子最为得意的弟子。鲁哀公曾问孔子：“弟子孰为好学？”孔子对曰：“有颜回者好学，不迁怒，不贰过，不幸短命死矣，今也则亡，未闻好学者也。”[2]颜回一心向学，又有“闻一则十”[3]的

[1] 以上均见《五礼通考·吉礼一百二十二》。

[2] 《论语注疏》卷六。

[3] 《论语·公冶长》。

能力。孔子在其教育过程中常以德行、言语、政事、文学四个科目评价学生，德行以颜回为首。他一直追随孔子，亲如父子，终身不做官。所以后人把他看作孔子最亲近的学生。从三国魏齐王正始二年（241 年）春二月。魏齐王使太常以太牢祭孔子于辟雍，以颜渊配，这是以颜渊配享孔子的开始。后世将颜渊尊为“复圣”。

进入配享系列的第二位是曾参。曾参十六岁拜孔子为师，勤奋好学，颇得孔子真传，是孔子得意的学生之一。曾参上承孔子之道，又是子思子的老师，下启思孟学派，对孔子的儒学学派思想既有继承，又有发展和建树。

曾参是一位著名的孝子。唐太常博士皮日休曾经评论说，曾参之孝感天地、泣鬼神，从汉代到隋代没有比过他的。曾子性格刚毅，他说过的一些话至今传为名言，比如“君子视死如归”[1]，比如“临大节而不可夺也”。[2] 曾子所著《大学》为“四书”之一，被誉为儒学纲领，入德之门。唐高宗总章二年（669 年）二月皇太子到国子监讲学时，给曾参赠予“太子少保”封号，与颜渊“太子少师”封号同列。唐睿宗太极元年（712 年），加赠为“太子太保”。[3] 唐玄宗开元八年（720 年），特塑曾子像坐于十哲之次。[4] 后世尊曾子为“宗圣”。

---

[1] 《春秋繁露·竹林》。

[2] 《论语·泰伯》。

[3] 《旧唐书》卷七。

[4] 《通志》卷四十三。

进入配享第三位的是孟子，他是孔子之孙子思的学生，是继孔子之后的儒家最重要的代表人物，被后人尊为“至圣”之后的“亚圣”。孟子将孔子的“德治”学说发展为“仁政”理论体系，在我国政治思想史上有重要的意义。曾遭到朱元璋恶删的“君轻民贵”“性善论”的观点以及他的心性学说，开启了宋明理学的先河。所著的《孟子》七篇，在宋代被列入《十三经》和《四书》，影响至巨。宋神宗元丰七年（1084年）孟子进入配享系列。

子思，即孔子的孙子孔伋。子思幼年丧父，一直与孔子一道生活。成年后曾为鲁穆公的老师，在学术上很有建树，后人曾将他的二十三篇著作汇编为《子思子》，可惜除《中庸》因编入《礼记》而流传至今外，其他的均散失于隋唐之时。《中庸》这篇著作在中国哲学史上居于重要位置，朱熹将其列入《四书》，从此成为儒家经典之一。宋度宗咸淳三年（1267年）子思最后一个进入孔子的配享之列，是为“述圣”。

上面讲到，孔子对他的学生用德行、言语、政事、文学四科标准来评定他的学生的优长。德行以颜子渊、闵子骞、冉伯牛、冉仲弓为优；言语以宰子我、端木子贡为长；政事以冉子有、仲子路为善；文学以言子游、卜子夏为优。这十个人被公认为孔子的好学生，开元八年（720年）唐玄宗诏令国子学祭祀孔子时，以上述的十个人为“先哲”配享。[1]

---

[1] 《通志》卷四十三。

经过朝朝代代的调整，现在列在北京孔庙内的十哲分别是：闵子损、冉子雍、端木子赐、仲子由、卜子商、冉子耕、宰子予、冉子求、言子偃、颛孙子师。清代又增加了两位先哲，朱熹和有若，至此，孔子配享的十二哲再也没有变动。

康熙五十一年（1712 年），诏令“朱子昌明圣学，升跻十哲，位次卜子商”。这是因为，孔孟之后的儒学最杰出的功臣当属朱熹。朱熹（1130—1200 年）字元晦，号晦庵，祖籍是今天的江西婺源，出生于今天的福建南平尤溪县。朱熹得程颐学说之真传，经史、文学、老子道家，甚至自然科学，无不精研。在贯通百家的基础上发展了宋代理学，成为理学的集大成者。朱熹所撰写的《四书集注》水平超绝，是元、明、清三代科举考试的官定文本，对中国思想文化的发展产生了巨大的影响。朱熹还是一位优秀的教育家，一生从事教育活动，并提出了一整套富于特色的教育思想。鉴于朱熹的卓越贡献，康熙将朱熹增补为第十一哲。

乾隆三年（1738 年），又升有若为十二哲，位次卜子商。有若的事迹罕见于文献记载，《论语·学而》仅录有三段有若的言论。有若去世的时候，鲁哀公前去凭吊。他在活着的时候，子夏、子张、子游这些同学都认为有若的言行、气质与孔子很是相像，打算用侍奉孔子的礼节来侍奉他。南宋时曾被儒臣所推举，然因国子学的祭酒上书所力诋。直到乾隆三年，有若终成第十二哲。自此四圣、十二哲配享从祀沿袭至今。这十二位思想家，除朱熹为宋代理学家以外，其他都是孔子弟子。

▲ 颜回画像

▲ 曾子画像

▲ 孟子画像

▲ 子思画像

▲ 朱熹画像

▲ 有若画像

大成殿东西两庑为孔庙从祀的先贤、先儒。如果“四圣”属于第一配享级别、十二哲属于第二级别，那么先贤、先儒则是孔庙中最低的配享级别。“先贤”主要指的是孔门弟子。

东汉永平十五年（72 年）明帝到曲阜孔庙祭孔，并祭孔门七十二弟子。

唐代开元八年，唐玄宗诏令将孔子的七十二弟子和左丘明等二十二人画成画像贴在庙的两壁之上，与孔子同祀。

贞观二十一年（647 年）唐太宗下诏，每年太学祭祀时将“左丘明、卜子夏、公羊高、穀梁赤、伏胜、高堂生、戴圣、毛苌、孔安国、刘向、郑众、杜子春、马融、卢植、郑玄、服虔、何休、王肃、王弼、杜预、范宁、贾逵总二十二座，春秋二仲行释奠之礼”，认为他们都是“四时之学，将习其道”的“诗书礼乐之官”，是为《春秋》《诗》《书》《礼》《易》等经典著作做过出色解释的学者，是传播儒家经典的功臣，因此被尊为“先儒”配享。[1]

经过历朝历代对先贤、先儒人物的增减，清初时已有先贤 69 人、先儒 28 人从祀。康熙朝中后期，清圣祖玄烨力推崇儒重道，其手段之一便是增加文庙配享的先贤、先儒。康熙五十四年（1715 年），圣祖特命宋儒范仲淹从祀孔庙，位列东庑唐儒韩愈之后，开追认先贤、先儒之觞。

雍正从少时起就受到严格的教育，也是一位饱读经书的皇帝，

[1] 见《五礼通考》卷一百十七。

对孔庙中原来配享的众多先贤先儒有看法。比如“戴圣何休未为纯儒”“郑众、卢植、服虔、范宁仅守一家言，转相传述”“视郑康成淳质深通，似乎有闲”。所以在登基以后二年（1724年）五月，世宗命廷臣考议孔庙从祀的诸位先贤，“先儒从祀文庙，关系学术人心，典之重也。宜增宜复必详加考证，折衷尽善，庶使万世遵守，永无异议”。[1]礼部和其他的衙门哪里敢怠慢，经过三个月的考证评议，整理出一份名单，三个月后呈奏给雍正帝。考证评议的结果是：“复祀者六人：曰林放、蘧瑗、秦冉、颜何、郑康成、范宁；增祀者二十人：曰孔子弟子县亶、牧皮，孟子弟子乐正子、公都子、万章、公孙丑，汉诸葛亮、宋尹焞、魏了翁、黄干、陈淳、何基、王柏、赵复，元金履祥、许谦、陈澔，明罗钦顺、蔡清，国朝陆陇其。”世宗从众议，使陆陇其成为清代当朝配享文庙第一人。本次追认增补先贤、先儒，是清代历史上规模最大的一次。至此，孔庙东西两庑从祀的先贤、先儒：东庑先贤40位，先儒35位，均西向；西庑先贤39位，先贤35位，均东向。改革开放后，为了解决孔子事迹展览缺乏场地的矛盾，经报请上级批准，因地制宜将祭祀先贤先哲的庑房走廊并进室内，以此解决展览场地狭窄之亟须。

2013年9月28日，经过反复研讨论证、精心施工的“岫岩玉雕孔子圣像及孔门七十二贤瓷板画廊”国学文化新景观工程终于完成，并于当日在孔庙和国子监博物馆举行了隆重的揭幕仪式。这个文

[1] 《世宗宪皇帝圣训》卷三十二。

化新景观有助于广大观众生动直观地感受孔子和七十二先贤的思想魅力，提高对国学的兴趣和认知。开展以来受到广大游客的一致好评。

三、祭孔的释奠礼仪

北京孔庙祭孔的仪式称为“释奠礼”，在漫长的历史过程中，这个祭祀仪式延续了两千多年，很多关键的礼仪内容被保留和传承下来，堪称祭祀礼仪的“活化石”。北京孔庙每年的仲春和仲秋上旬丁日大祭两次，即所谓“丁祭”。祭孔前日，宰杀猪、牛、羊，整只烹好摆放于孔子牌位前，即所谓“太牢三牲”，另要清洗或调制好果类、菜蔬、鱼、肉、稻、谷、干饼等食物分装在礼器中，按顺序整齐地摆放在规定的位置上。是日，午夜过后，参祭人员便忙碌起来，庙内殿堂内外烛火荧荧、人头攒动、各司其职、各安其位。参祭人员主要由祭祀人员包括皇帝（主祭）、陪祀官、分献官和司礼人员（通赞、引赞、鸣赞、读祝生及乐舞生）组成。释典在钟鼓齐鸣中开始，参祭人员列队缓缓步入孔庙大成殿前，在司仪的引导下行祭孔之礼。整个过程分为迎神、初献、亚献、终献、撤撰、送神六大步骤，寓意迎接孔子的神灵、祀飨孔子的神灵（向孔子的灵位献帛、献酒，宣读祝文）和恭送孔子的神灵。

典礼的高潮是“三献礼”，主献官在大成殿前向孔子灵位献爵、奉帛、行跪拜礼，乐舞生跳“六佾舞”。按规制，只有皇帝才能步入大成殿内祭拜孔子，亲王只能立于大成殿的月台上，而大臣就只有在台阶下遥拜了。释典结束后，供品分发给参祭人员，以求得到孔子神灵的庇护。因为孔子生前最讲礼制，乐舞则是礼制的重要形式；孔子又精通乐理，求学时曾“访乐苌弘，学琴师襄”，闻韶乐谓之“三月不知肉味”，所以乐舞伴随着整个祭孔过程。光绪三十二年（1906年），升祭孔为“大祀”以后，按帝王之礼使用“八佾舞”。祭孔乐舞以乐、歌、舞三位一体的形式颂扬了孔子一生的功德，舞生们穿着古朴典雅、雍容华贵的服饰，以稳重凝练、刚劲舒展的舞姿演示着每一个动作。文舞生左手持龠（一种竹制的似笛而短小的乐器），右手持羽（华丽的野雉尾），象征文德；武舞生则手持干戈（古代的兵器），象征武德。

释奠一类的礼仪有着悠久的历史渊源。

根据《五礼通考》的记述，上古时代设置学校后，一定要首先祭祀先圣先师，来表示尊师重道之意。先圣的对象因时而定，“虞庠以舜，夏学以禹，殷学以汤，东胶以文王也”。说的是虞、夏、殷、周时代祭祀的先圣分别是舜、禹、汤、周文王。所谓的先师，也不是指特定的某一个人或某些人，凡是过去对教育有贡献、目前已经过世的教师，都是师生祭祀的对象。比如尧舜时期的大司乐官夔，“生前掌成均之法，以治建国之学政”，死后则以“乐之祖神”祭之于学宫明堂之位，谥为“瞽宗”。汉、魏以后，逐渐形成“以周公为先圣，孔子为先师，或是以孔子为先圣，颜回为先师”的祭祀局面。这种被长孙无忌讥讽为“颜回、孔子互作先师，宣公、周公迭为先圣”的混乱局面一直延续到唐代的贞观四年（630年），唐太宗下诏，

▲孔子的七十二贤瓷板画

▲ 孔庙祭孔之三献官

▲ 孔庙祭孔之献爵

▲ 2011 年祭孔大典

▲ 2012 年祭孔大典

▲ 释奠舞生

▲ 孔庙祭孔之释奠乐舞

▲ 祭祀官员进入释奠现场

▲ 释奠乐生

历史上第一次将“所有州县学皆作孔子庙”定为规制，统一定为孔子为先圣，颜子祭为先师。虽然在唐高宗永徽年间更改过这个规定，但从高宗显庆年又予以复原，至此千年未改。[1]

祭祀礼仪历史上曾经存在过三种，这就是释奠礼、释菜礼、释币礼。这三种祭祀仪礼中的“释币礼”主要用于告祭氏族先祖之用，仪式内容也比较复杂，所以史上不太常用。祭祀先圣先师用得最多的是礼仪形式比较简单的释菜礼和释奠礼。“释奠有乐无尸，释菜无乐，则其又略也”。这里所讲的“尸”，不是我们现代意义所理解的死者的遗体，而是代替死者受祭的活人[2]。乐，指的是祭祀礼仪上进行的乐舞，最初的祭祀包括“礼”和“乐”两个组成部分。礼，指礼仪、等级。乐，指音乐、乐舞。南宋史学家郑樵在《通典》中说：“礼乐相须为用，礼非乐不行，乐非礼不举。”由此可见，最简单的祭祀礼仪应该是释菜礼了。可惜释菜礼在唐宋期间失传，仪礼详情不得而知。唐宋以后许多古籍记述祭孔仪式的时候，仍有“释菜”词汇的出现，但其所指并不是释菜礼，而是祭品简化的释奠礼而已。也就是说，唐宋之后的“释奠礼”与“释菜礼”之分只是祭品的正式与简化，而不是两种不同内容的礼仪。这就表明，唐、宋之后各学学官在祭祀先圣先师时用的都是释奠礼。随着历史的变迁，释奠礼仪的内容也有了不

[1] 《五礼通考》卷一百十七。

[2] 《仪礼·士虞礼》。

少的变动，与原来意义上的释奠礼已经相去甚远。这主要表现在：历代帝王在释奠礼上对祭祀对象所封的爵位越来越高，谥号越来越赞美有加，笾、豆礼器数量不断增多，登歌形式越发盛大，顶戴冠冕前后的玉串（冕旒）代增世益，用的乐舞都是天子的规格，几乎与大祀相差无几。本来“释奠礼”的释、奠就是陈设、呈献的意思，指的是在祭典中，陈设音乐、舞蹈，并且呈献牲、酒等祭品，以表示崇敬之意。后代王朝将释奠礼搞得异常繁复以后，仍概其名曰“释奠”。以至把释奠礼与其他祭天地、祭社稷、祭列祖列宗等重大祭祀仪礼一齐被典制为“吉礼”，显示出历代封建王朝强化礼制的演变过程。

中国古代有“五礼”之制，祭祀之事为“吉礼”，冠婚之事为“嘉礼”，宾客之事为“宾礼”，军旅之事为“军礼”，丧葬之事为“凶礼”，是为“五礼”。“吉礼”居五礼之首，主要内容可包括三个方面。第一是祭天神；第二是祭社稷、五帝、五岳；第三是祭人鬼，主要为春夏秋冬享祭先王、先祖，还有曾经在世间留下生活痕迹的历史人物。

由于孔子生前学行为世人所重，且教育成就至高无上、影响深远，所以释奠的对象后来逐渐以孔子为主，尤其是孔子被尊称为“先师”以后，释奠礼几乎成为祭孔典礼的专有名称了。在孔子的释奠礼上，除了有专门的乐舞、乐章、乐器之外，还要在祭祀的主位、配享位各摆放一些祭器，用于盛放祭品，这些祭器主要有：俎、

明代释奠礼乐图　（《明集礼·卷十六》）

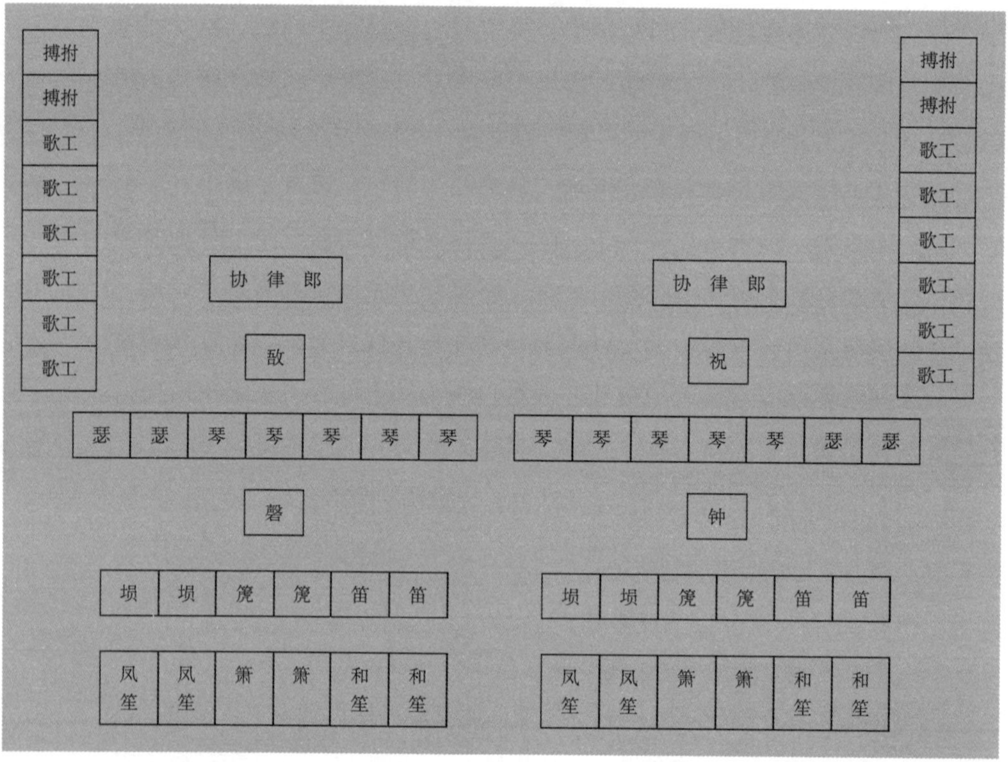

▲祭孔乐舞器具，按质地一般可分为：金、石、竹、木、陶五类。按音质分则属于如下“八音”演奏乐器。

金：特钟（镈钟）一至二件

编钟一至两套（16 件或 32 件）

石：特磬 一至两件

编磬一至两套（16 件或 32 件）

竹：笛、排箫、龠、箫 各若干件

木：（古击打乐器）各若干件

革：建鼓、应鼓、鼍鼓、博鼓、（带长柄的摇鼓）鼓各二件

丝：琴六至八件，瑟四至六件

匏：笙 若干件

土：埙 若干件

【注】图中所示的“搏拊”是指击打乐器的位置，这些击打乐器包括鼓类和木制的击打乐器类。

爵、豆、簋、登、铏、笾、簠、篚。

俎（zǔ）：古代祭祀上用于盛放牲的四脚方形青铜盘或木漆盘，常陈设牛羊肉。

爵：古代饮酒器，三足。

豆：盛肉或其他食品的器皿，形状类似高足盘，上部呈圆盘状，盘下有柄，柄下有圈足。常以偶数组合使用，后演变为专门盛放腌菜、肉酱等调味品的器物。豆作为礼器常与鼎、壶配套使用。

簋（guǐ）：古代圆肚圈足的食器，以竹、陶或青铜制成。

登：古代食器，与豆相似，但稍浅。

铏（xíng）：古代用于盛放羹的器皿。

笾（biān）：古代祭祀或宴会上用于盛放干食物的竹器，形似高脚盘，多为陶制，高一尺、径一尺。用于盛放菹醢（即肉酱）。

簠（fǔ）：古代长方形的食器，用以盛放粟、稷、稻粱。

篚：用以盛物的圆形或方形竹器。

清末光绪朝三十二年（1906）孔子释奠礼（大祀）所用的祭器分别为：

三俎（盛放牛、猪、羊），三爵（酒器）。

二簠（盛放稻、黍），二簋（盛放粱、稷）。

一登（盛放太羹），二铏（盛放和羹）。

十二笾（盛放盐、枣、栗、榛、菱、芡、藁鱼、鹿醢、白饼、黑饼等干食物）。

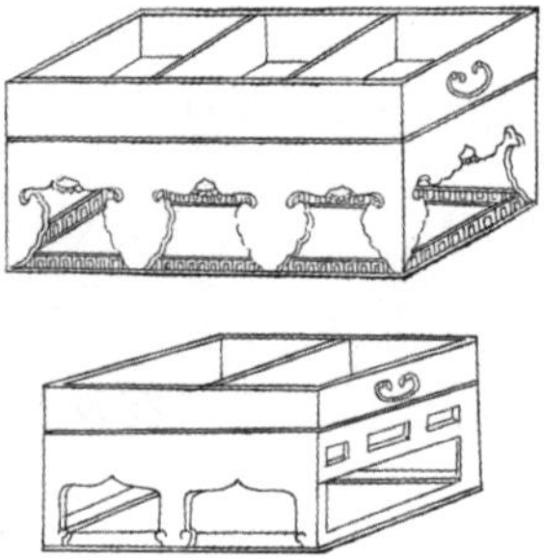

▲ 俎

▲ 豆

▲ 簋

▲ 甑

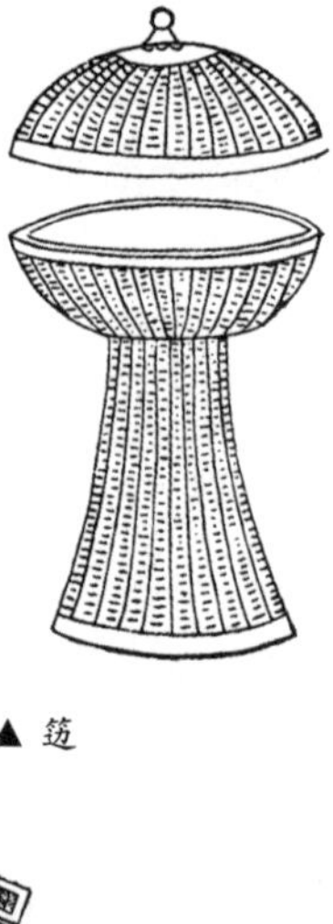

▲ 笾

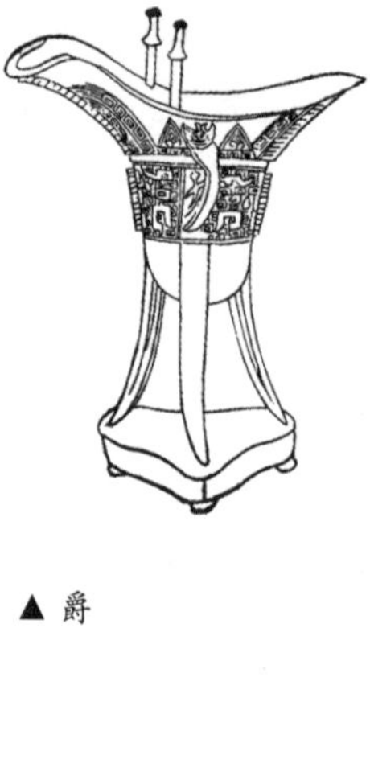

▲ 爵

▲ 篚

十二豆：其中盛放的是韭、菁、芹等各种腌菜或酸菜（“菹”），兔肉和鱼肉的肉酱（“醢”）、有汁的肉酱（“醓醢”tǎn hǎi）、鹿脯等。

中国历史的传统是极为讲求等级差别的，活着的人还好办，有官居品级可鉴，但对于故去的、像孔子一类的人怎样来显示受到高规格、高等级的礼遇呢？聪明的古人发明了用不同数量的生活器具作为祭器来表现的方法。可别小看了这些制作并不复杂的祭器，它的数量多少决定了祭祀规格的高与低，以所用笾、豆为例，十二笾十二豆是为皇帝社稷大祀之规格，可见祭祀孔子的礼仪规格崇隆至极。

四、释奠礼的程序

祭孔释奠礼程序中的迎神奠币（帛），三献读祝，饮福望瘗的基本构架几千年来一脉相承。下面以明代初释奠礼为例做一介绍：

明太祖朱元璋建立明朝以后，首要要务就是制定礼制祀典。他让中书省、翰林院、太常寺召集了很多高龄的儒士历数各朝各代礼制沿革的缘由，由上述政府部门的礼臣斟酌制定郊社、宗庙、郊庙、山川的祭祀礼仪。洪武二年，朱元璋又下令召集众多儒臣修订礼书，经过一年的努力，终于编纂出一部关于“五礼”之“冠服、车辂、仪仗、卤簿、字学、音乐，凡升降仪节，制度名数”的集大成著作，朱元璋亲自命名《大明集礼》。[1] 就在这部著作中，详尽规定了明朝祭孔的释奠礼仪，作为基本的礼仪制度被后来明朝历任皇帝所沿用。

为了便于理解，我们用现在的语言来描述一下明朝这个繁复的礼仪过程。

释奠礼的全过程分为：斋戒、降香、陈设、省馔、正祭（迎神、奠币、进俎、初献、亚献、分献、饮福受胙、徹豆、送神、望瘗）。

一、“斋戒”：所谓斋戒，就是参加释奠礼的皇帝前期三日要沐浴更衣，饮食上对酒和肉只能少量进食，而且不能参加吊丧活动，不能听音乐，不能参与任何凶秽之事，在专用宫殿里静心斋戒。而释奠礼主献、亚献、分献的官员和办事官员不需要三天都集中，而是两天分散斋戒，一天集中斋戒。

二、“降香”：祭祀孔子的前一天的清晨，有关主管官员要排列仪仗队伍，朝廷百官都要穿着公服按照等级排列有序等待着皇帝的到来。穿着皮弁服饰的皇帝在奉天殿（清时称太和殿）升陛以后赐香给第二天祭祀的主献官、亚献官、分献官。三献官手捧着由皇帝亲赐的香，由中间的台阶（皇帝专用）走下来，沿中

---

[1] 《明史》卷四十七。

释奠正位陈设图 （《明集礼·卷十六》）

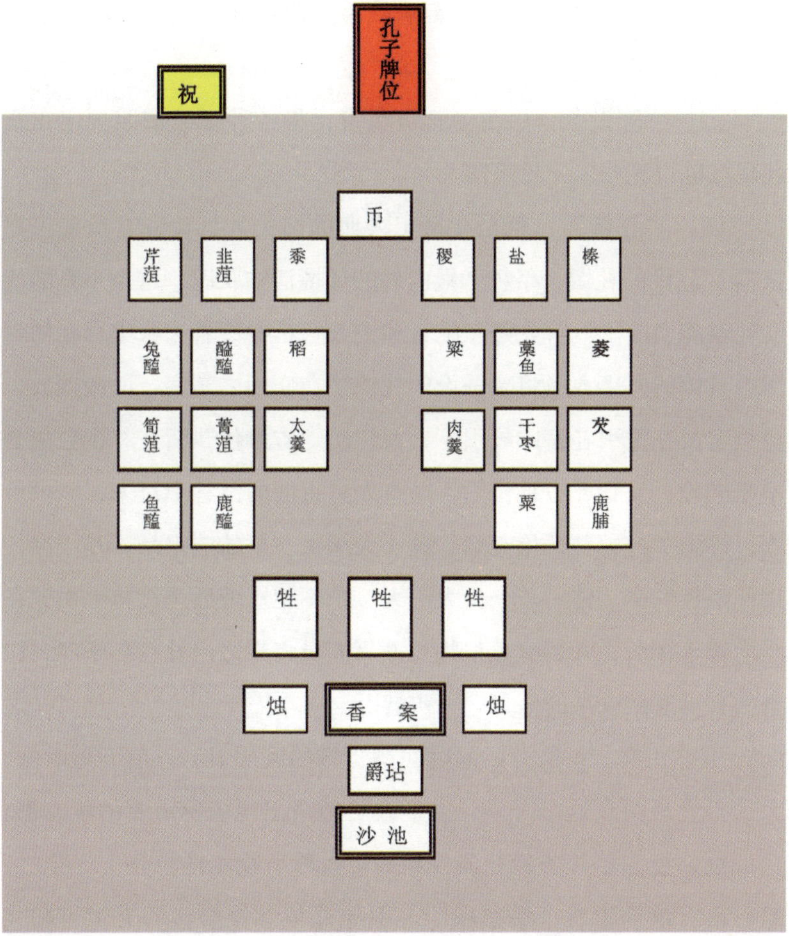

辇道（皇帝专用）一直走到午门外，将手中的香柱放在早已准备好的“龙亭”之内。仪仗队奏响鼓乐，前行导引，一直将龙亭内的香送到孔庙。

三、“陈设”：由主管官员负责，将各种祭品按照规定在祭孔现场陈设完毕。（见下图）

四、“省馔”：就是在祭祀大典的前一天，负责官员要视察祭器、陈设的礼馔、祭牲和殿内外的环境清洁状况，这可不是随便转转就能交差了。首先是三献官和主办官员要穿着法服集合在初献所。具体的办事人员将要陈设的礼馔摆在庙门之东南，面南摆放，各位官员在赞引礼官的导引下，就位于“省馔位”清点礼馔数量是不是准确；又到“省牲位”，办事人员将活的祭牲牵过来，以供检查；再到“神厨”，检查鼎、镬（大锅）、祭器洗得是不是干净，用作祭牲的牛、猪、羊个头大不大、肥不肥；随后杀牲将毛血放在盘内置于馔所，开始烹煮祭牲，办事人员将殿之内外打扫干净，检查的官员返回原来的地方——初献所。

五、正祭：正祭开始的时间是当日的凌晨丑时。前五刻时分，大约是凌晨两点这个时候，办事人员把祭祀现场所需要的尊、罍、笾、豆、簠、簋等各种礼器放到祭祀大殿所规定的位置上。把牲、俎、币、篚放置在“酒尊所”。引导礼生参加祭典的三献官和其他应祀官员各就各位。引导礼生又引导监礼、监祭官员升入大殿检查祭品礼器陈设的状况，纠正不符礼仪之陈设瑕疵。下来就是乐舞的负责人乐正把乐舞生带到殿前划定的地方就位。

最后是三献官进场，殿前面北站好。赞礼官（司仪）开始主持仪式："各项都已准备好，请开始！"（"有司谨具，请行事"）

迎神

赞礼官唱道："迎神"，乐正挥动指挥旗，奏迎神《咸和之曲》（注：下列各曲均为洪武六年所定）：

"大哉宣圣，道德尊崇。维持王化，斯民是宗。典祀有常，精纯益隆。神其来格，于昭圣容。"

祭孔乐舞规格是和诸侯一样的六佾舞，跳舞的佾生站在大成殿月台下，6行6列共36人。在乐声的伴奏下，佾生挥动籥（竹管）和羽（雉尾），舞姿七类，造型六种，严格按舞谱做动作，一个舞蹈动作代表一个字，四个动作为一组，即四字赞语，串联起来就是歌颂孔子的诗句。

与此同时，所有参加祭典的人们按照赞礼官的唱令，鞠躬—拜—兴—拜—兴—平身。

奠币

赞礼官唱道"奠币"，引导礼生将引献官带到洗手处，献官将手中的笏版插在腰间，洗手，用丝锦蒙手，取出笏版，行进到孔子的牌位之前，鼓乐大作，奏《宁和之曲》：“自生民来，谁底其盛？唯师神明，度越前圣。粢帛具成，礼容斯称。黍稷非馨，惟神之听。”

引献官跪拜，插笏于腰间，三上香。办事人员面向东跪受引献官于币，顺便解释一下，这里的“币”不是钱币，而是用于祭祀的帛，是一种丝织物。引献官接币后在赞礼官的唱令中起身献币于孔子牌位之前，鞠躬，拜，兴，再拜，兴，平身。完毕之后依次再到配享的四圣牌位前，像在孔位之前那样各重复一次上香奠币之过程。乐止。引献官回到原位。

进俎

随着赞礼官的唱令，在乐声中办事人员举着牲俎从大殿东门进入，由引献官进献到孔子和配享四圣的位前，举笏复位。

初献、亚献、终献

赞礼官唱道：“行初献礼。”引导礼生带引献官到清洗爵器的位置上，引献官把笏插到腰间，洗爵，擦爵，交给办事者，来到酒尊所。司尊者举着爵器，打开牺尊（牛型的酒器）上的蒙巾给爵内酌酒，之后交给执爵的那些办事人员。赞礼官此时唱道：

“诣文宣王神位前。”奏乐声起，奏《安和之曲》：“太哉圣王，实天生德。作乐以崇，时祀无斁。清酤惟馨，嘉牲孔硕。荐羞神明，庶几昭格。”

初献官走到神位之前跪下，三上香，三祭酒，把爵放在神案之上，拿出插在腰间的笏版，举笏跪姿不变。赞礼官唱：“读祝。”读祝官走向神位之右，面北跪下诵读祝文。完毕，乐起。初献官随着赞礼官唱令，俯伏，兴，平身。稍后，又是鞠躬，拜，兴，再拜，兴，平身。而后引导到配享的四圣位前，上香、祭酒、读祝文，各行一遍礼仪。

此时奏乐《景和之曲》：

“百王宗师，生民物轨。瞻之洋洋，神其宁止。酌彼金罍，唯清且旨。登献唯三，于戏成礼。”

在初献进行完之后，亚献官负责十哲（注：明初还没有十二哲），终献官负责两庑先贤、先儒的释奠礼仪式，依上述的礼仪过程各行一次。

这一个程序是释奠礼的高潮，赞礼官唱令不止，官员行礼不断，鼓乐声声，舞姿翩翩，场景煞是好看。

饮福受胙

赞礼官唱令：“饮福受胙。”礼生引导初献官走到饮福位，鞠躬，拜，兴，再拜，兴，平身。而后稍前跪下，接过奉爵者手中的爵，先祭酒，后饮酒，这叫作“饮福”，然后把爵放在神案之前的“爵坫”上；再接过奉俎者手中的胙肉（祭祀用过的肉），把它交给具体的执事人员。饮福受胙之后，举笏俯伏，兴，平身；鞠躬，拜，兴，再拜，兴，平身。

徹豆

赞礼官唱：“徹豆。”奏乐《咸和之曲》：“牺象在前，豆笾在列，以享以荐，既芬既洁。礼成乐备，人和神悦。祭则受福，率遵无越。”主祭官员撤除豆等礼器，赞礼官唱令“赐胙。已饮福受胙者不拜”，亚献官以下受胙官员鞠躬，拜，兴，再拜，兴，平身。

送神

赞礼官唱：“送神。”奏乐《咸和之曲》：“有严学宫，四方来宗。恪恭祀事，威仪雍雍。歆格惟馨，神驭旋复。明禋斯毕，咸膺百福。”众多参加祭典的官员随着赞礼官的唱令鞠躬，拜，兴，再拜，兴，平身。读祝的官员取下祝文，献币的官员取下献币来到“望瘗（yì）位”（燃烧祭品的土坑）。

望瘗

赞礼官唱："望瘗。"引导礼生带领三献官来到望瘗位，在赞礼官的唱令下，东西各站二人，以炬燎火，烧到一半之后壅土掩埋。赞礼官唱道："礼毕。"各位官员依次退出释奠礼的现场。

至此，释奠礼的全程结束。

但如此兴师动众、精细准备的释奠礼也不一定就能顺利进行，据《天府广记》记载，崇祯十七年（1644 年），李自成的农民起义军攻陷明京师南屏宣府镇，开始包围北京，277 年的大明王朝面临灭顶之灾之际，甲申二月，北京孔庙举行春祭孔子的释奠礼。崇祯皇帝遣大学士魏藻德行礼。这一天，天气晴朗，明日当空。各官员拜位就绪，祭礼刚要开始，"大风忽起，殿上灯烛尽灭，庭下松桧作怒号声，黄沙如雨下，竟不能成礼而罢"。又载，元时国子学准备举行祭奠，仁宗派集贤院大学士李邦宁去祭祀孔子。殿门大开，他刚到神位前面站好，忽然起了大风，大殿和两侧厢房的灯烛全被吹灭，铁烛台跌下祭台，一切都被吹乱致祭祀不成。借此暗喻李邦宁谄附丞相权势，曾阻止仁宗继承皇位而遭到报应。古人赞道，这是"夫子在天之灵，赫奕如此"！

明成化、弘治间，祭奠先师孔子的礼仪改用"八佾"。《周礼》对古代中国的祭祀规格，作了如下描述："天子八佾，诸侯六，大夫四，士二。”“八佾”已然成为大祀规格，明成化、弘治间，祭孔仪制已有升为大祀的趋势。但到嘉靖九年，世宗采纳张璁建议，又将祭孔仪制厘正为中祀，并沿袭至明末（见本篇第一章所述）。

结 语

著名古典文献《皇明太学志》首卷开宗明义告曰：“首善自京师，教化本源，存乎太学。夫行礼乐，章伦典，明民而作士，以培政治，以定邦家。”

北京国子监自 1287 年建立，迄今为止已经走过了 730 多年的历史。尽管有着不可克服的历史局限性，但多少志士文人曾出入此门，呕心沥血，奋发镞砺，终成时代栋梁，为国为民，青史留名。国子监凭借一方黉宫，教化万方，宣褒海外，孔子思想借以传播，先哲先贤学说精粹借以延续。如此，我中华立于世界理论思想不朽之林。其利大矣，其功远矣！于乎！数千年不败之业盖出于此！

图书在版编目（CIP）数据
国子监·孔庙 / 李永康著．—北京：中国工人出版社，2020.4
ISBN 978-7-5008-7383-9
Ⅰ．①国… Ⅱ．①李… Ⅲ．①国子监－介绍－北京②孔庙－介绍－北京 Ⅳ．① G239.29 ② K928.75
中国版本图书馆 CIP 数据核字（2020）第 036711 号

国子监·孔庙

出 版 人　王娇萍
责任编辑　葛忠雨
责任印制　黄　丽
出版发行　中国工人出版社
地　　址　北京市东城区鼓楼外大街 45 号　邮编：100120
网　　址　http://www.wp-china.com
电　　话　（010）62005043（总编室）（010）62005039（印制管理中心）
　　　　　（010）62379038（社科文艺分社）
发行热线　（010）62005049　（010）62005042（传真）
经　　销　各地书店
印　　刷　三河市东方印刷有限公司
开　　本　880 毫米 ×1230 毫米　1/32
印　　张　15
字　　数　300 千字
版　　次　2020 年 6 月第 1 版　2024 年 2 月第 4 次印刷
定　　价　88.00 元

故宫

頤和園

圆明园

香山

国子监·孔庙